DM 467
Karolin Moormann

Valerie O'Farrell

Verhaltensstörungen beim Hund

Verhaltensstörungen beim Hund

Ein Leitfaden für Tierärzte

Valerie O'Farrell

Verlag M. & H. Schaper

CIP-Kurztitelaufnahme der Deutschen Bibliothek

O'Farrell, Valerie:
Verhaltensstörungen beim Hund : ein Leitfaden für Tierärzte /
Valerie O'Farrell. [Aus dem Engl. von Annegret Marhauer]. –
Alfeld : Schaper, 1991
　Einheitssacht.: Manual of canine behaviour ‹dt.›
　ISBN 3-7944-0166-2

Das Werk ist urheberrechtlich geschützt. Die dadurch begründeten Rechte, insbesondere die der Übersetzung, des Nachdrucks, des Vortrags, der Entnahme von Abbildungen, der Funksendung, der Wiedergabe auf photomechanischem oder ähnlichem Wege und der Speicherung in Datenverarbeitungsanlagen, bleiben, auch bei nur auszugsweiser Verwertung, vorbehalten. Werden einzelne Vervielfältigungsstücke in dem nach § 54 Abs. 1 UrhG zulässigen Umfang für gewerbliche Zwecke hergestellt, ist an den Verlag die nach § 54 Abs. 2 UrhG zu zahlende Vergütung zu entrichten, über deren Höhe der Verlag Auskunft gibt.

ISBN 3-7944-0166-2

© 1991 by Verlag M. & H. Schaper GmbH & Co. KG, Alfeld · Printed in Germany

Herstellung: Dobler-Druck GmbH & Co KG, Alfeld (Leine)

Inhaltsverzeichnis

Vorwort 9
Geleitwort 9
Über die Autorin 10
Danksagung 10

Erster Teil: Psychologische Prozesse – Grundlagen

Kapitel 1: Einführung 12
    Geschichte der Hundepsychologie 14

Kapitel 2: Kognitive Prozesse – Denken und Lernen 18
    2.1. Das Wesen der Denkprozesse 18
    2.2. Intelligenz 19
    2.3. Sprache 19
    2.4. Moralisches Empfinden 20
    2.5. Regeleinhaltung 21

Kapitel 3: Kognitive Prozesse – Lerntheorie 22
    INSTRUMENTELLES LERNEN
    3.1. Allgemein 22
    3.2. Wesen der Verstärkung (Bekräftigung) 24
    3.3. Zeitpunkt der Verstärkung 25
    3.4. Intensität der Verstärkung 26
    3.5. Löschung (Vergessen) 26
    3.6. Möglichkeiten der Verstärkung 26
    3.7. Reizgeneralisierung 27
    3.8. Verhaltensformung 27
    3.9. Bestrafung 28
    3.10. Schockhalsbänder 32
    KLASSISCHES LERNEN
    3.11. Die klassische Konditionierung 34

Kapitel 4: Sozialverhalten 36
    SOZIALE INTERAKTIONEN VON WÖLFEN
    4.1. Rangordnung 37
    4.2. Territorium 37
    4.3. Jagd und Nahrungsaufnahme 38
    4.4. Spiel 38
    4.5. Fortpflanzung 39
    4.6. Festlegung der Dominanz 40
    4.7. Äußerung der Dominanz 41
    4.8. Ausdrücken von Dominanz –
        Unterordnung gegenüber einem Hund 43

Kapitel 5: Streß, Angst und Erregung 47
    FURCHT UND PHOBIEN
    5.1. Furcht 47
    5.2. Genese der Phobie 48
    5.3. Behandlung von krankhaften Angstzuständen . . . 50
    ZUSTÄNDE GROSSER ERREGUNG
    5.4. Anzeichen großer Erregung 51
    5.5. Ursachen großer Erregung 52

Kapitel 6: Entwicklungspsychologie 57
    6.1. Die ersten drei Wochen 57
    6.2. Sozialisierungsphase 58
    6.3. Entwicklung nach vierzehn Wochen 59

Kapitel 7: Die Einstellung des Besitzers 61
    7.1. Faktorenanalyse der Einstellung von Hundebesitzern 61
    7.2. Psychologische Funktion der Eigentümer-Hund-Beziehung . . . 62
    7.3. Persönlichkeit des Besitzers und die Beurteilung
        des Hundeverhaltens 65
    7.4. Auswirkungen der Persönlichkeit des Besitzers
        auf das Verhalten des Hundes 68
    7.5. Einstellung des Eigentümers und Diagnose 69
    7.6. Einflußnahme auf die Einstellung des Besitzers . . 71

Zweiter Teil: Behandlung spezifischer Störungen

Kapitel 8: Grundsätzliches bei Diagnose und Behandlung 76
    8.1. Diagnostik 76
    8.2. Vorgeschichte 76
    FORMULIEREN EINER ERKLÄRUNG DES PROBLEMS
    8.3. Interpretation des Verhaltens 80
    8.4. Ursachen 81
    BEHANDLUNG
    8.5. Chirurgische Behandlung 83
    8.6. Medikamentöse Behandlung 83
    8.7. Verhaltenstherapie 85
    8.8. Einstellung des Besitzers und damit zusammenhängende Faktoren 87
    8.9. Alternativen zur Behandlung 89

Kapitel 9: Behandlung von Aggressionen 92
    9.1. Beuteaggression 92
    DIAGNOSE
    9.2. Beuteaggression gegen Hunde 93
    9.3. Beuteaggression gegen Menschen 94
    9.4. Beuteaggression gegen andere Lebewesen 94
    9.5. Behandlung 94
    DOMINANZAGGRESSION
    9.7. Ursachen 98
    9.8. Behandlung 98
    9.9. Ungeeignete Behandlungsmethoden 101
    VERSCHIEDENE FORMEN DER DOMINANZAGGRESSION
    9.10. Territoriale Aggression 102
    9.11. Schutzaggression 104
    9.12. Schmerzinduzierte Aggression 104
    9.13. Mütterliche Aggression 105
    DOMINANZAGGRESSION
    GEGENÜBER ANDEREN HUNDEN
    9.14. Hunde im gleichen Haushalt 105
    9.15. Hunde aus verschiedenen Haushalten 106

Kapitel 10: Probleme der Gefühlserregbarkeit 107
    10.1. Probleme der Furchtsamkeit – allgemeine Nervosität 107
    10.2. Probleme der Furchtsamkeit – spezifische Phobien. 109
    10.3. Probleme der Erregbarkeit – allgemeine Erregbarkeit 110
    ERREGUNGSZUSTÄNDE IN BESONDEREN SITUATIONEN
    10.4. Erregung bei Besuchern 112
    10.5. Erregung im Auto 114
    10.6. Zerstörung von Gegenständen bei Abwesenheit des Besitzers . 115
    UNGEEIGNETE BEHANDLUNGSMETHODEN

Kapitel 11: Verschiedene Probleme 121
    DYSPHAGIE
    11.1. Koprophagie 121
    11.2. Anorexie 122
    11.3. Obesitas, Übergewicht 123
    11.4. Unerwünschter Harn- und Kotabsatz. 124
    SPEZIELLE PROBLEME
    11.5. Unerwünschtes sexuelles Aufreiten 127
    11.6. Unkontrollierbares Verhalten bei Spaziergängen 128

Kapitel 12: Vorbeuge von Verhaltensstörungen 131
    12.1. Verantwortlichkeit des Züchters 131
    12.2. Auswahl der Rasse 132
    12.3. Auswahl des Geschlechts. 133
    12.4. Wo kauft man einen Welpen? 133
    12.5. Wo kauft man einen ausgewachsenen Hund?. 133
    12.6. Auswahl eines Welpen 134
    12.7. Aufzucht eines jungen Hundes 135
    12.8. Erziehung zur Stubenreinheit. 136
    12.9. Unerwünschte Verhaltensweisen. 136
    12.10. Spezifische Probleme. 136
    12.11. Spätere Ausbildung. 137

Glossar 139
Sachverzeichnis 141

Vorwort

Die sich immer weiter ausbreitende Wissenschaft der Tierverhaltensforschung hat den praktizierenden Tierärzten vielerlei Erkenntnisse von klinischer Bedeutung zur Verfügung gestellt. Es liegen nunmehr genügend Informationen über normale und abnorme Verhaltensweisen bei Hunden vor, um ein Buch zu diesem Thema zu veröffentlichen. Die BSAVA hat diese Arbeit, die erste ihrer Art in Großbritannien, in Auftrag gegeben, um Tierärzten eine Hilfe in diesem immer wichtiger werdenden Bereich der Behandlung von Kleintieren anzubieten.

Dr. Valerie O'Farrell hat die verfügbaren Informationen zusammengestellt und aus ihrer eigenen klinischen Erfahrung an der Kleintierlehrpraxis der Royal (Dick) School of Veterinary Studies geschöpft. Der Text ist in zwei Abschnitte gegliedert. Der erste Teil liefert den theoretischen Hintergrund für den zweiten, den klinischen Teil. Mit Hilfe dieser Informationen soll der praktizierende Tierarzt in die Lage versetzt werden, besser mit Fällen von Verhaltensstörungen bei Hunden umgehen zu können. Anhand dieses Buches kann er, falls erforderlich, Behandlungskonzepte entwerfen und kann gleichzeitig besser diejenigen Fälle beurteilen, die eine Überweisung zum Spezialisten notwendig machen.

COLIN PRICE
Vorsitzender des Publikationskomitees
der BSAVA
(British Small Animal Veterinary Association)

Geleitwort

Immer mehr Hunde zeigen Verhaltensstörungen, und ihre Besitzer werden sich zunehmend dieser Problematik bewußt. Traditionell wenden sich solche Hundebesitzer an Züchter oder professionelle Hundeausbilder. Ein Tierarzt wird meist nur dann aufgesucht, wenn die endgültige Problemlösung in Form einer Euthanasie erwogen wird. Genauso wie die neuesten Erkenntnisse der Medizin genutzt werden, um vorzeitigen Tod oder Euthanasie zu vermeiden, so sollten auch Beratungs- und Behandlungsprogramme für Verhaltensstörungen einen festen Platz in der Kleintierpraxis bekommen. Die British Small Animal Veterinary Association hat dies erkannt und ihren Mitgliedern mit dem vorliegenden Buch einen Leitfaden in die Hand gegeben, der ohne spezielle Vorkenntnisse benutzt werden kann.

Wir danken der BSAVA für die Erlaubnis, diesen Leitfaden ins Deutsche übertragen zu dürfen, und wünschen diesem Buch auch bei uns eine weite Verbreitung.

Herrn Dr. H. O. Schmidtke, Havetoft, sind wir für die engagierte Durchsicht der Übersetzung zu großem Dank verpflichtet.

Dr. Ulrich M. Dürr
für den Arbeitskreis Mensch-Haustier-Bindung
der Fachgruppe Kleintierkrankheiten
der Deutschen Veterinärmedizinischen Gesellschaft

Über die Autorin

Valerie O'Farrell studierte bis 1963 in Oxford Psychologie, Philosophie und Physiologie. Sie absolvierte eine Ausbildung in Klinischer Psychologie am Institute of Psychiatry, London, und promovierte in Abnormer Psychologie zum Doktor der Philosophie über das Thema „Obsessionsriten". Danach arbeitete sie als Assistentin in der Psychotherapie an der Tavistock Clinic, London. Sie lehrte am Department of Psychology, University College, London und am Department of Psychiatry, Edinburgh University. Später begann sie sich für die Anwendung der Psychologie auf das Verständnis von Verhaltensstörungen bei Haustieren zu interessieren und ist seit 1982 Mitarbeiterin an der Kleintierlehrpraxis der Royal (Dick) School of Veterinary Studies. Sie beschäftigt sich mit der Untersuchung von Verhaltensproblemen bei Hunden und unterhält einen Beratungsdienst für deren Besitzer.

Danksagung

Mein Dank gilt Herrn Dr. Peter Darke und meinen Kollegen an der Royal (Dick) School of Veterinary Studies für ihre Hilfe und Unterstützung; der BP Nutrition für die finanzielle Förderung einiger meiner Untersuchungen; der British Small Animal Veterinary Association, die das Erscheinen dieses Buches möglich machte; Herrn Colin Price, dem Vorsitzenden des Publikationsausschusses für seine Effizienz, Geduld und wertvolle Kritik; Herrn Dr. Simon Carlyle für seine Hilfe bei der Textverarbeitung; Henry Carter, Andrew Edney und Dr. Bruce Fogle für die Durchsicht und Kommentierung des Manuskripts; meiner Familie und meinen Freunden für ihre Hilfe und ihren Beistand, insbesondere Gilian Jordan, meinem Vater Professor Nigel Walker und meinem Ehemann Paul.

Mein besonderer Dank richtet sich an die überweisenden Tierärzte sowie ihre Klienten und Patienten, ohne die dieses Buch nicht zustande gekommen wäre.

Valerie O'Farrell

Erster Teil:

PSYCHOLOGISCHE PROZESSE

– Grundlagen –

Kapitel 1: Einführung

Die Engländer gelten als ein Volk von Hundeliebhabern, und der Hund ist eines der beliebtesten Haustiere in Großbritannien. Man kann leicht verstehen warum; Hunde sind von Natur aus gesellige Tiere und gehen daher gern enge Beziehungen zu Menschen ein. Ein Hund kann im wahrsten Sinne des Wortes zum Freund werden; ein Goldfisch dagegen nur in der Vorstellung seines Besitzers.
Diese Freundschaft hat allerdings ihren Preis. Da Hunde und in der Regel auch ihre Besitzer in einem engen Verhältnis miteinander leben wollen, besteht auch die Gefahr, daß Mißverständnisse und Unstimmigkeiten auftreten.
Aufschlußreich ist in diesem Zusammenhang ein Vergleich mit Katzen. Obwohl die kognitive Fähigkeit der Katzen ungefähr der von Hunden entspricht, haben Katzen nicht das gleiche natürliche Bedürfnis nach sozialen Beziehungen. Katzen erfüllen normalerweise im Haushalt eine ganz andere Aufgabe: Sie leben ihr eigenes Leben und von ihnen wird nicht erwartet, sich den Wünschen ihre Besitzer zu fügen. Katzenbesitzer erwarten nicht unbedingt, daß ihnen das Tier automatisch mit Zuneigung begegnet, sie fühlen sich geehrt, wenn ihre Katze ihnen Aufmerksamkeit schenkt. Von Katzen wird auch kein bedingungsloser Gehorsam verlangt. Katzenbesitzer sorgen normalerweise dafür, daß kein schmackhaftes Stück Fisch auf dem Küchentisch liegen bleibt, anstatt die Katze damit allein zu lassen. Lassen sie es aber liegen, nehmen sie im allgemeinen die Konsequenzen naturgegeben hin.
Im Gegensatz dazu wird die beständige Zuneigung eines Hundes häufig als selbstverständlich vorausgesetzt. **Hunde werden von ihren Besitzern oft als fast menschliche Familienmitglieder betrachtet (WILBUR, 1976), und es wird erwartet, daß sie sich entsprechend verhalten, um diesem Anspruch zu genügen.** Viele Hundebesitzer wären empört, wenn der Hund sich eigenmächtig über auf dem Tisch stehen gebliebenes Essen hermachen würde.
Es ist daher nicht verwunderlich, daß Verhaltensstörungen bei Hunden recht häufig auftreten. Eine Umfrage bei 50 nicht ausgewählten Hundebesitzern, die zur Behandlung in die Kleintierpraxis der Royal (Dick) School of Veterinary Studies kamen, ergab, daß die Hunde in 10 Fällen Dinge taten, die den Besitzern erhebliche Unannehmlichkeiten bereiteten. Ein Schäferhund zum Beispiel war ein so guter Wachhund, daß er Babysittern nicht gestattete, die Treppe hinaufzugehen, um nach den schlafenden Kindern zu sehen. In einem anderen Fall bellte ein Hund und war nicht zu stoppen, sobald ungewöhnliche Gestalten auf dem Fernsehschirm erschienen. Hüpfende Babys als Werbung für Einmalwindeln wirkten dabei besonders provokativ.
Dies ist nur eine kleine Umfrage, und man könnte vermuten, daß der dabei festgestellte Anteil an verhaltensgestörten Hunden nicht unbedingt dem Vorkommen in der Gesamtpopulation entspricht. Bei einer Befragung von 350 Personen in den USA kam man jedoch zu einem ähnlichen Ergebnis. Während dieser Umfrage wurde festgestellt, daß 25 % der Hundebesitzer über das Verhalten ihrer Tiere besorgt waren (WILBUR, 1976). Die Häufigkeit von Verhaltensstörungen bei Hunden entspricht ungefähr der Häufigkeit

von Verhaltensstörungen bei Kindern (RUTTER et al., 1970). Man könnte nun Mutmaßungen darüber anstellen, ob das mit der vergleichbaren Position zusammenhängt, die Hunde und Kinder im Haushalt einnehmen. Sowohl Hunde als auch Kinder sind in bezug auf ihr physisches und psychisches Wohlergehen mehr als Erwachsene von der Familie abhängig. Tatsächlich werden Hunde von ihren Besitzern oft als Kinder angesehen und beide Gruppen sind der Gefahr zu Verhaltensstörungen ausgesetzt, die durch allgemeine Störungen in der Familie bedingt sind (s. Kapitel 5.5. d). Man kann sagen, daß die psychologischen Probleme beider Gruppen eher ein Verhalten darstellen, das für andere schwer zu ertragen ist, als daß es sich hierbei um ein eigenes Leiden handelt.
Natürlich haben Hundebesitzer im Gegensatz zu Eltern die Möglichkeit, sich ihrer Hunde zu entledigen, entweder durch Euthanasie oder indem sie sie weggeben, und einen Außenstehenden mag es verwundern, daß sich nicht mehr von ihnen dazu entschließen. Das Leben vieler Halter von Problemhunden wird über Monate oder Jahre hinweg durch das Verhalten ihrer Hunde erschüttert. Nicht selten können Familien aufgrund ihrer erregbaren oder aggressiven Hunde keinen Besuch mehr empfangen oder nicht mehr zusammen ausgehen, da der Hund in ihrer Abwesenheit bellt oder die Einrichtung zerstört.
Es gibt zahlreiche Gründe dafür, daß sich Hundebesitzer selbst unter diesen Umständen nicht von ihren Tieren trennen. VOITH (1981) fand bei einer Umfrage unter Besitzern von verhaltensgestörten Hunden und Katzen heraus, daß der am häufigsten genannte Grund die Zuneigung des Besitzers zu seinem Tier war. Dabei muß man berücksichtigen, daß die unerwünschten Verhaltensweisen bei den meisten Problemhunden nur einen kleinen Teil des gesamten Verhaltensrepertoires ausmachen; die meiste Zeit sind sie liebenswert und folgsam. Der Besitzer eines hyperaktiven Hundes, der ständig bellte, beschrieb die nicht seltene Situation so: „Oft habe ich das Gefühl, es nicht mehr länger aushalten zu können. Dann aber stelle ich mir vor, wie ich mich mit ihm auf den Weg zum Tierarzt mache, um ihm die tödliche Spritze geben zu lassen und ich weiß, das kann ich nicht."
Ein anderer Grund, der viele Besitzer davon abhält, sich von ihrem Problemhund zu trennen, besteht darin, daß sie sich für sein Verhalten verantwortlich fühlen. Die Ansicht, daß es „keine schlechten Hunde, sondern nur schlechte Besitzer" gibt, ist ziemlich weit verbreitet, und viele Besitzer von Problemhunden haben sich diese Regel zu Herzen genommen. Sie suchen in ihren vergangenen und gegenwärtigen Verhaltensweisen nach Gründen für die Fehler ihrer Hunde und stoßen dabei natürlich immer auf Dinge, für die sie sich schuldig fühlen. Freunde und Bekannte weisen gewöhnlich noch auf ein paar weitere Schwächen hin, und in unserer Gesellschaft, in der die Kindererziehung anderer Leute gern kritisiert wird, ist es zu einer Art Volkssport geworden, Fehler anderer Menschen bei der Behandlung ihrer Hunde aufzudecken. Als Ergebnis dieser Tendenz, Hundehalter für das Verhalten ihrer Tiere verantwortlich zu machen, fühlen sich viele von ihnen moralisch verpflichtet, mit einem Problem weiterzuleben, das sie sich ihrem Gefühl nach in erster Linie selbst zuzuschreiben haben.
Bezeichnenderweise sucht nur ein kleiner Teil dieser Hundebesitzer fremde Hilfe. Auch von den oben erwähnten befragten Personen hatte das niemand getan. **Offensichtlich scheinen Hundebesitzer oft zu denken, daß ihnen Fachleute mit dem gleichen Spott und der gleichen Mißbilligung begegnen, wie ihre Familie und Freunde. Möglicherweise glauben sie auch nicht daran, daß der Tierarzt ihnen helfen kann.** Oft gehen sie lieber zum Gehorsamstraining oder zum Hundeausbilder. Das Endergebnis dieser Fälle läßt sich aus den in Kapitel 12.11. genannten Gründen kaum voraussagen.

Das ist nicht weiter erstaunlich, denn erst seit ungefähr 15 Jahren (und dabei vorwiegend in den Vereinigten Staaten) sind Tierärzte in der Lage, fachmännische Hilfe bei Verhaltensstörungen anzubieten. Wenn viele auch vorher schon zuweilen hilfreiche Ratschläge erteilen konnten, dann nur aus dem Grunde, weil sie viele Erfahrungen mit vielen Hunden hatten. Ein vernünftiger Züchter oder Hundeausbilder wäre zu den gleichen Schlußfolgerungen gelangt. Im Gegensatz zu dem sonstigen Fachwissen des Tierarztes entbehren diese Kenntnisse jedoch der wissenschaftlichen Grundlage.

Geschichte der Hundepsychologie

Vor ungefähr 10 Jahren (z. B. TUBER et al., 1974) erkannte man, daß man aus der Theorie und den experimentellen Untersuchungen in verschiedenen Bereichen der Psychologie Methoden zur Behandlung von Verhaltensstörungen bei Tieren ableiten konnte. Viele dieser Theorien und Untersuchungen waren bereits über 20 Jahre alt, aber ihre Bedeutung für Tierbesitzer war nicht erkannt worden.

Die **Lerntheorie** leistete hier einen großen Teil der Pionierarbeit. Bei der Lerntheorie handelt es sich um eine Anzahl verschiedener Modelle, die alle auf Experimenten beruhen und deren Ziel es ist, zu erläutern, inwiefern Organismen, einschließlich des Menschen, Verhaltensmuster annehmen, die nicht zum instinktiven Verhaltensrepertoire gehören. Die Psychologen, die in den 40er und 50er Jahren auf diesem Gebiet tätig waren, wollten die Psychologie als anerkannte Naturwissenschaft durchsetzen, gleichwertig mit den physikalischen Naturwissenschaften. Für sie war es von allergrößter Bedeutung, sich nur mit „harten" Daten zu beschäftigen, das heißt, mit sichtbaren und meßbaren Fakten. Sie gingen davon aus, daß man gedankliche Abläufe und Vorstellungen nur schwer oder gar nicht messen kann, und beschränkten sich auf das Studium des Verhaltens. Wenn man diese Sichtweise übernimmt, haben Tierversuche gewisse Vorteile gegenüber Versuchen mit Menschen. Das Verhalten der Tiere ist im großen und ganzen weniger komplex; es ist einfacher, alle Aspekte eines Tierlebens zu kontrollieren. Aus diesem Grunde wurden viele tausend Tiere verschiedener Gattungen zahlreichen Lernversuchen unterzogen. Zu den bekanntesten gehören vielleicht Pavlovs Hunde, Skinners Tauben im Aufgabenkäfig und Ratten im Labyrinth.

Hinsichtlich der Leiden, die den Tieren zugefügt wurden, war ein Teil dieser Versuche einschließlich einiger auch in diesem Buch beschriebener ethisch fragwürdig, um es vorsichtig zu formulieren. **Es wäre jedoch töricht, sich die Ergebnisse dieser Experimente nicht zunutze zu machen, insbesondere da sie nun lebenden Tieren helfen können.** Diese auf der Arbeit mit Tieren basierenden Theorien fanden zunächst hauptsächlich im menschlichen Bereich eine praktische Anwendung und in den 50er Jahren ging man davon aus, daß diese Erkenntnisse für die Behandlung gewisser psychischer Störungen von Bedeutung waren. Man sah es als erwiesene Tatsache an, daß Psychiatriepatienten, die lernen konnten, ihren abnormen Verhaltensweisen nicht nachzugeben, ipso facto geheilt waren. Konnte man einen Agoraphobisten lehren, das Haus zu verlassen oder einem Transvestiten beibringen, keine Frauenkleider anzuziehen, galt er somit als gesund. Die Heilung des Symptoms wurde gleichzeitig als Heilung der Verhaltensstörung an sich betrachtet. Man fand heraus, daß die Verhaltenstherapie, das heißt, die Gesamtheit der auf dieser Theorie basierenden Methoden, bei einigen Verhaltensstörungen, bei denen die psychiatrische Behandlung bis dahin versagt hatte, ungewöhnlich erfolgreich war. Am wirksamsten war diese Theorie vielleicht in der Behandlung „monosymptomatischer" Phobien (d. h. Angst vor ganz bestimmten oder klar definierten Situationen und Dingen, z. B. Spinnen oder Reisen im Flugzeug) bei Patienten mit sonst normalen Verhaltensweisen. Dieser Erfolg entfachte in den 60er Jahren wahre Begeisterungsstürme für die Verhaltenstherapie, die dann in der 70er Jahren aber langsam wieder abflauten. In dieser Zeit fanden Therapeuten heraus, daß die Denkprozesse der Patienten, das heißt, deren Fähigkeit, über ihre Handlungen nachzudenken oder ein Ding als Symbol für ein anderes zu verwenden, oft widersinnig waren, da sie sich nur mit ihren wahrnehmbaren Handlungen befaßten. Das bedeutet, ein Agoraphobiepatient hat möglicherweise weniger Angst vor Straßen und freien Plätzen, als vielmehr vor der Einsamkeit, die sie repräsentieren. Gleichermaßen kann die Faszination, die Frauenkleider auf einen Transvestiten ausüben, nur der äußere Ausdruck für die Anomalität seiner Beziehung zu anderen Menschen in vielerlei Hinsicht sein.

Zur gleichen Zeit und unabhängig davon erkannten Tierverhaltensforscher die Möglichkeit, die Verhaltenstherapie auch auf die Spezies anzuwenden, an denen sie ursprünglich entwickelt worden war. Es kam daher nicht überraschend, daß sich die Therapie auf diesem Gebiet erfolgreicher als im menschlichen Bereich erwies.

Die kognitiven Prozesse eines Tieres sind weniger komplex als diejenigen eines Menschen. Ein Tier denkt nicht über die Vergangenheit nach, macht sich keine Sorgen um die Zukunft und denkt vor allen Dingen nicht symbolhaft.

Ein Tier wird in viel stärkerem Maße durch die gegenwärtige Situation beeinflußt. Wenn also ein Hund Angst vor etwas zeigt, zum Beispiel vor Schüssen, oder wenn er ein abnormes Sexualverhalten aufweist und vielleicht auf dem Sofakissen aufreitet, kann man hier viel eher als beim Menschen darauf schließen, daß diese Angst oder dieses Sexualverhalten lediglich eine erlernte Reaktion auf den fraglichen Reiz darstellen, und das es sich nicht etwa um den Ausdruck einer beherrschenden Angst oder einer viel weiter gehenden Persönlichkeitsstörung handelt.

Ein anderer Zweig der Psychologie, der für die Behandlung von Verhaltensstörungen bei Tieren als wichtig angesehen wird, ist die **Ethologie,** die Lehre der instinktiven Verhaltensweisen im Gegensatz zu den erlernten. Entwickelt wurde diese Lehre in den 40er Jahren von Forschern wie LORENZ und TINBERGEN. SCHENKEL (1947) begründete die Lehre von dem nächsten wilden Verwandten des Hundes, dem Wolf, mit der Methodik der vergleichenden Verhaltensforschung. Aber es dauerte wiederum bis in die 70er Jahre, bevor die Bedeutung dieser Forschungsergebnisse für Hundebesitzer erkannt wurde.

Die **Entwicklungspsychologie**, die Wissenschaft von der Art und Weise, wie Tiere und Menschen aufwachsen und sich in ihrem Denken und Verhalten im Laufe ihres Lebens verändern, hat sich ebenfalls als hilfreich erwiesen. Als bekannteste Forscher auf diesem Gebiet gelten SCOTT und FULLER, die in den 40er Jahren tätig waren, gefolgt von FOX in den 50er Jahren. Sie erforschten die psychologische Entwicklung junger Hunde und die Einflüsse unterschiedlicher Umgebungen auf diese Entwicklung. Ihre Forschungsergebnisse sind für die Behandlung von unerwünschten Verhaltensweisen weniger hilfreich als die Lerntheorie oder die Ethologie, sie liefern jedoch Erklärungen dafür, warum gewisse Hunde anfällig für Verhaltensstörungen sind. Wichtig ist diese Lehre insbesondere für Züchter und andere, die die Möglichkeit haben, Verhaltensstörungen vorzubeugen.

In der jüngsten Vergangenheit hat eine andere Disziplin an Bedeutung gewonnen: **die klinische Humanpsychologie.** Mit dem wachsenden Interesse am Verhältnis der Besitzer zu ihren Tieren, der sog. Mensch-Haustier-Bindung, haben Psychiater und Psychologen wie BECK und KATCHER (1981) deutlich gemacht, daß Tiere die Menschen auf viel subtilere Art positiv beeinflussen, als daß sie ihnen bloß Bewegung verschaffen oder ihnen „nützlich" sind. Tiere sind in der Lage, besondere Bindungen einzugehen, und können auf diese Weise psychologische Bedürfnisse erfüllen, die sonst möglicherweise nicht befriedigt werden können. Für seinen Besitzer ist ein Hund häufig mehr als bloß ein Hund. Oft wird er nicht nur als Familienmitglied betrachtet, sonder als Ventil für überschwengliche Zuneigung oder auch für Aggressionen. Es gibt nun Anzeichen dafür (O'FARRELL, 1985), daß diese Art von psychologischer Verwendung des Hundes die Entwicklung von Verhaltensproblemen beim Hund beeinflussen kann und muß sie daher bei der Behandlung von Verhaltensstörungen unbedingt berücksichtigen.

Zur Zeit gibt es in England nur wenige Psychologen, die sich mit der Behandlung von Kleintieren beschäftigen, und ihre Rolle ist in gewisser Weise kontrovers. Einige praktizierende Tierärzte glauben, daß es nicht nötig ist, wissenschaftliche Aspekte in die Behandlung von Verhaltensstörungen einzubringen und sind der Ansicht, daß ihre Erfahrung in der Behandlung zahlreicher Hunde es ihnen erlaubt, die Besitzer von Problemhunden ausreichend zu beraten. Der wichtigste Einwand, den man gegen diese Ansicht erheben kann, besteht darin, daß im Gegensatz zu den meisten anderen tierärztlichen Ratschlägen diese Empfehlungen einer wissenschaftlichen Grundlage entbehren. Der Klient könnte ähnliche Ratschläge von einem Freund einholen, der sich mit Hunden auskennt, oder von einem Hundeausbilder. Sicherlich ist es in jedem Beruf, in dem man nicht auf Fachspezialisten zurückgreifen kann, so, daß man seinen gesunden Menschenverstand zu Rate ziehen muß. Existiert ein solches Spezialwissen aber, wäre es unklug, keinen Gebrauch davon zu machen.

Ein anderer Einwand, den viele Tierärzte gegen Psychologen erheben, die auf diesem Gebiet tätig sind, besteht darin, daß sie keinerlei veterinärmedizinische Qualifikationen besitzen. Die Gründe für einen solchen Einwand sind nicht ganz klar ersichtlich. Die Befürchtung mag zum Teil darin bestehen, daß gewisse physische Erkrankungen übersehen werden könnten. Sofern der Psychologe jedoch nur Überweisungen durch Tierärzte akzeptiert, scheint dieser Einwand unbegründet. Interessanterweise hegten Psychiater vor ungefähr 15 Jahren eine ähnliche Skepsis, als klinische Psychologen, die sich zuvor auf die Durchführung von Tests beschränkt hatten, mit ihrer neu begründeten Verhaltenstherapie in den Behandlungsbereich eindrangen. Mit der Zeit jedoch verschwand die Furcht der Mediziner, daß die Psychologen in irgendeiner Weise unverantwortlich handeln oder physische Krankheiten übersehen würden. Heute behandeln die klinischen Psychologen Patienten nicht nur routinemäßig, sondern diese Patienten werden auch direkt von praktizierenden Ärzten an sie überwiesen, ohne zuvor einen Psychiater zu Rate zu ziehen. Außer den Psychologen bedienen sich mittlerweile auch Psychiater und psychiatrisches Pflegepersonal der Verhaltenstherapie, nachdem sie zuvor von den Psychologen entsprechend unterwiesen worden sind.

Dieses Buch will auf veterinärmedizinischem Gebiet einen ähnlichen Zweck erfüllen. Es will Tierärzten ausreichende Informationen über die psychologischen Methoden zur Behandlung von Verhaltensstörungen liefern, um ihnen so, zumindest in einigen Fällen, die Möglichkeit einer entsprechenden Anwendung zu geben. Genau wie bei physischen Erkrankungen wird der Tierarzt hin und wieder auf schwere oder komplizierte Fälle treffen, die er an einen Spezialisten überweisen muß. Aber auf jeden dieser Sonderfälle kommen genügend andere, die er bei ausreichender Kenntnis selbst behandeln kann.

Verhaltensstörungen können nicht durch die bloße Anwendung mechanischer Verfahren behandelt werden. Sie erfordern in jedem Einzelfall eine genaue Bewertung der jeweils einmaligen Kombination verschiedener Ursachen. Dieses Buch beinhaltet deshalb auch

keine Sammlung von „Behandlungsrezepten". Es besteht aus einem theoretischen und einem praktischen Teil. Der theoretische Teil liefert einen Überblick über die verschiedenen Aspekte der Psychologie, soweit sie für das Verständnis und die Behandlung von Verhaltensproblemen wichtig erscheinen. Der praktische Teil befaßt sich mit häufig anzutreffenden Problemen, den Faktoren, die dafür oft ausschlaggebend sind und den möglichen Behandlungsmethoden. Der praktische Teil beschäftigt sich außerdem mit der Verhütung von Verhaltensstörungen.

Kapitel 2: Kognitive Prozesse – Denken und Lernen

2.1. Das Wesen der Denkprozesse

Ist der Hund ein liebenswertes Mitglied des Haushalts, ist er seinen Besitzern treu und ergeben, so gelangt man leicht zu der Annahme, daß er auch wie ein Mensch denkt.
Mit dem menschlichen Verstand sind wir am besten vertraut, und wenn wir versuchen, Erklärungen für die Verhaltensweisen anderer Lebewesen zu finden, bedienen wir uns natürlich dieses Modells. Derartige Annahmen sind jedoch häufig falsch und können Anlaß zu zahlreichen Mißverständnissen sein, die Probleme nach sich ziehen oder bereits bestehende Schwierigkeiten noch verstärken.
Auf der anderen Seite neigten Psychologen während der vergangenen 50 Jahre dazu, in das andere Extrem zu verfallen und den Tieren überhaupt keine Denkprozesse zuzugestehen. Da sie nur exakte und sichtbare Daten messen wollten, bewerteten sie in ihren Versuchen lediglich Verhaltensweisen, beispielsweise wie oft eine Ratte in einem Labyrinth nach links oder nach rechts läuft oder wieviel sie frißt. Am extremsten in diesem Zusammenhang war B. F. SKINNER, der es als völlig unnötig betrachtete, die Abläufe innerhalb eines Organismus zu berücksichtigen. Er betrachtete den Organismus als reine „Black Box", stellte nur Messungen von Input und Output an und versuchte so, aus einer Kombination von beiden Werten Gleichungen aufzustellen. Er und seine Kollegen waren in ihren Bemühungen ausgesprochen erfolgreich, und der Kern der Lerntheorie besteht nunmehr aus einer Anzahl von Gesetzen, die Input (Reiz) und Output (Reaktion) einander gegenüberstellen, um so die optimalen Lernbedingungen zu messen. Obwohl dieses Vorgehen aus moderner Sicht als reiner Mechanismus erscheint, haben sich die „Gesetze" innerhalb ihrer eigenen Grenzen als außergewöhnlich hilfreich bei der Erziehung von Menschen erwiesen. Insbesondere der Unterricht für Behinderte wurde auf diese Weise revolutioniert. Wichtig sind die Gesetze auch für die Ausbildung von Tieren, einschließlich Hunden. Wenn man einem Hund beibringen will, etwas zu tun (oder zu lassen) und dabei dem SKINNERschen Modell folgt, so erweist sich dieses Vorgehen als sehr wirksam. Im nächsten Kapitel werden die Regeln dieses Verfahrens näher erläutert.
Da diese Methode sich als so erfolgreich herausstellte, wurde die Frage nach den Denkvorgängen des Tieres weitgehend vernachlässigt. Man ging davon aus, daß ein Tier unterhalb der Primatenstufe automatisch ohne Überlegung, mit erlerntem Verhalten reagiert. Seine Antworten entspringen einer Gewohnheit und basieren auf vergangenen Erfahrungen. Sein Bewußtsein kann ungefähr mit dem eines Autofahrers verglichen werden, der fährt, ohne zu denken, und ans Ziel kommt, ohne zu wissen wie. Mit anderen Worten, man nahm an, daß Pavlov's Hunde, die lernten, beim Läuten einer Glocke vermehrt Speichel zu produzieren, sofern der Glockenton häufig genug mit der Gabe von Futter gekoppelt worden war, dies automatisch und unbewußt taten, ohne dabei irgendwelche Erwartungen oder Theorien zu hegen, wie „der Glockenton bedeutet Futter". Andererseits hat die jüngere Forschung im Rahmen der überlieferten Grund-

sätze der Lerntheorie Ergebnisse gebracht, die sich nur dadurch erklären lassen, daß Tiere durchaus Erwartungen hegen und Theorien aufstellen (MACKINTOSH, 1974). Darüber hinaus gibt es zahlreiche Beweise dafür, daß Tiere, insbesondere Hunde, mehr tun, als Reiz und Reaktion automatisch miteinander zu verbinden. Eine Aufgabe, die mehr als diese rein automatische Assoziation erfordert, besteht in der „verspäteten Reaktion", wobei dem Versuchsobjekt eine Belohnung gezeigt wird, die unter einer von zwei oder mehr gleichen Tassen oder ähnlichen Behältern versteckt ist. Nach einer gewissen Verzögerung wird dem Tier gestattet, einen der Behälter auszuwählen. BERITOFF (1971) hat nachgewiesen, daß Hunde diese Aufgabe mit einer zeitlichen Verzögerung von bis zu einer halben Stunde bewältigen können, selbst wenn sie in der Zwischenzeit geschlafen haben. Man hat ebenfalls herausgefunden, daß Wölfe „geistige Landkarten" ihres Territoriums im Kopf haben. Sie sind in der Lage, auf dem kürzesten Weg von einem Punkt zum anderen zu gelangen, wobei sie diesen Weg vorher nicht unbedingt benutzt haben müssen.
Hundebesitzer und Ausbilder können sich meist an zahlreiche Vorfälle erinnern, die dies bestätigen. Daraus kann man logisch folgern:
Obwohl das Modell des assoziativen Lernens nützlich ist und dazu beiträgt, das Verhalten eines Hundes in den meisten Situationen vorherzusagen und zu kontrollieren, muß man immer berücksichtigen, daß es sich hierbei um eine extreme Vereinfachung handelt, die dem komplexen Verstand des Hundes nicht gerecht wird.

2.2. Intelligenz

Die Frage nach der unterschiedlichen Intelligenz bei Hunden ist interessant und führt häufig zu erregten Diskussionen unter Hundebesitzern und Ausbildern. SCOTT & FULLER (1965) führten im Hinblick auf die geistigen Fähigkeiten junger Hunde verschiedener Rassen mehrere Versuche durch. Zum Beispiel waren Beagles am ehesten imstande, räumliche Probleme zu lösen, wohingegen Basenjis bei einer Aufgabe, die mit der Manipulation von Gegenständen zusammenhing, am besten abschnitten. Daraus schlossen sie, daß Hunde keine allen gemeinsame Fähigkeit besitzen, die man als Intelligenz bezeichnen könnte, da jede Aufgabe unterschiedliche Fähigkeiten erforderte. Obwohl es sich hier um eine logische Schlußfolgerung handelt, die dem Behaviourismusethos jener Zeit entsprach, ist sie nicht legitim. Die menschliche Intelligenz wird gewöhnlich durch eine ganze Reihe verschiedener Tests gemessen. Die Ausführung jeder einzelnen Aufgabe kann durch unterschiedliche spezifische Faktoren wie Angstschwelle oder handwerkliches Geschick beeinflußt werden, die Ausführung insgesamt hängt jedoch vom allgemeinen Intelligenzquotienten ab. Die Gesamtbewertung erfolgt unter Berücksichtigung der Einzelergebnisse. Daher scheint es auch naheliegend zu sein, daß es möglich ist, Testserien für Hunde zu entwickeln, mit deren Hilfe die Intelligenz des Tieres gemessen werden könnte, und daß man somit auch Hunde als mehr oder weniger intelligent einstufen könnte. Wie schon zu Beginn dieses Kapitels erwähnt, ist es **bei der Behandlung von Verhaltensstörungen jedoch sicherlich wichtiger, sich über die Grenzen statt über das Ausmaß der Intelligenz eines Hundes klarzuwerden.**

2.3. Sprache

So klug manche Hunde auch sein mögen, steht doch fest, daß kein Hund gewisse geistige Leistungen wie Symbolisierung oder hochgradiges Abstrahieren erbringen kann. Zum Beispiel ist ein Hund nicht in der Lage, Sprache im eigentlichen Sinne des Wortes zu verstehen. Obwohl er lernen kann, gewisse Vorstellungen oder Erwartungen mit einem Ausdruck wie „Gassi gehn" zu verknüpfen, wird er niemals in der Lage sein, Grammatik oder Syntax zu begreifen. Ein Hund wird nie verstehen, daß das gleiche Wort in einem anderen Zusammenhang etwas anderes bedeutet. Zum Beispiel kann er lernen, was „Sitz" oder „Futter" heißt, aber obwohl er diese beiden Befehle versteht, würde er niemals begreifen, was „Sitz und nimm dein Futter" bedeutet. **Der Hund versteht immer nur einen kleinen Bruchteil von dem, was sein Herr zu ihm sagt. Der Grund, der viele Hundebesitzer glauben läßt, daß ihre Hunde sie verstehen, ist, daß Hunde außerordentlich gut in der Lage sind, nicht-verbale Kommunikation wahrzunehmen: Ausdruck, Gesten und Tonfall** (s. Kapitel 4) und so die Handlungsweise ihrer Besitzer genau voraussehen oder deren Wünsche interpretieren können.

Obwohl Hunde offensichtlich Erwartungen an die Zukunft und Erinnerungen an die Vergangenheit haben, ist es unmöglich, sich mit ihnen in komplexeren Zusammenhängen über Vergangenheit und Zukunft zu verständigen. Menschen bedienen sich der Sprache, um sich in der Zeit vor und zurück zu bewegen, den Hunden aber ist Sprache nicht zugänglich. Das ist wichtig bei Verhaltensfehlern, die in Abwesenheit des Besitzers auftreten, wie zum Beispiel das Stehlen von Futter, das Zerbeißen von Gegenständen usw. Es hat keinen Zweck, dem Hund, bevor man weggeht, zu sagen, daß er die Würstchen nicht anrühren soll, und es nützt nichts, den Hund zu bestrafen, wenn man zurückkommt und er die Würstchen gefressen hat. In beiden Fällen liegt ein zu großer Zeitraum zwischen Weggehen oder Heimkehr des Besitzers und der Missetat des Hundes, so daß für ihn kein Zusammenhang zwischen beiden Handlungen besteht.

2.4. Moralisches Empfinden

Im Zusammenhang mit Verhaltensproblemen ist weiterhin die Tatsache von Bedeutung, **daß der Hund kein moralisches Empfinden hat, er kann „gut" und „böse" nicht unterscheiden.** Probleme, die aus dem Verhalten von Hunden entstehen, werden häufig dadurch verschlimmert, daß das Verhalten des Hundes dem Besitzer nicht nur Unannehmlichkeiten bereitet, sondern daß dieser über die Tat empört und enttäuscht ist. Häufig glaubt er dann seine Ansicht bestätigt, daß der Hund sich aufgrund seines anschließenden unterwürfigen Verhaltens bewußt ist, eine böse Tat begangen zu haben. **Der Besitzer hält dieses Verhalten oft für Schuldbewußtsein, aber es ist die bloße Angst vor Bestrafung und hat nichts mit Moral zu tun.** Diese Art von Mißverständnissen kompliziert häufig noch die Probleme im Zusammenhang mit dem Zerstörungstrieb bei Abwesenheit des Hundehalters. Der Herr kommt zurück und findet den Teppich zerbissen und seinen Hund in einer unterwürfig furchtsamen Stellung zusammengekauert oder in einer Ecke verkrochen. Der Besitzer, über den Teppich verärgert, denkt zugleich: „Er wußte, daß es falsch war, man sieht ihm an, daß er sich schuldig fühlt. Er muß es getan haben, um Aufmerksamkeit zu erregen oder um sich für mein Fortgehen zu rächen." Je nach Temperament des Besitzers wird dieser nun den Hund bestrafen, um ihm zu zeigen, daß er so etwas nicht dulden kann, oder er wird dem Hund mehr Aufmerksamkeit schenken, damit dieser sich nicht so vernachlässigt fühlt. Beide Handlungsweisen sind dazu geeignet, die Situation eher schlimmer als besser zu machen (s. Kapitel 10.6.).

2.5. Regeleinhaltung

Ein Hund ist nicht in der Lage, Gesetzmäßigkeiten in unserem Verständnis des Wortes zu folgen. Ein Hund mag auf dem Bürgersteig bei Fuß gehen, weil er diese Gewohnheit angenommen hat, er hat jedoch nicht verstanden, daß er nicht auf die Straße laufen darf. Das heißt, daß der Hund in 99 % aller Fälle auf dem sicheren Bürgersteig bleibt, aber beim einhundertsten Mal aufgrund einer extremen Provokation, wie dem Anblick einer Katze auf der anderen Straßenseite, auf die Fahrbahn läuft. Die Tatsache, daß Hunde eine Regel nie in gleicher Weise begreifen können wie wir, wird durch die Lerntheorie verständlich. Ein großer Teil unseres eigenen Lernens findet dadurch statt, daß wir Regeln von anderen Menschen übernehmen („Stell dich auf dem Postamt in diese Reihe, wenn du Briefmarken kaufen willst") oder daß wir sie für uns selbst aufstellen („Mittwochs muß der Tag sein, an dem alle Geschäfte früh schließen, denn diese Läden haben alle zu"). Haben wir eine Regel begriffen, findet sofort ein Übergang aus einer Situation der Unsicherheit in eine Situation der Sicherheit statt, und wir wissen von nun an, wie wir uns zu verhalten haben. Haben wir uns einmal gemerkt, in welcher Schlange in der Post man Briefmarken bekommt, werden wir uns dort jedesmal anstellen, wenn wir Briefmarken kaufen wollen. Der Lernprozeß eines Hundes läuft jedoch nicht so schlagartig ab. Aus einem Zustand, in dem er fast alles falsch macht, verbessert er sich langsam, bis er nach und nach immer mehr und zum Schluß fast alles richtig macht.

Dieser Punkt ist bei der Ausbildung von Hunden und bei der Vermeidung von Verhaltensstörungen von Bedeutung. **Ein Hundebesitzer kann nicht davon ausgehen, daß ein Hund, der ein bestimmtes Verhalten erlernt hat, wie zum Beispiel im Garten zu bleiben oder auf dem Bürgersteig zu gehen, dies für immer gelernt hat. Er muß sich dessen bewußt sein, daß ein außergewöhnlicher Umstand den Hund dazu bringen kann zu versagen.**

Weiterführende Literatur
WALKER, S., Animal Thought, Routledge and Kegan Paul, London 1983.

Kapitel 3: Kognitive Prozesse – Lerntheorie

Wie wir gesehen haben, wird die Lerntheorie den kognitiven Fähigkeiten des Hundes zwar nicht ganz gerecht, stellt gegenwärtig aber dennoch das beste Modell bereit, um das Verhalten eines Hundes vorauszusagen oder zu ändern. Für das Verständnis und für die Behandlung von Verhaltensstörungen ist diese Theorie außerordentlich wichtig und soll daher in diesem Kapitel näher erläutert werden. Die „Lerntheorie" ist tatsächlich eine Sammlung leicht unterschiedlicher Theorien, die von verschiedenen Forschern entwickelt wurden. Im folgenden soll der gemeinsame Hintergrund dieser Theorien erläutert werden, wie er sicherlich von den meisten Psychologen akzeptiert werden würde.

Tiere können neue Verhaltensweisen auf zwei verschiedenen Wegen lernen: durch instrumentelles Lernen, operante Konditionierung, oder durch klassische Konditionierung. Als instrumentelles Lernen bezeichnet man die freiwillige Reaktion eines Tieres in Erwartung einer Belohnung (z. B. wenn eine Ratte lernt, einen Schalter zu betätigen, um dafür ein Futterbröckchen zu bekommen) oder zur Vermeidung einer Bestrafung (z. B. wenn ein Meerschweinchen lernt, über eine Schranke in einen anderen Teil des Käfigs zu springen, um einem Elektroschock zu entgehen). Bei der klassischen Konditionierung lernt das Tier als Antwort auf einen vorher neutralen Reiz einen Reflex ablaufen zu lassen oder eine unfreiwillige Handlung auszuführen, wenn dieser ursprünglich neutrale Reiz vorher mit einem weiteren Reiz, auf den normalerweise eine solche Antwort erfolgt, gepaart wurde. Das beste Beispiel hierfür sind Pavlov's Hunde, die auf einen Glockenton mit vermehrter Speichelsekretion reagierten, nachdem die Glocke zuvor genügend oft während der Fütterung geläutet worden war.

Hunde lernen die meisten Dinge (erwünschte und unerwünschte), die für ihre Besitzer wichtig sind, durch instrumentelles Lernen (Lernen am Erfolg), obwohl die klassische Konditionierung für die Erlernung gewisser Verhaltensweisen, die Reflexreaktionen beinhalten, eine Rolle spielt. Hierzu zählen der Harnabsatz und das Sexualverhalten.

INSTRUMENTELLES LERNEN

Das Grundprinzip des instrumentellen Lernens besteht darin, daß in einer bestimmten Situation (Reiz) durch Belohnung (Verstärkung) die Wahrscheinlichkeit erhöht wird, daß in einer gleichen Situation dieselbe Reaktion erfolgt.

Dieses Grundprinzip ist an sich weder neu noch bemerkenswert. Es wird auch in der herkömmlichen Hundeerziehung eingesetzt, wo man zum Beispiel dem Hund befiehlt, zu sitzen (Reiz) und ihn, wenn er sitzt (Reaktion), lobt (Verstärkung). Von größerem Interesse ist die Weiterentwicklung und Verfeinerung dieses Prinzips. Für Verhaltensstörungen ist dabei folgendes besonders wichtig:

3.1. Allgemein

Dieses Prinzip beruht in erster Linie auf dem Zusammentreffen von drei Faktoren: Reiz, Reaktion und Verstärkung. Es besagt, daß das anschließende Verhalten des Tieres beeinflußt wird, wenn drei Faktoren dieser Art zusammentreffen. Dabei braucht sich das Tier nicht in einem bestimmten Lernprozeß zu befinden und hierfür wird auch kein Lehrer benötigt. Wird dieser Lernvorgang von einer Person gesteuert, besteht die Rolle des Lehrers nicht etwa darin, dem Tier eine Verhaltensregel beizubringen, sondern sie beschränkt sich darauf, den Ablauf von Reiz, Reaktion und Verstärkung so zu gestalten, daß ein Lernvorgang stattfindet. Daraus folgt:

a) Hunde lernen ständig dazu, obwohl niemand ihnen etwas beibringen will.

Aus diesem zufälligen Lernen resultieren zahlreiche Verhaltensstörungen (entsprechende Beispiele sind unter 3.2. c erwähnt).

b) Übungsgruppen

Hundehalter ziehen es oft vor, ihre Hunde gemeinsam mit anderen in einer „Klasse" auszubilden, da sie selbst seit ihrer Kindheit daran gewöhnt sind, ihr Lernpensum in einer besonderen Situation, das heißt im Klassenverband zu bewältigen. Für den Hund stellt jedoch jede Situation eine potentielle Lernsituation dar. Deshalb ist die gewöhnte häusliche Umgebung zur Erziehung besonders geeignet (Kapitel 12.11.).

c) Trainer

Ein Lehrer, der Menschen unterrichtet, muß sich häufig gut in Szene setzen können, um das Interesse des Publikums zu gewinnen. Er muß seine Zuhörer beherrschen und beeinflussen können, um so die Aufmerksamkeit aufrechtzuerhalten und dem Publikum die Bedeutung dessen, was er vermittelt, glaubhaft machen. Obwohl ein befriedigendes Verhältnis zum Hund sicherlich auch Dominanz beinhaltet (s. Kapitel 4.8.), **ist ein Hundebesitzer nicht in der Lage, allein aufgrund seiner Dominanz dem Hund irgend etwas beizubringen.** Ein erfolgreicher Hundetrainer stellt sich nicht werbewirksam dominierend zur Schau, sondern sorgt als unauffälliger Bühnenmanager dafür, daß die geeigneten Reize und Belohnungen zur richtigen Zeit erfolgen. Wenn ein Hund offensichtlich nicht lernt, was von ihm erwartet wird, wird der Hundehalter möglicherweise ärgerlich und wiederholt seine Befehle mit lauterer und strengerer Stimme, um so den Hund zu zwingen, das zu tun, was er von ihm erwartet. Ein solches Verhalten ist sinnlos. Der Hundehalter muß dann über der Sache stehen und herausfinden, warum der Hund nicht lernt.

d) Training mit Zwang

Versucht man, dem Hund eine bestimmte Reaktion auf einen bestimmten Reiz beizubringen, so können die Vorkehrungen, die man treffen muß, um die erwünschte Reaktion zu erreichen, schwierig werden. Wie belohnt man einen Hund für das Hinlegen auf Befehl, wenn er zunächst keine Neigung zum Hinlegen zeigt? Viele Erziehungsbücher empfehlen, den Hund gewaltsam in die erwünschte Stellung zu bringen, um ihm so zu „zeigen", was man von ihm verlangt. Aufgabe des Trainings ist es jedoch nicht, dem Hund eine Verhaltensregel beizubringen oder ihm zu erklären, was er tun soll, sondern dafür zu sorgen, daß Reiz, Reaktion und Verstärkung zusammentreffen. Daher ist es viel effektiver, den Hund dann zu belohnen, wenn er die gewünschte Stellung aktiv und aus freiem Willen eingenommen hat und nicht, wenn er passiv in diese Stellung gezwungen wurde. Will man einem Hund beibringen, eine Aktion, die er häufig spontan ausführt, auf einen bestimmten Befehl hin auszuführen, so reicht es häufig aus, zu warten, wenn der Hund diese Handlung von sich aus erbringt und dann den entsprechenden Befehl rasch auszusprechen. Sagt der Besitzer „Sitz" immer dann, wenn sich der Welpe setzt und belohnt er ihn entsprechend, wird der Welpe nach kurzer Zeit auf Befehl sitzen. Bei selteneren Handlungen ist häufig eine gewisse Geschicklichkeit erforderlich, um den Hund in eine Situation zu bringen, in der er freiwillig die Handlung ausführt. Um einem Hund beispielsweise beizubringen, sich niederzulegen, kann man einen Leckerbissen zwischen die Vorderpfoten des Hundes legen und die gewölbte Hand darüberhalten, so daß sich der Hund hinlegen muß, um das Futter zu bekommen. Legt sich der Hund, so sagt der Besitzer „Platz" und nimmt seine Hand weg, so daß der Hund durch den Leckerbissen belohnt wird, aber er soll auch zusätzlich durch gesprochene Worte belohnt werden. Nachdem diese Reaktion sicher erfolgt, wird die Hand weiterhin auf den Boden gehalten. Mit zunehmender Zahl der Versuche wird der Leckerbissen jedoch nach und nach weggelassen und der Hund wird nur noch durch Lob belohnt (s. Kapitel 3.6.). Am Ende wird sich der Hund auf Befehl niederlegen, ohne daß man die Hand überhaupt auf den Fußboden legt.

Aus dem oben Gesagten und den dazu angeführten Beispielen dürfte sicherlich klar geworden sein, **daß das Trainieren eines Hundes langsamer vor sich geht und mehr Geduld und Geschick erfordert, als viele Menschen glauben.** Dies gilt für das übliche Gehorsamstraining, aber es gilt in noch viel größerem Maße für die Korrektur erlernter Verhaltensfehler. Der Tierarzt muß dafür sorgen, daß Hundehalter, die wegen der Behandlung von Verhaltensstörungen in die Sprechstunde kommen, sich darüber unbedingt klar werden, da sie in der Regel eine schnelle und einfache Lösung durch Medikamente oder Training durch eine dritte Person erwarten. **Ist der Hundehalter nicht gewillt oder nicht in der Lage, einige Zeit für die Beseitigung des Problems zu opfern, ist es häufig besser, überhaupt nicht mit der Behandlung zu beginnen.**

3.2. Wesen der Verstärkung (Bekräftigung)

Welche Art von Ereignissen verstärkt die Reaktion eines Hundes? In der Theorie versteht man unter verstärkenden Momenten solche, die dem Lernprozeß förderlich sind. In der Praxis ist es relativ leicht, zu erklären, was für Dinge für den Hund eine Belohnung darstellen. Es sind Dinge, die er mit offenkundiger Ungeduld erwartet oder für deren Erhalt er Anstrengungen unternimmt. So stellen Futter, Lob und Streicheln für die meisten Hunde eine Belohnung dar, und dies sind auch die Mittel der Verstärkung, die bei der Ausbildung am meisten eingesetzt werden. Darüber hinaus gibt es jedoch eine wesentlich größere Bandbreite von Dingen, die vom Hund als Belohnung empfunden werden, zum Beispiel in den Garten gehen zu dürfen, einen Ball zu apportieren, aus dem Fenster zu sehen oder vom Herrn beachtet zu werden. Nicht alle Hunde empfinden an diesen Dingen den gleichen Gefallen, die meisten Besitzer wissen jedoch, was ihre Hunde als Belohnung betrachten. Diese Gesichtspunkte sind aus folgenden Gründen von Bedeutung:

a) **Beim Training eines Hundes empfiehlt es sich, unterschiedliche Mittel zur Verstärkung einzusetzen.**

Auf diese Weise erhöht sich die Wahrscheinlichkeit, daß die Reaktion auch in anderen Situationen erfolgt, in denen eine bestimmte Belohnung nicht zur Verfügung steht.

b) Einige Erziehungs-Ratgeber für Hunde vermitteln den Eindruck, daß bestimmte Belohnungen (z. B. Futter) moralisch fragwürdig sind.

Dies scheint auf der Annahme zu basieren, daß ein richtiges Verhältnis zwischen Herr und Hund nur dann besteht, wenn der Hund etwas tut, um von seinem Herrn gelobt zu werden. Tut er es aber, um einen Leckerbissen zu erhalten, so steht dieses Verhältnis auf schwachen Füßen, da entweder der Besitzer den Hund „besticht" oder der Hund den Herrn „erpreßt". Allerdings sollte schon in Kapitel Zwei klargemacht worden sein, daß die Ausbildung eines Hundes nichts mit Moral zu tun hat, und unter Punkt 3.1. c wurde bereits erläutert, daß Ausbildung eines Hundes etwas anderes ist als Dominanz über ihn zu erlangen. **Es ist daher sinnvoll, in jeder Situation die jeweils wirksamste Belohnung zu geben,** sei es Futter, Lob, Streicheln oder anderes. Lob als Verstärker erweist sich in bestimmten Situationen von Vorteil. Diese Belohnung kann auf Entfernung erfolgen und ohne Zeitverlust, was bei Futter nicht möglich ist. Andererseits stellt für viele Hunde ein besonderer Leckerbissen, wie z. B. ein Stück Käse, einen so außergewöhnlichen Reiz dar, daß er niemals durch Lob oder Streicheln ersetzt werden kann. Man muß daher den Verstärker immer der jeweiligen Ausbildungssituation anpassen.

c) Sucht man nach Erklärungen für Verhaltensprobleme, die eher erlernt als instinktiv zu sein scheinen, muß man häufig nach einer verborgenen Belohnung forschen.

Das gilt zum Beispiel für Hunde, die im Auto heftig bellen und dadurch belohnt werden, daß das Auto weiterfährt, an interessanten Orten vorbeikommt und schließlich möglicherweise ein aufregendes Ziel erreicht, nämlich den Ausgangspunkt eines Spazierganges. In vielen Situationen kann das Zusammensein mit dem Besitzer eine versteckte Belohnung darstellen. Ein Hund, der im Haus zeitweise lästige Hyperaktivitäten entwickelt, bellt oder ständig um Aufmerksamkeit bettelt, hat häufig einen Besitzer, der ihm dann mehr Aufmerksamkeit schenkt, wenn er unruhig als wenn er ruhig ist. Auch wenn diese Aufmerksamkeit darin besteht, den Hund zu tadeln, kann sie als Verstärkung aufgefaßt werden. Manchmal ist der Tadel nicht streng genug oder wird vom Hund gar nicht als solcher empfunden (wir alle haben schon Hundebesitzer erlebt, die „böser Hund" in einem solch nachsichtigen Ton sagen, daß sich das Tier dadurch überhaupt nicht beeindrucken läßt). Es ist jedoch auch möglich, daß, obwohl der Hund erschrocken ist, ein scharfer Tadel sowohl einen Verstärkungs- als auch einen Bestrafungseffekt zeigt (s. Kapitel 3.9.).

3.3. Zeitpunkt der Verstärkung

Der Zeitpunkt einer Belohnung ist von entscheidender Bedeutung. Sie muß gleichzeitig mit der zu belohnenden Aktion erfolgen oder unmittelbar danach. Schon eine Verzögerung von nur einer Sekunde kann die Wirkung vermindern. Größere Verzögerungen können dazu führen, daß andere als die beabsichtigten Reaktionen belohnt werden. Gibt man dem Hund am Ende einer Übungsstunde ein Stück Schokolade, da er „so ein guter Junge" war, so hat dies keinerlei Nutzen. Möglicherweise schadet es jedoch auch nichts (abgesehen davon, daß der Hund in Erwartung der Schokolade herumlungert). Es gibt allerdings auch Situationen, in denen Belohnungen zum falschen Zeitpunkt das Gegenteil bewirken. Dieser Frage muß man nachgehen, wenn Hundehalter anscheinend richtig versuchen, dem Hund einen erlernten Verhaltensfehler abzugewöhnen, aber damit keinen Erfolg haben. Ein Hundebesitzer kann zum Beispiel versuchen, seinem Hund abzugewöhnen, bei den Mahlzeiten um Essen zu betteln, indem er ihm beibringt, in seinem Korb zu bleiben. Dabei befiehlt er dem Hund möglicherweise, in seinen Korb zu gehen, fordert er ihn daraufhin auf, zu ihm zu kommen und belohnt ihn mit einem Leckerbissen. Auf diese Weise wird die Angewohnheit des Hundes, in dieser Situation zu seinem Herrn zu kommen, eher verstärkt, obwohl ihm gerade das abgewöhnt werden sollte.

3.4. Intensität der Verstärkung

Auf den ersten Blick hat es den Anschein, daß die Wirksamkeit einer Belohnung um so größer ist, je mehr Freude und Anreiz sie bietet. Anhand von Experimenten ist jedoch nachgewiesen worden, daß sich ein zu hohes Maß an Motivation und Aktivierung negativ auf die Ausführung der Aufgabe auswirken kann und daß das optimale Maß an Motivation mit zunehmendem Schwierigkeitsgrad der Aufgabe abnimmt. Bekannt wurde diese Regel als Yerkes-Dodson-Gesetz. Beim Autofahren wird man zum Beispiel in einer Notsituation vor Schreck rasch und wirkungsvoll bremsen. Steht man jedoch während einer Prüfung unter einer extremen Nervenanspannung, so kann es sein, daß man weniger leistet als sonst. Auf die Ausbildung von Hunden angewendet hat, diese Regel folgende Bedeutung: Will man dem Hund eine einfache Lektion beibringen, wie zum Beispiel auf Befehl zu kommen, sollte man dafür eine besonders attraktive Belohnung aussetzen, einen Leckerbissen. Muß jedoch eine komplexere Reaktion erfolgen, die Ruhe und Selbstkontrolle erfordert (z. B. sich ruhig zu verhalten, wenn Besucher kommen), kann eine hohe Belohnung das Gegenteil bewirken, weil sie die Aufregung des Hundes noch mehr steigert. In diesen Fällen ist ein leichtes Lob angemessen.

3.5. Löschung (Vergessen)

Als Löschung (Vergessen) bezeichnet man das Verlernen einer Reaktion. Wird eine Reaktion nie verstärkt, bleibt sie nach und nach aus, während das bei Reaktionen, die zuvor gelegentlich verstärkt worden sind, länger dauert (s. Kapitel 3.6.). **Der sicherste Weg, eine Reaktion aus dem Verhaltensrepertoire eines Tieres zu entfernen besteht darin, diese Reaktion niemals zu belohnen.** Soweit praktikabel, sollte man immer auf diese Weise vorgehen, anstatt das Tier zu bestrafen (s. Kapitel 3.9.). Bettelt ein Hund beispielsweise um Nahrung, sollte man das einfach ignorieren und den Hund nicht ausschimpfen oder schlagen. **Wird eine Reaktion, die zuvor verstärkt wurde, plötzlich nicht mehr verstärkt, wird sie zunächst noch häufiger stattfinden, bevor sie dann allmählich ausbleibt.** Dieses Phänomen hat schon viele Hundebesitzer entmutigt, die durch Weglassen der Belohnung versucht haben, ihrem Hund eine lästige Gewohnheit abzugewöhnen. „Wir versuchten, ihn zu ignorieren, wenn er uns um Nahrung anbettelte, aber es wurde nur noch schlimmer". Bei genügend Ausdauer wird der Hund diese lästige Angewohnheit jedoch allmählich ablegen.

3.6. Möglichkeiten der Verstärkung

Wird dem Tier eine Reaktion beigebracht, lernt es besonders schnell, wenn diese Reaktion immer belohnt wird. Lehrt man einen Welpen „sitz", so gibt man ihm am besten jedesmal, wenn er sitzt, eine Belohnung. Allerdings können Reaktionen, die jedes Mal belohnt werden, auch relativ schnell gelöscht werden. Hat der Welpe immer eine Belohnung bekommen, wird er sich bald nicht mehr setzen, wenn diese Belohnung nicht mehr erfolgt. Sobald eine Reaktion eingetreten ist, sollte man daher die Belohnung stufenweise abbauen. **Reaktionen, bei denen es nur selten zur Löschung kommt, sind solche, die in unregelmäßigen Abständen belohnt werden.** Das gilt häufig für erlerntes Problemverhalten, und ist deshalb dem Hund besonders schwierig abzugewöhnen. Hundehalter, die von ihrem Tier während der Mahlzeiten immer um Futter angebettelt werden, haben ihm sicherlich, als er klein und niedlich war, ständig Leckerbissen vom Tisch gegeben. Unter diesen Umständen wird eine solche Reaktion natürlich schnell erlernt. Als der Hund größer wurde, begann diese Angewohnheit lästig zu werden. Zu diesem Zeitpunkt begann die Familie sich darüber zu streiten, ob man dem Hund etwas geben soll oder nicht. Die „hartherzigen" Familienmitglieder fütterten den Hund dann nicht mehr, während die „weichherzigeren" ihm weiterhin Häppchen gaben. Dies hat die Wirkung eines allmählichen Abbaus der Verstärkung. Nach und nach wird das Benehmen des Hundes allen lästig. Zu diesem Zeitpunkt hat er sich allerdings an unregelmäßige Verstärker gewöhnt. Obwohl die ganze Familie dieses Verhalten nun über einen gewissen Zeitraum hin ignorieren kann, passiert es doch hin und wieder, daß jemand dem Hund etwas gibt, um ihn zu beruhigen oder daß er auch nur mit ihm redet und ihm befiehlt, wegzugehen (soziale Verstärkung). Ein solches Vorgehen reicht aus, um das Verhalten des Hundes aufrechtzuerhalten.

3.7. Reizgeneralisierung

Als Reizgeneralisierung bezeichnet man den Vorgang, daß eine Reaktion, die für einen bestimmten Reiz erlernt wurde, auch bei ähnlichen Reizen erfolgt. Ein Hund, der Angst vor Schüssen entwickelt hat, kann auch bei anderen lauten Geräuschen dazu neigen, in Panik zu geraten. Genauso kann ein Hund, der beim Ertönen der Türklingel zu bellen beginnt, weil er gelernt hat, dieses Klingeln mit der Ankunft von Besuchern in Verbindung zu bringen, anfangen, auch bei ähnlichen Geräuschen zu bellen, zum Beispiel beim Läuten des Telefons. Obwohl diese Reizgeneralisierung zu vielen Verhaltensproblemen beiträgt, kann sie auch für deren Heilung eingesetzt werden. Ein Hund, der gelernt hat zu bellen, wenn Fremde ans Haus kommen (z. B. der Postbote), kann erfolgreich behandelt werden, wenn man ihm beibringen kann, bestimmte Personen nicht anzubellen. Wenn man ihm beibringen kann, ruhig zu sitzen, wenn der Postbote kommt, wird er sich sicherlich auch ruhiger verhalten, wenn der Gasmann oder der Fensterputzer kommt.

3.8. Verhaltensformung

Unter Verhaltensformung (Shaping) versteht man das Trainieren auf komplexe Reaktionen, die nicht zum instinktiven Verhaltensrepertoire des Tieres gehören, wobei sukzessive Annäherungen an die gewünschte Reaktion belohnt werden. Auf diese Weise bringen Dresseure den Tieren bei, Dinge zu tun, die sie von Natur aus nicht tun würden, zum Beispiel durch brennende Reifen zu springen oder Fahrrad zu fahren. Auf die gleiche Weise kann man den Hund lehren, bestimmte Dinge im Haushalt zu tun, zum Beispiel die Tür durch Drücken der Klinke zu öffnen. Um dieses Ziel zu erreichen, kann man den Hund dafür belohnen, daß er auf Befehl zur Tür geht. Anschließend wird er dafür belohnt, daß er seine Pfote auf die Tür legt. Danach muß er seine Pfote immer höher legen, um eine Belohnung zu erhalten und wird schließlich nur noch dafür belohnt, daß er mit seiner Pfote auf den Türgriff faßt. Im Anschluß daran muß er die Klinke niederdrücken, um eine Belohnung zu erhalten und wird schließlich nur noch belohnt, wenn er den Türgriff mit der Pfote niederdrückt und die Tür sich öffnet. Die meisten Menschen haben gar nicht die Absicht, ihren Hunden derartige Dinge beizubringen, es gibt jedoch andere „Tricks", die hilfreicher, wenn auch weniger spektakulär sind. Dazu gehört das ruhige Sitzen an einem bestimmten Platz, zum Beispiel im Korb. Dem Besitzer eines leicht erregbaren Hundes mag es zunächst unmöglich erscheinen, daß der Hund eine solche Verhaltensweise erlernen kann, da er weit davon entfernt ist, irgendwelche Neigungen dazu zu zeigen. Durch geeignetes Shaping kann der Hund jedoch eine solche Reaktion erlernen. Beispielsweise belohnt man ihn zunächst dafür, daß er zu seinem Korb geht und anschließend dafür, daß er sich zusammen mit seinem Herrn dort niedersetzt. Danach läßt man ihn über immer längere Zeiträume sitzen, wobei der Herr weiterhin neben ihm bleibt. Anschließend entfernt sich der Herr nach und nach vom Hund und kommt mit einer Belohnung zurück. Zum Schluß wird der Hund nur noch belohnt, wenn der Herr außer Sichtweite war und nach immer größeren Zeitabständen zurückkehrt.

3.9. Bestrafung

Die Bestrafung ist ein Mittel, das in der Ausbildung von Hunden am häufigsten überstrapaziert wird. In vielen Fällen handelt es sich dabei um das Mittel, das bei unerwünschten Verhaltensweisen an erster Stelle eingesetzt wird. Die Bestrafung ist deshalb so gebräuchlich, weil sie unmittelbaren Erfolg bringt. Kommt der Besitzer morgens die Treppe herunter und stellt fest, daß der Hund auf dem Teppich Kot abgesetzt hat, fällt es ihm schwer, den Schmutz zu beseitigen, ohne den Hund dafür zu schelten. Steht der Hund dabei, wedelt mit dem Schwanz und sieht verdutzt aber unbeteiligt aus, fühlt sich der Besitzer nicht nur verärgert, sondern auch beleidigt. Ein Hund, der nach einer Tracht Prügel in der Ecke kauert, paßt da besser in die menschliche Vorstellung. Der Besitzer fühlt sich erleichtert und glaubt außerdem, auf diese Weise dafür gesorgt zu haben, daß so etwas nicht wieder vorkommt.
Diesem Vorgehen liegt die Annahme zugrunde, daß die Bestrafung das Gegenteil einer Belohnung bewirkt, das heißt, daß eine Bestrafung im Zusammenhang mit einer Reaktion dazu führt, daß die Wahrscheinlichkeit der Handlungswiederholung verringert wird. Das ist jedoch nicht der Fall. Das Gegenteil einer Belohnung ist das Ausbleiben der Belohnung. Wird eine Reaktion nicht verstärkt, bleibt sie allmählich aus. Die Folgen einer Bestrafung sind vielfältiger und werden nachfolgend im wesentlichen erläutert:

a) Sofern die Bestrafung nicht als böses Trauma empfunden wird, unterbleibt die bestrafte Reaktion nur vorübergehend. Das Tier wird versuchen, diese Reaktion zu einem späteren Zeitpunkt zu wiederholen.

Ein gutes Beispiel für dieses Phänomen ist paradoxerweise eine Situation, die für die Befürwortung der Bestrafung oft angeführt wird, nämlich die Hündin mit ihren Jungen. Häufig wird behauptet, daß die Bestrafung ein natürliches Mittel in der Erziehung der Welpen ist, da diese von ihren Müttern angeknurrt werden, um sie von unerwünschtem Tun abzuhalten. Beobachtet man eine Hündin mit ihren Jungen jedoch genauer, so stellt man fest, daß sie diese Verhaltensweisen der Welpen nicht dauerhaft abstellt, sie unterdrückt sie nur zeitweise. In der Entwöhnungsphase versucht die Hündin zum

Beispiel immer wieder, ihre Jungen nicht mehr zu säugen, indem sie sie anknurrt, aber die Welpen kommen immer wieder und machen neue Versuche.

b) Nur eine ausgesprochen harte Bestrafung kann bei der Beseitigung einer bestimmten Verhaltensweise Erfolg haben.
SOLOMON & WYNNE (1954) gelang es durch einen Versuch, Hunden beizubringen, einen bestimmten Teil ihres Käfigs nicht zu betreten. Um das zu erreichen, mußten sie zur Bestrafung allerdings einen stärkeren Elektroschock einsetzen als sonst üblich. Dieses ausgesprochen häßliche Musterbeispiel ist für die Erziehung von Hunden im Haushalt aber sicherlich ungeeignet.

c) Wird die Bestrafung vom Besitzer vorgenommen, kann das dazu führen, daß sich der Hund vor seinem Herrn fürchtet oder ihm gegenüber zumindest zwiespältige Gefühle entwickelt.
Dieser Fall kann vor allem bei strenger Bestrafung eintreten.

d) Zuweilen können Bestrafungen auch wie Belohnungen wirken:
Beide Funktionen schließen sich nicht unbedingt gegenseitig aus. Bei einem Hund gilt das besonders dann, wenn sein Herr ihn tadelt. Wie bereits erwähnt (3.2. c), werden manche Verweise nicht als unangenehm empfunden und selbst wenn, können sie gleichzeitig auch als soziale Verstärkung wirken. Ein ähnliches Phänomen ist zuweilen bei ungezogenen Kindern zu beobachten, die auf diese Weise die Aufmerksamkeit auf sich ziehen wollen. Tadel ist sicherlich nicht so angenehm wie Lob, aber immerhin besser als gar nichts.

Die Bestrafung ist daher keine zuverlässige Methode, um unerwünschte Verhaltensweisen zu unterbinden. Besser ist die Löschung (Extinktion, d. h. die Nicht-Verstärkung einer unerwünschten Reaktion).

Zum Beispiel, wenn ein Hund während der Autofahrt ständig bellt, hält man jedesmal an, wenn der Hund zu bellen beginnt, um ihm so deutlich zu zeigen, daß das Bellen nicht durch Weiterfahren belohnt wird. Die Löschung setzt jedoch eine häufige Wiederholung des unerwünschten Verhaltens voraus, bevor die Wirkung der Löschungsmaßnahme eintritt und zuweilen ist dieses Verhalten so lästig, daß der Halter selbst seine einmalige Wiederholung nicht dulden kann. Hunde, die bestimmte Dinge im Haus aufnehmen, mit ihnen davonlaufen und sie zerbeißen, werden oft durch die darauffolgende Aufregung und Suche belohnt. Theoretisch kann man ein solches Verhalten unterbinden, indem man dem Hund einfach keine Beachtung schenkt. Manchmal sind Gegenstände einfach zu wertvoll, um sie dem Hund zu opfern. Die Extinktion empfiehlt sich auch dann nicht, wenn die Reaktion offensichtlich selbstbestärkend wirkt. Aufgrund der Analogie zum Menschen kann man leicht verstehen, daß das zum Beispiel auf sexuelle Verhaltensweisen sowie auf das Stehlen von Nahrung zutrifft. Das gleiche scheint auch für Handlungen zu gelten, die für den Menschen schwer verständlich sind, zum Beispiel heftiges Bellen oder das Sich-Wälzen in verwesten Tierkadavern.

Bei bestimmten Verhaltensweisen benötigt man daher zur Unterbindung geeignetere Mittel als die Löschung. Ist eine Bestrafung nötig, empfiehlt es sich, die folgenden Grundsätze zu beachten, um mögliche Nebenwirkungen weitgehend auszuschließen:

a) Das Ziel einer Bestrafung sollte entweder darin bestehen:
1. den Hund von einer unerwünschten Reaktion abzulenken (durch ein plötzliches überraschendes Geräusch)
oder
2. den Hund mit physischen Mitteln an der Ausführung einer bestimmten Reaktion zu hindern (indem man beim Bellen seinen Fang zuhält)
oder
3. den Verstärkungseffekt einer bestimmten Reaktion zu neutralisieren (indem man auf die verbotene Nahrung Senf oder Pfeffer tut).

Die Bestrafung muß so dosiert sein, daß sie gerade ausreicht, um das jeweilige Ziel zu erreichen. Das Ziel darf nicht sein, den Hund so heftig zu bestrafen, daß man ihn dadurch aus dem seelischen Gleichgewicht bringt. Wie schon erläutert, tritt dann die gegenteilige Wirkung ein.

b) Die Bestrafung muß möglichst unmittelbar auf die unerwünschte Reaktion folgen.

Ist der Hund bereits dabei, eine verbotene Handlung zu begehen und befindet sich schon in großer Erregung, wenn er zum Beispiel den Postboten anbellt oder Autos nachrennt, kann man ihn meist nicht mehr stoppen, es sei denn mit extremen Mitteln. Andererseits kann ein scharfes Wort oder ein überraschendes Geräusch genügen, wenn er sich gerade auf einen interessanten Stimulus konzentriert und gerade reagieren möchte, um ihn von dieser Absicht abzubringen. **Eine Bestrafung, die auch nur kurze Zeit nach der Reaktion erfolgt, ist völlig wirkungslos.** Es hat keinen Zweck, den Hund zu bestrafen, wenn man eine Urinpfütze oder ein zerkautes Geschirrtuch findet. Er begreift dann einfach nicht, warum er bestraft wird. Sinnlos ist es auch, ihm die Pfütze oder das Tuch zu zeigen und ihn gleichzeitig zu züchtigen. Wie bereits erläutert, ist der Hund nicht in der Lage, die Pfütze nachträglich mit dem zuvor erfolgten Harnabsatz in Verbindung zu bringen. Ganz abgesehen davon, daß er nicht imstande ist, die Bedeutung des Geschehens im Hinblick auf den zukünftigen Urindrang zu begreifen.

Können diese Voraussetzungen beachtet werden, kann das Einschreiten des Besitzers häufig so milde ausfallen, daß man es kaum als Bestrafung im eigentlichen Sinne des Wortes ansehen kann. Es läßt sich dann eher als ein Ablenkungsmanöver oder die Verhinderung einer Reaktion beschreiben. Manchmal aber ist die Befriedigung, die ein Hund über eine unerlaubte Reaktion empfindet, so groß, oder die Bestrafung ist mit einer solchen zeitlichen Verzögerung erfolgt, daß zur Unterbindung der Reaktion ein stärkerer Stimulus erforderlich ist. Das trifft vor allem dann zu, wenn der Eigentümer nicht dabei war (z. B. beim Stehlen von Nahrung oder beim Plündern der Mülltonne) oder keine unmittelbare physische Kontrolle ausüben konnte (wenn der Hund z. B. Schafe würgt). Zieht der Besitzer in diesen Fällen eine härtere Bestrafung in Erwägung, sollte er dabei folgendes berücksichtigen:

c) Eine unerwünschte Reaktion, die aus Angst erfolgt, sollte niemals bestraft werden, sonst tritt lediglich ein gegenteiliger Effekt ein.

Ein offensichtliches Beispiel für eine derartige Reaktion stellt der unterwürfige Harnabsatz dar. Ein häufiges, aber weniger offensichtliches, ist die Zerstörung von Sachen, die auf Trennungsängsten beruht, bei Abwesenheit des Besitzers (s. Kapitel 10.6.).

d) **Erfolgt eine Bestrafung, darf sie nach Möglichkeit nicht mit dem Besitzer in Verbindung gebracht werden.**
Das ist aus zwei Gründen wichtig:
1. Man vermeidet so, daß die unterwünschte Reaktion nur in Anwesenheit des Besitzers ausbleibt. Das trifft zum Beispiel dann zu, wenn Hunde im Haus urinieren. Bestraft der Besitzer den Hund, wenn er ihn in einer solchen Situation ertappt, besteht die Möglichkeit, daß der Hund bei Abwesenheit des Eigentümers diese Gewohnheit beibehält.
2. Man umgeht so die Gefahr, daß der Hund mehr Angst vor seinem Besitzer als vor Ausführung der unerwünschten Handlung hat.

Diese Bestrafungen durch „Höhere Gewalt" erfordern eine längere Planung und zuweilen auch eine gewisse Geschicklichkeit. Manchmal ist es möglich, Schreckladungen wie z. B. Mausefallen unter einem hohen Stapel Papier auf einem verbotenen Sofa zu verstecken. Hier sind technisch begabte Leute im Vorteil. Auch batteriebetriebene Alarmglocken eignen sich sehr gut. In der Praxis ist schwerwiegendes Fehlverhalten oft nicht spezifisch genug, als das man diese Art vorausgeplanter Maßnahmen erfolgreich einsetzen kann. Als Kompromiß zwischen der direkten Bestrafung und der „Höheren Gewalt" bietet sich ein Verfahren an, bei dem der Eigentümer aus einer gewissen Distanz einen Reiz auslöst. Entsprechende Beispiele wären das plötzliche Ausleeren eines Wassereimers über dem Hund oder das Auslösen eines lauten Einbruchsalarms.

e) **Unterbleibt aufgrund dieser Bestrafung, woraus sie auch immer bestehen mag, die unerwünschte Handlung, sollte der Eigentümer unmittelbar danach den Hund zu einer alternativen Reaktion bewegen und ihn für diese belohnen.**
Man muß dem Hund beibringen, wie er bei einem bestimmten Reiz reagieren muß. Es reicht nicht aus, ihm nur beizubringen, was er nicht tun soll. Will zum Beispiel der Hund bei einem Spaziergang eine Mülltonne inspizieren, kann man ihn durch ein scharfes „Nein" davon abhalten. Sofort anschließend ruft man ihn zu sich und belohnt ihn, wenn er kommt. Die folgenden zwei Beispiele sollen einige der oben erwähnten Punkte verdeutlichen:

Beispiel 1:
Der Besitzer stellt fest, daß der Hund ein Kissen zerrissen und zerkaut hat. Er ruft: „Böser Hund, schau, was du angerichtet hast." Der Hund kauert sich nieder. Der Besitzer schlägt auf ihn ein, bis er zu jaulen anfängt. Schließlich entkommt er, legt sich in seinen Korb und ist für den Rest des Nachmittages gebändigt. Es gibt zwei Gründe, warum die Handlungen des Besitzers möglicherweise nicht wirksam sind oder sogar die gegenteilige Wirkung erzielen können. Erstens klafft eine zeitliche Lücke zwischen Missetat und Bestrafung. Zweitens kann man davon ausgehen, daß das Verhalten des Hundes auf die Angst zurückzuführen ist, die er in Abwesenheit des Besitzers empfindet (s. Kapitel 10.6.). Ein Schlag, der so stark ist, daß der Hund sich hinkauert und jault, verstärkt nur dessen Angst und erhöht die Wahrscheinlichkeit, daß wieder ein Kissen zerbissen wird. Diese Wahrscheinlichkeit ist deshalb besonders groß, da der Eigentümer die Bestrafung selbst ausgeführt hat. Dadurch bekommt der Hund einerseits Angst vor seinem Herrn, fühlt sich jedoch gleichzeitig von ihm angezogen. Dieses Konfliktgefühl des Hundes gegenüber dem Eigentümer kann seine Angst in dessen Abwesenheit noch verstärken.

Beispiel 2:
Ein ungestümer junger Golden Retriever entwickelt die Angewohnheit, seinen Herrn bei der Begrüßung so heftig anzuspringen, daß es diesem lästig wird. Der Eigentümer versucht daraufhin folgendes: immer wenn der Hund an ihm hochspringt, ignoriert er ihn, soweit es geht. Gleichzeitig tritt er leicht gegen seine Hinterbeine, bis der Hund das Gleichgewicht verliert und wieder alle vier Füße auf den Boden setzt. Geht der Hund nach unten, sagt er „Sitz" und lobt ihn. Positiv ist in diesem Fall zunächst, daß die Bestrafung unmittelbar während der Aktion des Hundes erfolgt. Außerdem ist die Bestrafung gerade so stark, daß der Hund an der Ausführung der Reaktion gehindert, aber nicht gequält wird. Darüber hinaus gewinnt das Tier nicht den Eindruck, daß diese Bestrafung durch den Eigentümer erfolgt, sondern glaubt, daß es beim Hochspringen das Gleichgewicht verliert. Zudem wird sofort bei Ausbleiben der unerwünschten Reaktion für eine erwünschte Reaktion belohnt, nämlich dafür, den Eigentümer zu begrüßen, während er mit allen vier Füßen auf dem Boden steht.

3.10. Schockhalsbänder

Schockhalsbänder werden unterschiedlich beurteilt. Zur Zeit befinden sie sich in den USA im Handel, in Großbritannien sind sie allerdings nicht käuflich. Sie funktionieren normalerweise mit Hilfe einer Batterie und einem elektrisch geladenen Halsband und werden wie ein ganz normales Halsband getragen. Das Halsband wird aus einer gewissen Entfernung durch ein Funksignal betätigt und übt dann einen Elektroschock auf den Hund aus. Es gibt Mechanismen, die einen Schock auslösen, wenn der Hund bellt. Häufig besteht die Möglichkeit, unterschiedlich starke Schocks zu erzeugen. Auf den ersten Blick hat das Halsband folgende Vorteile:
1. Es kann einen Reiz auslösen, der so unangenehm ist, daß der Hund dadurch an den meisten Verhaltensweisen gehindert wird.
2. Es besteht kein unmittelbarer Zusammenhang zwischen Schock und Hundehalter.
3. Die ferngesteuerte Ausführung kann aus einer gewissen Entfernung betätigt werden, und man kann somit das Verhalten des Hundes kontrollieren, ohne sich in seiner unmittelbaren Nähe zu befinden. Die Ausführung, die beim Bellen betätigt wird, funktioniert auch in Abwesenheit des Besitzers.

Auf der anderen Seite hat das Halsband folgende Nachteile:
1. Obwohl es bei der Ausführung mit unterschiedlich starken Schocks theoretisch möglich ist, die Stärke der Bestrafung exakt zu dosieren, so daß nur unerwünschtes Verhalten unterdrückt wird, muß die dazu nötige Stromstärke aber jeweils ausprobiert werden, damit nicht mehr passiert. Werden diese Halsbänder jedermann zugänglich und finden sie allgemeine Verwendung, so besteht die Gefahr, daß auf diese Weise traumatische Schocks ausgelöst werden. Von ethischen Bedenken ganz abgesehen, würde das den gegenteiligen Effekt haben, nämlich daß die Angst- und Erregungszustände des Hundes noch gesteigert werden.
2. Mit besonders großen Nachteilen sind diejenigen Halsbänder behaftet, bei denen durch Bellen Elektroschocks erzeugt werden. Bellt der Hund weil er erregt ist, ist eine Bestrafung als Behandlungsmittel denkbar ungeeignet. Außerdem besteht das Risiko, daß der Schockmechanismus durch andere äußere Reize ausgelöst wird (z. B. durch das Bellen anderer Hunde oder durch laute Geräusche). In diesen Fällen werden Elektroschocks ausgelöst, obwohl der Hund gar nichts getan hat und auf diese Weise

können beim Tier neurotische Verhaltensstörungen auftreten (s. Kapitel 5). Weiterhin besteht die Gefahr, daß weitere unerwünschte Reaktionen eintreten, da diese Halsbänder in Abwesenheit des Besitzers unkontrolliert funktionieren: Zum Beispiel lernt ein Hund möglicherweise nie, nicht zu bellen, um so dem Schock zu entgehen. Vielmehr jault und bellt er immer, wenn der Schock ausgelöst wird und gerät so in einen Teufelskreis, aus dem er nicht entrinnen kann.

Die Autorin vertritt daher die Auffassung, daß es nicht ratsam und sogar unmoralisch ist, diese Halsbänder ohne fachmännische Betreuung zu verwenden.

Ist eine fachkundige Kontrolle vorhanden, kann die Verwendung des ferngesteuerten Halsbandes unter folgenden Gesichtspunkten ins Auge gefaßt werden:

1. Die Verhaltensstörung kann ohne Bestrafung nicht behandelt werden.
2. Bei dem Verhalten handelt es sich um eine außergewöhnliche Störung bei einem sonst normalen Tier, das heißt, der Hund ist weder auffallend aggressiv noch neurotisch.
3. Das unerwünschte Verhalten ist nicht durch Angst motiviert.

Diese Kriterien treffen zum Beispiel auf das Würgen von Schafen zu, das mit dem Schockhalsband schon wirksam behandelt worden ist. Trotzdem wäre eine weniger starke Behandlungsmethode sicherlich vorzuziehen. Die Autorin entwickelt zur Zeit ein Hilfsmittel, bei dem ein sehr hoher Ton ausgelöst wird und das zu diesem Zweck verwendet werden könnte.

Instrumentales Lernen findet statt, wenn eine freiwillige Reaktion belohnt wird.
Der Lernprozeß erfolgt am schnellsten, wenn
1. die Belohnung unmittelbar auf die Reaktion folgt,
2. die Belohnung als außergewöhnlich reizvoll empfunden wird,
3. die Reaktion immer belohnt wird.

Als **Löschung** (Extinktion) bezeichnet man das Verlernen einer Reaktion.
Eine Löschung erfolgt, wenn eine Reaktion nicht belohnt wird.
Reaktionen, die zuvor unregelmäßig belohnt worden sind, sind besonders schwer zu beheben.

Die **Bestrafung** ist kein geeignetes Mittel, um eine bestimmte Handlung zu verhindern; besser ist die Löschung.
Wird mit Strafen gearbeitet, sollte
1. das Ausmaß genau auf die Beseitigung der Verhaltensstörung abgestimmt sein,
2. sie unmittelbar auf die Handlung folgen,
3. sie nicht mit dem Eigentümer in Verbindung gebracht werden,
4. eine alternative Reaktion gefördert und belohnt werden.
Verhaltensweisen, die auf Angst beruhen, dürfen niemals bestraft werden.

KLASSISCHES LERNEN

3.11. Die klassische Konditionierung unterscheidet sich von der instrumentellen Konditionierung dadurch, daß (a) eine unfreiwillige oder eine Reflexsituation anstelle einer freiwilligen Reaktion ausgelöst werden soll und daß (b) keine Belohnung erfolgt.

Dabei wird ein Stimulus (in der Fachliteratur als unbedingter Reiz bezeichnet), der naturgemäß oder instinktiv eine Reflexreaktion (unbedingte Reaktion) hervorrufen würde, mehrfach mit einem bis dahin neutralen Stimulus (bedingter Reiz) gekoppelt, bis der zuvor neutrale Stimulus diese Reflexreaktion (bedingte Reaktion) allein hervorruft. PAVLOV hat als erster bei Hunden das bekannteste Beispiel für dieses Phänomen vorgestellt. Als unbedingten Reiz benutzte er Futter, daraufhin erfolgte als unbedingte Reaktion eine Speichelsekretion. Zu den Fütterungszeiten wurde eine Glocke geläutet (bedingter Reiz). Danach reagierten die Hunde mit Speichelsekretion auf den Glockenklang allein.

Gleiche Verfahren können bei Reaktionen angewendet werden, die für Hundebesitzer wichtiger sind als Speichelsekretion. Das betrifft zumeist Reaktionen, die durch das autonome Nervensystem ausgelöst werden. Ein Beispiel ist das sexuelle Verhalten. Hundezüchter bedienen sich bei ihren Zuchtrüden der klassischen Konditionierung. In der Regel besuchen die Hündinnen den Rüden, wobei der Stall vom Züchter immer in gleicher Weise hergerichtet wird. Die Paarung findet im gleichen Raum und vielleicht auch auf dem gleichen Stück Teppich statt. Nach und nach wird das Sexualverhalten des Rüden durch die Vorbereitungen des Züchters gesteuert, das heißt, durch Raum und Umstände und hängt nicht in erster Linie von der Attraktivität einer bestimmten Hündin ab.

Das Sexualverhalten eines Haushundes kann in gleicher Weise durch anscheinend merkwürdig erscheinende Dinge konditioniert werden, zum Beispiel durch einen Teppich oder einen Teddybären.

(Es kann zwar auch von bestimmten Menschen ausgelöst werden, aber dann handelt es sich wahrscheinlich um einen komplexeren Vorgang, der in Kapitel 11.5. näher erläutert wird.) Durch diese Beobachtung kann man nachweisen, daß diese Art von Aktivität nicht auf einen übermäßigen Sexualtrieb des Hundes schließen läßt. Entfernt man das Objekt, das diese Reaktion hervorruft, hört das Verhalten möglicherweise ganz auf. Wie eine solche sexuelle Reaktion mit einem bestimmten Gegenstand verknüpft worden ist, bleibt häufig im dunklen. Oft entsteht diese Reaktion während der Pubertät, wenn die sexuelle Aktivität des Hundes noch nicht auf ein bestimmtes Objekt gerichtet ist.

Stubenreinheit

Die klassische Konditionierung findet auch bei Reaktionen statt, die für die Eigentümer von Haushunden sehr wichtig sind: Harn- und Kotabsatz. Die unbedingten Reize, durch die diese Reaktionen ausgelöst werden, sind innerliche körperliche Bedürfnisse und äußerliche Umgebungsreize, wie der Geruch von altem Urin. Die Erziehung zur Stuben-

> Als **klassische Konditionierung** bezeichnet man die Kopplung eines unbedingten Reizes mit einem zuvor neutralen Reiz. Es erfolgt keine Belohnung.
>
> Wenn:
>
> **Schritt 1**
>
> ein unbedingter Reiz → unbedingte Reaktion
> (z. B. Nahrung)   (z. B. Speichelsekretion)
>
> ↓
> gekoppelt wird mit
> ↓
>
> einem bedingten Reiz
> (z. B. eine Glocke)
>
> folgt schließlich:
>
> **Schritt 2**
>
> ein bedingter Reiz → eine bedingte Reaktion
> (z. B. Glocke)   (z. B. Speichelsekretion)
>
> Sexualverhalten, Angstreaktion, Harn- und Kotabsatz können klassisch konditioniert sein.

reinheit muß darauf abzielen, diese Reaktionen auf ganz bestimmte Umgebungsreize und Reize anderer zu konditionieren. Die meisten Hundebesitzer sind zufrieden, wenn Harn- und Kotabsatz durch Reize außerhalb des Hauses konditioniert werden und nicht durch Reize im Haus. Es ist aber möglich, diese Reaktionen noch spezifischer zu konditionieren, zum Beispiel an den Rinnstein oder eine Grünfläche. **Die praktische Bedeutung der Tatsache, daß dieses Lernen durch klassische Konditionierung und nicht durch instrumentelle Konditionierung erfolgt, liegt darin, daß keine äußere Belohnung notwendig ist.** Bei der Erziehung zur Stubenreinheit muß der Hundebesitzer dafür sorgen, daß der unbedingte Reiz soweit wie möglich mit dem erwünschten Reiz zusammenfällt. Man muß also mit dem Hund nach den Mahlzeiten, nachdem er geschlafen hat und wenn er beginnt, nach Duftmarken zu schnüffeln, nach draußen gehen. Der Eigentümer braucht dabei Erfolge nicht zu belohnen, darf aber auch Mißerfolge nicht bestrafen. Es ist ohnehin ziemlich mühsam, dem Hund Stubenreinheit beizubringen, man muß bei Wind und Wetter und zu den ungeeignetsten Zeitpunkten nach draußen und dort darauf warten, daß der Hund sein Geschäft erledigt. Das wird sogar noch unangenehmer, wenn der Besitzer die ganze Prozedur irrtümlicherweise als einen Kampf divergierender Absichten ansieht. Manche Menschen finden das alles viel einfacher, wenn sie erkennen, daß ihr eigenes Verhältnis zum Hund dabei nur nebensächlich ist. Eine andere Reaktion, die klassisch konditioniert werden kann, ist die **Angstreaktion.** Siehe dazu Kapitel 5.

Weiterführende Literatur
SAUTER, F. J., und J. A. GLOVER, Behaviour, Development and Training of the Dog, Kapitel 5–7, Arco Publishing Company, New York, 1978.

Kapitel 4: Sozialverhalten

Hunde sind als Haustiere unter anderem deshalb so beliebt, weil sie ein soziales Wesen haben. **Der Hund ist ein Rudeltier und von Geburt in der Lage, ein ganzes Repertoire sozialer Verhaltensweisen zu erkennen und zu zeigen.** Man muß dabei bedenken, daß das soziale Verhaltensrepertoire des Hundes schon bei der Geburt in hohem Maße „verkabelt" ist und im späteren Leben nicht mehr programmiert werden kann. Dinge, die später noch beeinflußt oder erlernt werden können, sind:
1. die Spezies, auf die der Hund sein soziales Verhalten ausrichtet. **Hunde, die während ihrer ersten 12 Lebenswochen Kontakt zu Menschen haben, betrachten diese als Mitglieder ihrer eigenen Spezies (d. h. als potentielle soziale Objekte);**
2. der Teil des sozialen Repertoires, der benutzt wird. Alle Hunde neigen potentiell sowohl zu dominantem als auch zu untergeordnetem Verhalten, einige Hunde zeigen in der Regel jedoch nur eine von beiden Verhaltensweisen.

Obwohl das soziale Muster, mit dem jeder Hund auf die Welt kommt, der menschlichen Konzeption von sozialen Beziehungen so nahe kommt, daß eine Kommunikation stattfinden kann und Beziehungen zwischen beiden Spezies entstehen können, bleibt immer noch genügend Raum für Mißverständnisse. Die soziale Natur des Hundes, die häufig so viel Freude bereitet, kann auch zu Problemen führen.

SOZIALE INTERAKTIONEN VON WÖLFEN

Die Ethologie des Hundes im allgemeinen und sein soziales Verhalten im besonderen kann man am besten verstehen, wenn man sich zunächst mit den Wölfen befaßt. Dafür gibt es zwei Gründe. Zum einen leben Hunde in einem sozialen Umfeld, das die Menschen als wichtige Mitglieder einschließt. Den Versuch, diese Interaktionen zu verstehen, kann man in etwa mit dem Bemühen vergleichen, ein Stück zu verstehen, in dem einige Schauspieler ihre Rolle nicht richtig können. Zweitens sind während der Domestikation des Hundes einige Verhaltensmerkmale verfälscht worden, so daß man ihre eigentliche Bedeutung nur schwer beurteilen kann oder auf den ersten Blick nicht sofort erkennt, wie sie in das Gesamtbild passen. Zum Beispiel erbrechen Wölfinnen in der Entwöhnungsphase Futter für ihre Jungen. Einige Hündinnen tun dies auch, benehmen sich dabei aber so desorientiert, daß dieses Verhalten völlig sinnlos erscheint. Sie erbrechen zum Beispiel in Abwesenheit der Welpen oder nehmen die erbrochene Nahrung selbst wieder auf. Zusätzlich sind manche Verhaltensweisen einiger Rassen nur wegen Neotenie schwer zu deuten, als Folge der selektiven Züchtung zeigen ausgewachsene Hunde gewisser Rassen noch Verhaltensweisen, die eigentlich für den jungen Wolf typisch sind. Dazu zählt das freundliche Verhalten mancher Rassen Fremden gegenüber. Wölfe sind scheu und leben als Nomaden, und es ist daher schwer, sie in der freien Wildnis zu beobachten. Forscher wie Zimen (1978) haben jedoch eine gute Lösung gefunden, indem sie Wölfe in halbwildem Zustand in großen Gehegen hielten. Ihre wichtigsten Beobachtungen werden nachfolgend zusammengefaßt, aber um den gesamten Umfang und die Vielfältigkeit der Interaktionen von Wölfen zu begreifen, muß man einen Originalbericht wie den von ZIMEN lesen. Aus diesen Aufzeichnungen wird jedoch klar, daß selbst jahrelange sorgfältige Beobachtungen nicht ausreichen, um die soziale Ordnung der Wölfe völlig zu verstehen. Nachstehend werden die am besten erforschten Zusammenhänge kurz erläutert:

4.1. Rangordnung

Ein Wolfsrudel besteht aus einer großen Familie beiderlei Geschlechts. Der Wolf verbringt sein ganzes Leben in diesem Rudel, sofern er nicht ausbricht, um ein neues Rudel zu gründen. Die Wölfe ziehen im Rudel umher und jagen und fressen gemeinsam. Die Paarung erfolgt innerhalb des Rudels, das auch die Jungen zusammen aufzieht. Das Sozialverhalten des Wolfes ist offensichtlich ganz wesentlich darauf ausgerichtet, den sozialen Verband zu stärken. Wölfe urinieren oft nacheinander an der gleichen Stelle, sie bilden auch regelmäßig Gruppen und heulen zusammen. Mehrmals täglich (z. B. nach dem Schlafen) begrüßen sich die Wölfe, indem sie einander mit der Schnauze berühren und sich gegenseitig im Anogenitalbereich beschnüffeln. Dieses Verhalten dient offensichtlich nur der Förderung der Gruppensolidarität und des besseren Wiedererkennens aller Rudelmitglieder.

Die Organisation des Rudels ist immer durch eine ausgeprägte Rangordnung gekennzeichnet. Diese Hierarchie ist von größter Bedeutung, da sie die meisten Bereiche des Lebens der Wölfe berührt. Für die beiden Geschlechter gelten unterschiedliche Rangordnungen. In jeder Rangordnung sind die Alphawölfe in der Regel die reiferen, größeren und stärkeren des Rudels, allerdings ist auch die jeweilige Persönlichkeit von Bedeutung. Die ausgewachsenen Wölfe leben normalerweise in einer ausgeprägten Rangordnung, mit einem Alphawolf an der Spitze, einem Betawolf, der über alle anderen Wölfe mit Ausnahme des Alphawolfes dominiert usw. Die jungen und die heranwachsenden Wölfe sind einander gleichgestellt und leben in einer relativ homogenen Gruppe am Ende der Rangordnung.

SCOTT und FULLER (1965) haben nachgewiesen, daß Hunde, die während der ersten 12 bis 14 Lebenswochen irgendeinen, wenn auch noch so geringen Kontakt zu Menschen hatten, ihre Herren als Mitglieder des eigenen Rudels betrachten. Einige dieser Hunde werden deshalb ein Dominanz-/Subordinationsverhalten ihren Besitzern gegenüber entwickeln. Macht der Besitzer einem solchen Hund seine Position innerhalb der Rangordnung nicht eindeutig klar, sieht der Hund alle möglichen Bedeutungen in unbeabsichtigten Signalen des Besitzers und zieht daraus seine eigenen Schlüsse. Bei einigen Hunden nimmt das Dominanzverhalten einen geringeren Stellenwert ein als bei anderen. Das heißt nicht, daß sie sich unterordnen, sie messen der Dominanz offensichtlich nur weniger Bedeutung bei. Auch hier kann es sich um ein Zeichen von Neotenie handeln.

4.2. Territorium

Während der meisten Zeit des Jahres bewegen sich die Wölfe auf einem relativ großen Gebiet von bis zu 50 km². Im allgemeinen wird dieses Territorium nur von einem Rudel bewohnt und wird insbesondere an den Grenzen durch Harn und Kot markiert. Diese Markierungen werden verstärkt, wenn das Rudel bemerkt, daß ein anderes Rudel in dieses Gebiet eindringen will. Während der Sommermonate, wenn die Jungen aufgezogen werden, zieht das Rudel nicht so viel umher. Die Mutter der Jungen läßt sich dann in einem kleineren Gebiet nieder, wo sich vielleicht mehrere Höhlen befinden, und das restliche Rudel unternimmt von hier aus Beutezüge und kommt wieder zu diesem zentralen Punkt zurück. Dieser „häusliche Bereich" wird stärker verteidigt als das übrige Territorium. Ranghöhere Wölfe sind bei der Verteidigung aktiver und setzen auch mehr Urinmarken, so als ob ein Teil der Verantwortung ihres hohen Status darin besteht, das Territorium des Rudels gegen Eindringlinge zu schützen.

Für viele Hunde stellt das Haus, der Garten und häufig auch das Auto diesen „häuslichen Bereich" dar. Das Interesse, das er aufwendet, um diesen Bereich zu verteidigen, kann mit der Auffassung des Hundes über seinen Rangordnungsstatus zusammenhängen. Wird die Neigung eines Hundes, sein Territorium zu bewachen zum Problem, ist es zuweilen erforderlich, seine Stellung innerhalb der Rangordnung des Haushaltes zu verändern (s. Kapitel 9.10.). Häufiges Setzen von Urinmarken kann ebenfalls mit seiner Stellung innerhalb der Rangordnung zusammenhängen. Wird dieses Verhalten lästig (d. h. wenn Duftnoten auch im Haus gesetzt werden), kann es nützlich sein, die Dominanz des Hundes herabzudrücken.

4.3. Jagd und Nahrungsaufnahme

Die Fähigkeit der Wölfe, innerhalb einer organisierten Gruppe zu jagen, ermöglicht ihnen das Erlegen von sehr großem Wild. In Kanada können Wolfsrudel ausgewachsene Elche zur Strecke bringen. Diese Jagdverbände sind um so mehr erfolgreich, weil sich alle Wölfe einem Führer unterordnen. Die Bedeutung der Rangordnung für das Überleben der Gruppe wird hier besonders deutlich. Die Stellung eines Wolfes innerhalb der Hierarchie beeinflußt nicht nur sein Verhalten beim Jagen, sondern auch die Reihenfolge bei der Nahrungsaufnahme. Die ranghöchsten Wölfe dürfen sich zuerst über das erjagte Wild hermachen.

Für viele Haushunde ist die Erreichbarkeit der Nahrung ein wichtiger Faktor dafür, wie sie ihren Dominanzstatus auffassen (s. Beispiel 8.1.). Um Dominanz zu reduzieren oder deren Entwicklung zu verhüten, muß man dafür sorgen, daß der Hund
1. niemals glauben darf, vom Besitzer mit Erfolg Nahrung verlangt zu haben und
2. öfter gehorsam und unterworfen reagiert haben muß, um vom Besitzer Nahrung zu erhalten (s. Kapitel 9.8.).

4.4. Spiel

Obwohl das Spiel für die Jungen vieler Tierarten charakteristisch ist, unterscheiden sich die Wölfe von anderen Tieren dadurch, daß häufig auch ausgewachsene Tiere miteinander spielen. Im Gegensatz zu ernsthaften Aktivitäten ist das Spiel durch folgende Merkmale gekennzeichnet:
1. Zwei Wölfe oder Hunde, die miteinander spielen, tauschen häufig die Rollen, das heißt, der Angreifer wird zum Unterlegenen und umgekehrt.
2. Teile eines Verhaltensmusters erfolgen isoliert oder vermischen sich mit Verhaltensweisen aus anderen Verhaltensabläufen, das heißt, zwei Wölfe, die miteinander spielen, können innerhalb weniger Minuten sexuelles Verhalten, aggressives Verhalten und Beutefangverhalten zeigen.
3. Gewisse Körperhaltungen sind typisch für das Spiel: die „Spielaufforderung" (s. Abb. 1), die eine Einladung zum Spiel darstellt, ist am auffälligsten, aber zu

Abb. 1

beobachten ist auch eine auffallende Behendigkeit und Springfreude, die im Zusammenhang mit sonst ernsthaften Handlungen die Verspieltheit andeutet.

Bei jungen Tieren besteht der Sinn des Spieles darin, eine gewisse Praxis in Verhaltensweisen zu erlangen, die im späteren Leben wichtig sind. Bei ausgewachsenen Wölfen scheint das Spiel verschiedenen sozialen Zwecken zu dienen. Diesen Aspekt der sozialen Interaktion hat man noch nicht völlig ergründet, man glaubt jedoch, daß ausgewachsene Wölfe das Spiel auf ähnlich subtile Weise einsetzen wie erwachsene Menschen. Obwohl man gelegentlich den Eindruck hat, daß sie einfach nur ihr Vergnügen suchen, setzen sie das Spiel auch zur Verbesserung ihres sozialen Status, zur Erprobung eines potentiellen Gegners oder zum Abbau von Aggressionen ein.

Für den Hundebesitzer liegt die Bedeutung dieser Spiele darin, daß er unter Umständen eine Aggression seines Hundes wegen ihres vermeintlich verspielten Charakters falsch deutet. **Eine verspielte Aggression, die sich gegen einen anderen Hund oder gegen einen Menschen richtet, kann auf eine zukünftige ernsthafte Aggression hindeuten.** Leben zwei Hunde zusammen, ist ein gewisses Maß an verspielter Aggression normal, eskaliert diese Aggression jedoch plötzlich, kann das ein Zeichen für einen beginnenden Dominanzkampf darstellen. Das gleiche trifft auf verspielte Aggression gegenüber Menschen zu, und da sich der Hund in diesen Beziehungen immer in der klar untergeordneten Stellung befinden sollte, **dürfen Hundebesitzer nie spielerisch mit Hunden raufen, die zu Dominanz neigen.**

4.5. Fortpflanzung

Wölfe werden erst mit ca. 2 Jahren geschlechtsreif. Obwohl die Pubertät bei Hunden viel früher eintritt (normalerweise im Alter von 6 bis 12 Monaten), kann sich die Persönlichkeit, wahrscheinlich bedingt durch Hormonveränderungen, auch noch im Alter von zwei Jahren verändern. Männliche Hunde neigen in diesem Alter dazu, ihre Dominanz zu erproben.

Wölfinnen werden nur einmal im Jahr, ungefähr im Februar, läufig. In den Wochen vor Einsetzen des Östrus der Wölfin nehmen die Kämpfe innerhalb des Rudels zu, da dann die Notwendigkeit steigt, eine Rangordnung zu schaffen. Die rangniedrigeren Wölfinnen zeigen teilweise gar kein dem Östrus entsprechendes Verhalten, und nach vielen Streitigkeiten findet nur eine Paarung zwischen Alphawolf und -wölfin statt. Dieses System wird dadurch gesichert, daß die Aggressionen normalerweise nur zwischen gleichgeschlechtlichen Wölfen ablaufen. Die Alphawölfin wird zum Beispiel eine andere Wölfin angreifen, die sich ihrem Alphawolf nähert, kämpfen jedoch zwei männliche Wölfe darum, wer sich mit ihr paaren darf, verhält sie sich passiv. Zuweilen gibt ein Alphawolf jedoch einer rangniedrigeren Wölfin den Vorzug und setzt sich damit auch durch. Kommt es in einem solchen Fall zur Paarbildung, folgt offensichtlich eine Aufwertung des Status der rangniedrigeren Wölfin. Das Resultat der Tatsache, daß sich fast ausschließlich ranghohe Wölfe fortpflanzen, muß darin bestehen, daß auf die physischen und psychologischen Eigenschaften, die mit der Dominanz in einem Wolfsrudel zusammenhängen, selektiert wird. Bei Zuchthunden, deren Paarung nach anderen Gesichtspunkten geplant wird, trifft das nicht zu.

Für Hundebesitzer können sich daraus verschiedene Folgen ergeben:
1. Züchter haben manchmal Probleme hinsichtlich der Paarungsbereitschaft jüngerer Hündinnen, wenn sie mit einer älteren dominanten Hündin zusammenleben. Bei der jungen Hündin stellt sich kein ausreichender Östrus ein, oder sie entwickelt nicht genügend Paarungsbereitschaft gegenüber dem Rüden. Diese Schwierigkeiten könnten mit der Auffassung der jungen Hündin über ihren Standort in der Rangordnung zusammenhängen, was sowohl hormonelle Folgen als auch Auswirkungen auf ihr Verhalten hat. In so einem Fall könnte eine räumliche Trennung von rangniedriger und ranghoher Hündin zum gewünschten Erfolg führen.
2. **Es besteht kein Zweifel darüber, daß Hunde in der Lage sind, menschliche Geschlechter zu unterscheiden und daß sie Beziehungen zu Menschen aufbauen können, an denen auch Sexualtrieb und ihr Sexualverhalten beteiligt sind.** Das kann auch ihre Auffassung über den eigenen Dominanzstatus beeinflussen. Entwickelt ein Rüde oder eine Hündin eine Beziehung zu einem andersgeschlechtlichen dominanten Familienmitglied, führt das zuweilen dazu, daß das Tier auch sich selbst als ranghöher einstuft. Zum Beispiel findet man häufig bei Problemen im Zusammenhang mit Dominanzaggression, daß der betreffende Rüde eine enge Bindung mit oder ohne erkennbare sexuelle Verhaltensweisen zur Frau in der Familie aufgebaut hat. Eine solche Situation läßt sich häufig dadurch verbessern, daß die betroffene Person den Hund ignoriert, so daß er gezwungen ist, sich bei den anderen Familienmitgliedern um Aufmerksamkeit und soziale Interaktionen zu bemühen.
3. Einer Frau fällt es zuweilen schwer, einem Rüden gegenüber ihre dominante Position zu behaupten. Er hat die natürliche Neigung, mit einem weiblichen Wesen ein Paar zu bilden, Rangordnungen entstehen jedoch normalerweise nur unter gleichgeschlechtlichen Tieren. Bezeichnenderweise verhalten sich Frauen, die männliche Hunde erfolgreich dominieren, (z. B. Züchterinnen von großen aggressiven Rassen), oft wie Männer. Sie sprechen in schroffem Ton oder bewegen sich wie ein Mann.

4.6. Festlegen der Dominanz

Wölfe bedienen sich der Körpersprache, um den anderen Mitgliedern des Rudels gegenüber eine ranghohe oder rangniedrige Position durchzusetzen und darzustellen.

Früher nahm man an (z. B. LORENZ, 1954), daß diese Körpersprache dem Vermeiden physischer Aggressionen dient. Beobachtungen jüngeren Datums, beispielsweise durch ZIMEN, haben jedoch gezeigt, daß trotz dieser Körpersprache innerhalb von Wolfsrudeln viele heftige Kämpfe zur Ermittlung der Herrschaft ausgetragen werden und gelegentlich tödlich enden. Für Hundebesitzer sind diese Kämpfe aus verschiedenen Gründen von Bedeutung:
1. **Wenn zwei Hunde in einem Haushalt ständig ernsthafte Kämpfe austragen, kann man nicht ohne weiteres davon ausgehen, daß dieser Streit ohne ernstliche Verletzungen vorübergeht, wenn man sie sich selbst überläßt.**
   Die Besitzer müssen besonders aufmerksam sein, wenn
   a) einer von beiden Hunden einer aggressiven Rasse angehört,
   b) ein ausgeprägter Größenunterschied der beiden Tiere besteht,
   c) die Vorgeschichte eines der Hunde auf ein gestörtes Sozialverhalten anderen Hunden gegenüber hinweist und er daher die Körpersprache des anderen nicht richtig verstehen kann.
2. Deutliche Statusunterschiede und heftige Dominanzkämpfe finden hauptsächlich unter Wölfen statt, die in der Rangordnung höher angesiedelt sind. Ein Leben an der Spitze bedeutet Konkurrenzkampf. Gleichermaßen kann ein wesentlicher Faktor für ernsthaften Kampf zweier Hunde darin bestehen, daß sich beide als relativ dominant innerhalb des Haushalts betrachten. Gelingt es dem Eigentümer, eine größere Dominanz über beide Hunde zu entwickeln, kann das Problem auf diese Weise gelöst werden.
3. Finden zwischen zwei ranghohen Wölfen ernsthafte Kämpfe statt, neigt auch das restliche Rudel zu mehr Streitigkeiten. Allem Anschein nach beunruhigt die Unsicherheit über die zukünftige Führung alle anderen, und ehrgeizige Wölfe, die in der Rangordnung weiter unten stehen, nutzen diese Gelegenheit, um ihren eigenen Status zu verbessern. In gleicher Weise kann man bei Dominanzaggression unter Hunden gelegentlich feststellen, daß diese Aggressionen während familiärer Streitigkeiten ausbrachen.

4.7. Äußerung der Dominanz

Obgleich Dominanz zuweilen durch physische Aggression festgelegt wird, ist es für den Hundebesitzer wichtig, die Körpersprache zu kennen, in der Dominanz oder Subordination ausgedrückt wird, damit er sich seinem Hund gegenüber entsprechend verhalten kann.
Vor allen Dingen muß er genau wissen, wie der Hund seinen eigenen Dominanzstatus ihm gegenüber einschätzt.
Der Hund kann Unterordnung folgendermaßen ausdrücken:
1. Er wendet den Blick ab.
2. Aktive Unterordnung: Der Hund kauert sich auf den Boden, hat die Ohren zurückgelegt und den Schwanz gesenkt (s. Abb. 2).
3. Passive Unterordnung: Der Hund rollt sich auf die Seite, hebt ein Bein und entblößt in charakteristischer Pose den Genitalbereich (s. Abb. 3).

Der Hund kann Dominanz folgendermaßen ausdrücken:
1. Der Hund begegnet dem Blick des Besitzers.
2. Der Hund steht mit nach vorn gerichteten Ohren, die Nackenhaare sind gesträubt, die Lippenstellung ist charakteristisch (s. Abb. 4). Er knurrt oder versucht zu beißen.

3. Ein Hund kann seine Dominanz über einen anderen Hund dadurch ausdrücken, daß er sich über ihn stellt, typischerweise im rechten Winkel, wobei die Vorderpfoten auf dem Rücken des anderen Hundes liegen. Welpen nehmen diese Stellung häufig beim Spiel ein. Analog dazu kann sich ein Hund seinem Eigentümer gegenüber dominant fühlen, wenn dieser ihm gestattet, die Pfoten auf seine Schultern oder – bei kleineren Hunden – ihren Kopf und Pfoten auf den Schoß zu legen oder sich selbst um Hals und Schultern des Besitzers zu legen.

In der Tat ist es so, daß Situationen, in denen der Größen(Höhen)unterschied zwischen Besitzer und Hund verringert ist, dazu beizutragen, daß der Hund sich dominanter fühlt. Erlaubt man dem Hund, im Bett zu schlafen, so kann sich eine Dominanz dadurch erhöhen.

4. Abgesehen von der Körpersprache kann das Verhalten eines dominanten Hundes folgende charakteristische Merkmale aufweisen:
   a) Es kann zunehmend schwieriger werden, ihn von seinem Sitzplatz zu vertreiben. Beispielsweise verläßt er einen Stuhl nur widerwillig, wenn sein Herr sich setzen will.
   b) Er gibt nicht gern Dinge heraus, die er im Fang trägt, und verteidigt (sein) Futter.
   c) Er gehorcht Befehlen nur zögernd.

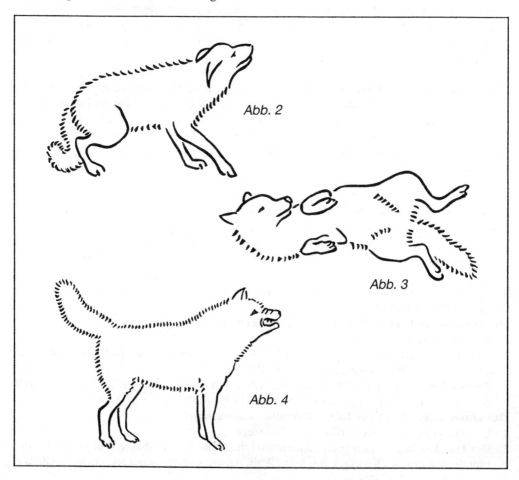

Abb. 2

Abb. 3

Abb. 4

d) Von besonderer Bedeutung ist in diesem Zusammenhang, daß man bei Tierarten wie Affen und Wölfen, die in Rangordnungen leben, nachgewiesen hat, daß das dominante Tier die meisten sozialen Interaktionen initiiert und auf die wenigsten reagiert. Bei den Wölfen beginnt vor allem der Alphawolf eine neue Aktivität, indem er zur Jagd aufbricht oder sich zum Schlafen legt. Das restliche Rudel folgt ihm darin. Auch ist es fast immer der Alphawolf, der ein anderes Rudelmitglied zuerst begrüßt. Versucht ein anderes Rudelmitglied, eine neue Aktivität zu beginnen oder ihn zu begrüßen, neigt der Alphawolf mehr als alle anderen dazu, nicht an dieser Aktivität teilzunehmen bzw. den Gruß zu ignorieren.

Dieses Prinzip gilt auch für die Dominanz bei Hunden. **Zeigt ein Hund Dominanzaggression, so findet man oft, daß er im Haushalt zahlreiche Aktivitäten initiiert und anschließend daran teilnimmt.** Für einen solchen Hund ist es bezeichnend, daß er nicht ständig um seinen Herrn herumschwänzelt und um Aufmerksamkeit bittet. Vielmehr nähert er sich dem Besitzer nur von Zeit zu Zeit und erhält dann in der Regel auch eine Antwort auf seinen Gruß. Er hat außerdem die Angewohnheit, seinen Besitzern mitzuteilen, wann er Futter will oder wann er nach draußen möchte. Selbst wenn er keine Dominanzaggression zeigt, hält sich ein solcher Hund offensichtlich doch für ranghoch, und es besteht die Gefahr, daß er später dominant wird (s. Kapitel 9.6.).

Manchmal kann man nicht genau beurteilen, wie ein Hund seine Dominanz einschätzt, da er widersprüchliche Reaktionen zeigt. Es kann zum Beispiel vorkommen, daß er knurrt, während er die Ohren zurückgelegt oder sich unterwürfig hingekauert hat. Daraus muß man in der Regel entnehmen, daß das Tier sich in einem Konfliktzustand befindet, und obwohl es sich unterwürfig verhält, besteht die Möglichkeit, daß es zubeißt. **Es ist in der Tat so, daß Hunde, die widersprüchliche Reaktionen zeigen, häufig besonders gefährlich sind, da man ihr Verhalten nicht vorhersagen kann.** Als Beispiel hierfür kann ein Border-Collie angeführt werden, der die Angewohnheit entwickelt hatte, Fremde zu beißen. Seine Eigentümer nahmen ihn immer mit zum Einkaufen, und wenn er angesprochen oder gestreichelt wurde, blickte er beiseite und legte die Ohren zurück, manchmal leise knurrend. Wenn sich der Fremde dann wegwandte, sprang er plötzlich nach vorn und biß ihn in die Wade.

Das Verständnis der Körpersprache eines Hundes trägt nicht nur dazu bei, sein Verhalten zu verstehen, sondern hilft auch, sich ihm gegenüber richtig zu verhalten.

4.8. Ausdrücken von Dominanz – Unterordnung gegenüber einem Hund

Ein Mensch kann Dominanz oder Unterordnung dem Hund gegenüber folgendermaßen zum Ausdruck bringen:
1. Begegnet man dem Blick des Hundes, bedeutet das Dominanz, weicht man dem Blick aus, bedeutet es Unterordnung.
2. Steht man über dem Hund, bedeutet das Dominanz, macht man sich kleiner als er, bedeutet das Unterordnung.

Aus diesem Grunde sollte man sich bücken, wenn man sich mit einem fremden Hund anfreunden will. Wahrscheinlich benehmen sich einige Hunde deshalb auch dem Tierarzt gegenüber nur dann aggressiv, wenn sie auf dem Tisch behandelt werden, während sich andere nur bei Behandlung auf dem Boden aggressiv verhalten. Hunde, die sich auf dem Tisch besonders angriffslustig benehmen, fühlen sich dem Tierarzt normalerweise untergeordnet. Befinden sie sich aber auf gleicher Ebene mit ihm, trauen sie sich die

Herausforderung zu einem Dominanzkampf eher zu. Hunde, die sich auf dem Boden aggressiv verhalten, fühlen sich dem Tierarzt gegenüber dominant. Wenn er sich auf dem Fußboden über sie beugt, fühlen sie sich herausgefordert und reagieren dementsprechend. Der Tierarzt kann einer solchen Situation aus dem Wege gehen, indem er einige dieser dominanten Hunde auf dem Tisch untersucht, da der Hund ihn dann nicht als so bedrohlich empfindet. Das gelingt jedoch nur, wenn er nichts tut, womit er dem Hund „zu nahe tritt" oder was zu schmerzhaft ist.

3. Wenn man über einem Hund steht, wird der Dominanzeffekt noch zusätzlich verstärkt, wenn man ihn streichelt oder bürstet. Beißt ein solcher Hund seinen Besitzer, geschieht das darum häufig, wenn dieser sich gerade mit ihm beschäftigt. Viele Hundebesitzer bringen Verständnis auf, wenn sich der Hund beim Bürsten unartig benimmt („er kann es nicht leiden, wenn seine Haare gebürstet werden"). Sie werden jedoch böse, wenn er nach ihnen schnappt, während sie ihn streicheln („ich wollte doch nur nett zu ihm sein").

4. Schlägt man einen Hund oder fügt ihm Schmerzen zu, betrachtet er das als ein besonderes Zeichen von Dominanz, und darum laufen Tierärzte, die so etwas tun, häufig Gefahr, gebissen zu werden. Aus verschiedenen Gründen kann man jedoch auf diese Weise keine ranghohe Stellung behaupten. Einen dominanten Hund zu schlagen ist gefährlich, da er sich wahrscheinlich rächen wird. Obwohl es in der Regel ungefährlich ist, einen Hund zu schlagen, der sich als untergeordnet betrachtet, ist auch das nicht erforderlich, da es sanftere Methoden gibt, die eigene dominante Position zu behaupten. Schläge bringen immer die Gefahren der Bestrafung durch den Besitzer mit sich, die im Kapitel 3.9. beschrieben sind. Züchter von großen aggressiven Hunden, bei denen Hundehalter oft verzweifelt Rat suchen, wenn sich die Hunde unerträglich dominant verhalten, empfehlen manchmal, den Hund so lange zu schlagen, „bis er aufgibt". Vermutlich hatte der Züchter mit einer solchen Methode Erfolg, sie eignet sich jedoch nicht für einen relativ unsicheren Besitzer, der sich ohnehin bereits in einer untergeordneten Position befindet. Tierärzte, die mit einem Hund zu tun haben, der sich dominant verhält, können ihre Autorität sicherstellen, indem sie ihm einen leichten Klaps geben. Der Erfolg dieser Methode gründet sich wahrscheinlich darauf, daß der Hund einem vergleichsweise fremden Menschen gegenüber sowieso schon unsicher ist und lediglich versucht, sich dominant zu verhalten. Auch diese Handlungsweise ist allerdings für einen bereits untergeordneten Eigentümer nicht ratsam.

5. **Ein außerordentlich wirksames Mittel, die eigene Dominanz zu behaupten, besteht darin, sämtliche sozialen Initiativen des Hundes zu ignorieren und ihn nur dann zu beachten, wenn er einem Befehl gehorcht oder sich anderweitig unterwürfig verhält.** Auf diese Weise fordert man beim Hund auch keine Aggression heraus. Diese Methode ist Hundebesitzern zu empfehlen (s. Kapitel 9.8., Behandlung von Dominanzaggression). Für Tierärzte im Behandlungszimmer eignet sie sich allerdings nicht, da die Wirkung nur langsam und stufenweise eintritt.

Wann muß man sich einem Hund gegenüber dominant oder untergeordnet verhalten?
Um sich in einer gegebenen Situation richtig zu verhalten, ist eine genaue Kenntnis der sozialen Signale des Hundes von Vorteil. Obwohl es für den Besitzer (oder den Tierarzt) offensichtlich erstrebenswert ist, dem Hund gegenüber in jeder Situation dominant zu

sein, muß man sich gelegentlich anders verhalten. Die Entscheidung darüber, wie man sich im Einzelfall benimmt, wird durch folgende Faktoren bestimmt:

1. **Dominanzbeziehung zwischen Mensch und Hund. Tierärzte, die zuvor keine Beziehung zum Hund hatten, können mit einem Klaps Erfolg haben. Gleiches Verhalten des Besitzers kann dazu führen, daß der Hund ihn beißt, weil in der Rangordnung aus der Sicht des Hundes der Herr unter ihm eingeordnet ist.** Wichtig ist in diesem Zusammenhang, daß der Hund gleiche Handlungen unterschiedlich interpretiert, je nachdem, wie er seine Beziehung zu der betreffenden Person sieht. Von einem Menschen, den er als dominant anerkennt, läßt sich ein Hund streicheln, bürsten, hochheben und selbst schlagen. Wenn er eine Person aber für untergeordnet hält, wird er versuchen, seine eigene Dominanz zu verteidigen. Das erfolgt häufig in Form von unterschiedlichen Signalen, die sich von Gesichtsausdruck über Körperhaltung und Knurren bis zum Beißen steigern.

2. **Die besondere Situation, in der die Interaktion erfolgt.** Selbst bei dominanten Hunden hängt die Dominanz oft davon ab, wo sie sich befinden. In ihrem Territorium halten sie sich für besonders dominant. Dominanz scheint auch von einer gewissen Lernkomponente abzuhängen. Hat sich ein Hund in einer bestimmten Situation durch aggressives Verhalten erfolgreich behauptet, wird er dazu neigen, sich in einer ähnlichen Situation ebenso angriffslustig zu verhalten (s. Kapitel 9.8. über die Behandlung der Dominanzaggression). So kann es sich als unmöglich herausstellen, einen Hund in der Küche zu bürsten. Die Ursache kann einerseits darin bestehen, daß er sich gewöhnlich in der Küche aufhält und sie daher als sein Territorium ansieht oder daß er zuvor schon einmal seinen Besitzer bei dem Versuch, ihn zu bürsten, angeknurrt hat und dieser daraufhin aufgab. Unter Umständen ist es aber möglich, den gleichen Hund im Badezimmer zu bürsten.

3. **Vorgeschichte**
Ein Fremder (z. B. ein Tierarzt), der sich dem Hund gegenüber dominant verhalten will, ist gut beraten, die Vorgeschichte des Hundes im Hinblick auf dessen Dominanzverhalten zu berücksichtigen. Wichtig ist dabei nicht nur seine Neigung zu knurren und zu beißen, sondern auch die Schnelligkeit, mit der die einzelnen Phasen ablaufen. Hat man es mit Hunden zu tun, die durch ihren Gesichtsausdruck oder durch knurren Warnzeichen geben, besteht die Möglichkeit, aufzugeben oder zu entkommen. Viel gefährlicher aber sind Hunde, die zunächst ganz friedlich aussehen und dann plötzlich angreifen.

4. **Persönliche Einstellung**
Die Entscheidung, ob man sich im Einzelfall einem Hund gegenüber dominant oder untergeordnet verhält, hängt zum Teil auch vom persönlichen Temperament und von der eigenen Einstellung ab. Manche Menschen versuchen mehr als andere, dem Hund dominant gegenüberzutreten, entweder weil sie es einfacher finden, einen Hund zu dominieren (Männern fällt das oft leichter als Frauen, s. Kapitel 4.5.), oder weil es ihnen unangenehmer ist, daß der Hund ihnen „über" ist.

Menschen, die ständig oder berufsmäßig mit Hunden zu tun haben, zeigen oft spöttische Mißachtung für Hundebesitzer, die in eine ihrem Hund untergeordnete Stellung geraten sind. Beherrscht ein Besitzer seinen eigenen Hund nicht, sehen sie darin eine Art Persönlichkeitsschwäche. Diese Meinung verstärkt sich noch, wenn Tierarzt oder

Abrichter offensichtlich nicht in der Lage sind, denselben Hund unterzuordnen. Dabei muß man bedenken, daß

1. **dominantes Verhalten gegenüber dem Hund eine erlernte Fähigkeit ist.**
   Dominanzverhalten ist Teil des instinktiven Verhaltensrepertoires des Hundes, uns ist es nicht angeboren. Bei vielen Menschen, die mit Hunden großgeworden sind, entwickelt sich diese Fähigkeit scheinbar natürlich, da sie es schon früh gelernt haben und dabei wahrscheinlich ein Vorbild hatten. Menschen, die keine frühzeitigen Erfahrungen mit Hunden gemacht haben, muß jedoch eindringlich beigebracht werden, wie man sich dominant verhält. Durch sorgfältige Unterweisung kann man sie in die Lage versetzen, sich ihrem Hund gegenüber zu behaupten.

2. Es ist für manche Menschen wegen ihrer eigenen körperlichen Eigenschaften schwieriger, dem Hund gegenüber dominant zu sein (z. B. Größe, hohe Stimme, Geschlecht, s. Kapitel 4.5.).

3. Es ist für einen Außenstehenden häufig relativ einfach, dem Hund gegenüber dominant zu sein. Der Hund braucht eine gewisse Zeit, um einen Fremden einzuordnen und unterwirft sich ihm in der Zwischenzeit, weil er sich noch unsicher fühlt.

Weiterführende Literatur
ZIMEN, E., Der Wolf, Mythos und Verhalten, München 1978.

Kapitel 5:
Streß, Angst und Erregung

In unserer modernen Zeit ist häufig die Rede von den tiefen Auswirkungen von Streß und Angst auf unser Leben, in geistiger wie auch in körperlicher Hinsicht. Oft übersieht man jedoch, daß sich diese Faktoren in einem großen Ausmaß auch auf Erkrankungen von Hunden auswirken. Es würde den Rahmen dieses Buches sprengen, körperliche Erkrankungen im Hinblick auf ihren psychosomatischen Ursprung näher zu untersuchen, aber bei vielen Verhaltensstörungen kann Angst eine Rolle spielen, die nicht auf den ersten Blick ersichtlich ist.

In den vorangegangenen drei Kapiteln wurden die Unterschiede zwischen der Psychologie des Hundes und des Menschen näher erläutert, da Hundebesitzer dazu neigen, bei den gedanklichen Abläufen und dem Sozialverhalten von zu großen Gemeinsamkeiten auszugehen. Bei Angst oder anderen allgemeinen Erregungszuständen aber können solche Gemeinsamkeiten größer sein als zunächst erkennbar. Die Verhaltensäußerungen können sich dabei zwischen Mensch und Hund unterscheiden, die zugrundeliegenden psychologischen Abläufe aber ähneln sich häufig. Dabei sind Verhaltensunterschiede (und daher auch die Gefahr, Handlungen des Hundes falsch zu deuten) bei durch Angst geprägten Handlungen größer als bei einer spezifischen Furcht oder Phobie (s. Kapitel 5.4. und 5.1.–3.)

FURCHT UND PHOBIEN

5.1. Furcht

Unter Furcht versteht man im allgemeinen die Folge einer besonders unangenehmen Erfahrung, wobei die betroffenen Personen mindestens eins der folgenden Anzeichen zeigen:
1. **Flucht oder Meidung**
   Der Betreffende versucht, zu flüchten oder der gefürchteten Situation aus dem Wege zu gehen.
2. **Extreme Wachsamkeit bei automatischem Handlungsablauf**
   Ein Mensch, der sich fürchtet, reagiert übermäßig vorsichtig und nervös, der Pulsschlag steigt, er zittert und schwitzt. In extremen Situationen verliert solch ein Mensch zuweilen die Kontrolle über Blase und Darm (z. B. ein Soldat vor der Schlacht).
3. **Verbaler Ausdruck**
   Die Person ist fähig, ihren Gemütszustand zu beschreiben. Sie kann anderen mitteilen, daß sie sich fürchtet.

Hunde sind nicht fähig, ihre Furcht verbal zu artikulieren, sie können es aber auf zwei anderen Wegen tun. Daher handelt es sich nicht etwa um eine Vermenschlichung, wenn

man Hunden Furcht zugesteht. Man kann davon ausgehen, daß sich ein Hund vor einer bestimmten Situation fürchtet, wenn:
1. er versucht, vor dieser Situation zu flüchten oder sie angestrengt zu vermeiden oder
2. er hohe Erregungszustände zeigt, d. h., wenn er zittert, hechelt, winselt oder unfreiwillig Harn verliert.

Manche Furchtreaktionen sind instinktiv
Fast alle Tiere reagieren instinktiv ängstlich auf völlig neue Dinge oder wenn Bekanntes mit Unbekanntem vermischt auftritt. Aus diesem Grunde kommt es vor, daß ein Welpe Furcht vor seinem Besitzer zeigt, wenn dieser zum ersten Mal einen Hut aufsetzt. Außerdem neigen Hunde gleicher Rasse dazu, auf bestimmte Reize furchtsam zu reagieren. Bei Border-Collies kann man häufig feststellen, daß sie sich gegenüber Menschen, die mit einem Stock fuchteln, furchtsam verhalten. Diese vererbte instinktive Furcht ist für diese Rasse typisch.

Die meisten furchtsamen Reaktionen sind jedoch erlernt
Die Lerntheorie geht davon aus, daß furchtsame Reaktionen durch klassische Konditionierung erworben werden (s. Kapitel 4.11.). Reaktionen des autonomen Nervensystems (unbedingte Reaktionen), die zunächst auf einen unangenehmen oder alarmierenden Reiz (unbedingter Reiz) erfolgen, können später als eine bedingte Reaktion auf einen Reiz erfolgen, der mit dem unangenehmen Reiz gekoppelt war. WATSON (1920) hat als einer der ersten Behavioristen solche Furchtreaktionen beim Menschen nachgewiesen. Er ließ Albert, ein 11 Monate altes Kind, mit einer weißen Ratte spielen, nachdem er zuvor nachgewiesen hatte, daß sich das Kind vor der Ratte nicht fürchtete. Danach löste er hinter dem Jungen, immer wenn er mit der Ratte spielen wollte, einen lauten unangenehmen Ton aus. Nachdem er dieses Verfahren fünfmal wiederholt hatte, begann das Kind sich vor der Ratte zu fürchten. Später übertrug sich diese Furcht auch auf andere haarige Objekte wie weiße Kaninchen oder Watte. Ähnliche Prozesse sind auch bei Tieren experimentell nachgewiesen worden. WOLPE (1952) löste Furchtreaktionen bei Katzen aus, indem er sie in Versuchskästen setzte und dann Elektroschocks auslöste. Danach zeigten die Katzen um so größere Furcht, je mehr der Kasten, in den sie gesetzt wurden, dem Versuchskasten glich.
Hunde können Furchtgefühle normalerweise auf ähnliche Weise entwickeln. Muß sich der Hund beim Tierarzt einer unangenehmen oder schmerzhaften Prozedur unterziehen, kann die so hervorgerufene autonome Reaktion später beim bloßen Anblick des Tierarztes oder dessen Behandlungszimmers ausgelöst werden. Diese Furcht kann auch auf andere Tierärzte und ihre Räumlichkeiten übertragen werden, das heißt, auf andere Personen in weißen Kitteln und Räume, die ähnlich riechen.

5.2. Genese der Phobie

Die meisten Furchtgefühle, die auf diese Weise erlernt werden, können auf dem gleichen Wege auch wieder verlernt werden. Nachdem Albert mit immer mehr weichen Dingen in Berührung gekommen ist, die nicht mit unangenehmen Erfahrungen verbunden waren, nahm seine Furcht vermutlich wieder ab. Das gleiche gilt auch für einen Hund, der sich vor dem Tierarzt fürchtet. Nach einigen angenehmen und beruhigenden Begegnungen wird er sich nicht mehr so ängstlich verhalten, und damit findet der in Kapitel 3.9. beschriebene normale Extinktionsprozeß statt.

Zuweilen erlischt die Furcht jedoch nicht
Die Furcht kann sich monate- oder jahrelang auf gleich hohem Niveau befinden, obwohl der bedingte Reiz nie wieder mit dem unangenehmen unbedingten Reiz gekoppelt wurde. Solche Furchtgefühle bezeichnet man als Phobien. Bekannte Beispiele für Phobien beim Menschen sind die Angst in geschlossenen Räumen oder die Angst vor Insekten. Bekannte Beispiele beim Hund sind Angst vor Schüssen, Angst im Verkehr oder Angst vor bestimmten Menschen, in der Regel Männern.

Die wichtige Frage, die sich in diesem Zusammenhang stellt, besteht darin, warum die Furcht auf diese Weise anhält. **Dafür kann es mehrere Gründe geben.**

a) Der ursprünglich bedingte Reiz wurde als Trauma empfunden.
SOLOMON und WYNNE (1953) unternahmen einen Versuch, in dessen Verlauf sie Hunde in spezielle Käfige setzten, wo sie zunächst einen Summer hörten und dann einen Elektroschock erhielten, dem sie durch den Sprung über ein Hindernis entgehen konnten. Der Unterschied zwischen diesem unschönen Experiment und anderen, bei denen auch eine Bestrafung erfolgte, lag darin, daß der Elektroschock äußerst schmerzhaft war. Nach dieser Erfahrung sprangen die Hunde beim Ertönen des Summers immer über das Hindernis, obwohl in mehr als einhundert Versuchen der Summton nie wieder mit einem Elektroschock gekoppelt wurde.

Ähnliche Reaktionen kann man bei Menschen beobachten, die besonders schlimme Erfahrungen gemacht haben. Der Polizist, der als Geisel in der iranischen Botschaft gehalten worden war, berichtete viele Monate später, daß ihm beim Geruch des von den Terroristen verwendeten After-Shaves vor Angst noch immer schlecht würde.

Besitzer eines krankhaft furchtsamen Hundes bringen die Phobiegenese häufig mit einem traumatischen Einzelerlebnis in Verbindung, was theoretisch auch möglich ist. Die Autorin hat allerdings die Erfahrung gemacht, daß nur wenige dieser traumatischen Erlebnisse tatsächlich auch beobachtet werden konnten, die meisten wurden erst nach dem Vorfall rekonstruiert. Die Eigentümerin eines 5 Jahre alten Labrador-Retrievers mit krankhafter Angst vor Gewehrschüssen erzählte, daß diese Phobie plötzlich entstanden sei, nachdem in der Nähe des Hauses eine Treibjagd stattgefunden hatte. Sie ging davon aus, daß der Hund getroffen worden war, hatte aber keine direkten Beweise. Obwohl das, wie auch bei den meisten Rekonstruktionen, eine plausible Erklärung ist, muß man doch schließen, daß solche Dinge seltener geschehen als allgemein angenommen, da sie kaum einmal durch Zeugen bewiesen sind.

b) In vielen Fällen ist die Erfahrung der Furcht selbst so schlimm, daß sie wie ein unbedingter Reiz wirkt.
Denken wir zum Beispiel an einen Menschen, der beim Zahnarzt schlimme Schmerzen ertragen mußte. Beim nächsten Besuch klopft sein Herz, er zittert und schwitzt, wenn der Zahnarzt den Bohrer nur in die Hand nimmt. Obwohl der Schmerz möglicherweise nie wieder auftritt, sind Zittern und Schwitzen so ausgeprägt, daß diese Gefühle an sich die Furcht noch verstärken, die dann bei Folgebesuchen eher zu- als abnimmt. Man kann davon ausgehen, daß bei Hunden bei der Entstehung von Phobien ein ähnlicher Mechanismus abläuft.

c) Für Menschen können Phobieobjekte eine symbolische Bedeutung haben.

Um beim Beispiel der Zahnarztphobie zu bleiben, kann die spezielle Erfahrung des Bohrens mit als Beispiel für die allgemeine Erfahrung dienen, einem anderen Menschen, den man als Feind und Angreifer betrachtet, hilflos und benachteiligt gegenüberstehen. Phobiepatienten können solche Erfahrungen, möglicherweise bedingt durch Kindheitserlebnisse mit einem feindlichen Vater, oft besonders schwer verarbeiten. Wegen der beschränkten geistigen Fähigkeiten des Hundes ist jedoch nicht anzunehmen, daß bei ihm ein ähnlicher geistiger Mechanismus ablaufen könnte. In diesem Punkt unterscheiden sich die Phobien von Menschen und Hunden.

5.3. Behandlung von krankhaften Angstzuständen

Viele Hundebesitzer versuchen erfolglos, die Angst ihres Tieres zu behandeln, indem sie ihn absichtlich in die gefürchtete Situation bringen, um ihm zu zeigen, daß alles in Ordnung ist. Die Eigentümer eines Bearded Collie, der Angst hatte, aus dem Haus zu gehen, versuchten das Problem zu lösen, indem sie ihn jeden Tag zwangen, das Haus zu verlassen. Eine solche Methode hat kaum Aussicht auf Erfolg. Normalerweise werden Furchtgefühle auf dem üblichen Wege verlernt, ohne daß der Besitzer dazu beitragen muß. Glaubt er, das Problem behandeln zu müssen, bedeutet das in der Regel, daß die Furcht zur Phobie geworden ist, die aus oben genannten Gründen durch einfache Wiederholung des bedingten Reizes, ohne Berücksichtigung des unbedingten Reizes, nicht verlernt werden kann. Darüber hinaus trägt das Gefühl, gegen den eigenen Willen zu einer bestimmten Handlung gezwungen zu werden, eher dazu bei, die ganze Situation nur noch zu verschlimmern. Demgemäß wurde im Falle des oben erwähnten Bearded Collie der bedingte Reiz (draußen zu sein) wahrscheinlich noch mit zwei schlimmen unbedingten Reizen gekoppelt:

a) der autonomen Empfindung äußerster Angst;
b) dem Gefühl, gegen den eigenen Willen weitergezerrt zu werden.

Hierzu muß bemerkt werden, daß es eine Phobiebehandlungsmethode gibt, die unter dem Begriff „Flooding" (= Reizüberflutungstherapie) bekannt ist, und in deren Verlauf der Patient gezwungen wird, so lange in einer gefürchteten Situation zu verharren, bis die physiologischen Furchtreaktionen ausbleiben. Gegen diese Methode lassen sich zwei Dinge einwenden. Einerseits wird diese Prozedur vom Patienten als äußerst unangenehm empfunden. Andererseits kann dadurch eine gegenteilige Reaktion ausgelöst werden, und der Patient wird noch furchtsamer als zuvor.

Das bei der Behandlung von Phobien beim Menschen am häufigsten eingesetzte Mittel ist die „systematische Desensibilisierung". Dabei wird der Patient gelehrt oder veranlaßt, eine Handlung auszuführen, die inkompatibel mit Angst ist, während er einem angstauslösenden Reiz ausgesetzt ist. Theoretisch gibt es eine ganze Reihe von Verhaltensweisen, die als inkompatible Reaktionen gelten könnten, zum Beispiel Sexualverhalten oder Nahrungsaufnahme. In der Praxis versucht man es jedoch zumeist mit Entspannung. In mehreren Sitzungen wird dem Patienten zunächst beigebracht, sich zu entspannen, bis er schließlich zu einer wirklich vollkommenen Entspannung fähig ist. Danach wird eine Tabelle oder eine Rangordnung angstauslösender Reize aufgestellt, beginnend mit einem Reiz, der kaum Angst hervorruft und endend mit einem Reiz, der ihn in Panik versetzt. Bei einem Patienten mit Wespenphobie beginnt eine solche Abstufung mit dem Anblick einer einzelnen Wespe in größerer Entfernung und endet mit einem Dutzend aufgescheuchter Wespen, die um seinen Kopf herum schwirren. Zu Beginn wird der schwächste Reiz innerhalb dieser Rangordnung dann auf den Patienten ausgeübt, wenn er sich völlig entspannt hat. Wegen verständlicher praktischer Schwierigkeiten wird oft nur die Vorstellung des Reizes anstelle eines tatsächlichen angewendet; überraschenderweise wird die Vorstellung sehr gut auf die tatsächliche Situation generalisiert. Da er entspannt ist, kann der Patient schwächere angstauslösende Reize mit einer relativ geringen Furcht überstehen. Mit fortschreitender Behandlung wird der Patient immer stärkeren Reizen ausgesetzt, und wenn diese Behandlung langsam und stufenweise vorgenommen wird, werden auch diese Reize nur eine geringe Furcht auslösen. Schließlich kann auch der in der Rangordnung ganz oben angesiedelte Reiz ohne übertriebene Furcht ertragen werden. Bei der Behandlung von Hunden kann ein ähnliches Verfahren der Anwendung inkompatibler Reize angewendet werden. Am häufigsten bedient man sich dabei der Entspannung (ausgelöst durch Streicheln und beruhigende Worte) und der Nahrungsaufnahme (man gibt dem Hund bei Vorhandensein des gefürchteten Reizes einige leckere Happen). Dieses Verfahren wird in Kapitel 8.9. näher erläutert.

ZUSTÄNDE GROSSER ERREGUNG

An ihrer Tendenz zu flüchten oder gewissen Dingen aus dem Wege zu gehen, kann man sowohl bei Hunden als auch bei Menschen ziemlich leicht feststellen, wovor sie sich fürchten. Menschen oder Hunde können aber auch in einem furchtähnlichen Zustand großer Erregung sein, ohne daß dabei das Vermeiden eines unangenehmen Reizes eine Rolle spielt. Die subjektive Erfahrung eines solchen Zustandes wird häufig als „gespannt", „aufgebracht", „höchst erregt" oder „angstvoll" beschrieben. Obwohl dieser Zustand je nach Situation subjektiv als angenehm oder unangenehm empfunden wird, ähneln sich die physiologischen Begleiterscheinungen: Unruhe, gesteigerte Aufmerksamkeit, erhöhte Herzfrequenz, erhöhte Magen-Darm-Tätigkeit.

5.4. Anzeichen großer Erregungszustände

Ähnliche Zustände großer Erregung können auch bei Hunden festgestellt werden und werden von den Eigentümern als „erregt", „verrückt" oder „äußerst angespannt" beschrieben. Auf das Verhalten der Hunde wirken sie sich wie folgt aus:
1. **Aufmerksamkeit:** der Hund reagiert übertrieben auf äußere Reize. Bei einem leisen Geräusch im Nebenzimmer stürmt er sofort dorthin, um die Ursache zu untersuchen.
2. **Ruhelosigkeit:** der Hund rennt von einem Raum in den anderen oder läuft im Kreis.
3. **Vokalisierung:** der Hund bellt oder jault.
4. **Harn- oder Kotabsatz:** der Hund setzt draußen ungewöhnlich oft Harn oder Kot ab. Er uriniert oder defäziert sogar in der Wohnung, wenn er nicht hinaus kann oder die Erregung besonders groß ist.
5. **Zunehmende Anhänglichkeit:** Menschen, die sich fürchten oder ängstigen, halten sich am liebsten bei nahestehenden oder vertrauten Personen auf. Gleichermaßen neigt ein ängstlicher Hund dazu, seinem Besitzer in jedes Zimmer zu folgen oder reagiert übertrieben auf Anzeichen, daß der Besitzer das Haus verlassen will.

6. **Übersprungshandlungen:** Hierbei handelt es sich um einen Begriff aus der Ethologie, der Teile eines instinktiven Verhaltensmusters beschreibt, die ohne Zusammenhang mit der Umweltsituation ablaufen und für die Tiere eine spannungsabbauende Funktion haben. Derartige Verhaltensweisen kann man vor allem dann beobachten, wenn der große Erregungszustand des Tieres auf einem Konflikt zwischen zwei verschiedenen Antrieben beruht (s. Kapitel 5.5. d) oder bei Frustration innerhalb eines instinktiven Verhaltensmusters (wenn der Gegner mitten im Kampf plötzlich flieht). Übersprungshandlungen bei Hunden bestehen in Kratzen, Sich-lecken, sexuellem Aufsteigen auf leblose Objekte, Gähnen, Scharren und im Zerbeißen von Gegenständen. Um als solche eingestuft zu werden, muß diese Handlung isoliert erfolgen und darf nicht Teil eines sinnvollen Verhaltens sein. Trägt ein Hund einen Knochen in die Ecke und kaut ihn dort, kann man das nicht als Übersprungshandlung betrachten. Anders verhält es sich, wenn der Hund plötzlich an seinem Fuß kaut.

Verdrängungsaktivitäten können für den Hundebesitzer Probleme mit sich bringen. Dabei muß man bedenken, daß sie Folge extremer Erregungszustände sein können und daß man in diesem Fall versuchen muß, die dem Verhalten zugrunde liegende Angst oder Furcht zu bekämpfen.

Diese Zustände großer Erregung können durch verschiedene Faktoren ausgelöst werden, von denen häufig mehrere zusammentreffen.

5.5. Ursachen großer Erregung

a) Instinktive Reaktionen auf einen spezifischen Reiz

Daß manche Reize so oft anscheinend sinnlose erregte Reaktionen bei Hunden hervorrufen, spricht dafür, daß manche Hunde eine angeborene Neigung besitzen, auf diese Reize zu reagieren. Die hohen Töne der Telefonklingel und eine mit hoher Geschwindigkeit laufende Waschmaschine können häufig zu solchen Reaktionen führen.

Hunde neigen auch in unterschiedlichem Maße dazu, instinktiv ängstlich auf komplexere Situationen zu reagieren, die Unsicherheit auslösen. Ein Welpe benimmt sich zuweilen ausgesprochen aufgeregt, wenn er in eine fremde Umgebung kommt, und ein ausgewachsener Hund reagiert manchmal ängstlich, wenn er von seinem Herrn getrennt wird.

b) Erlernte Reaktionen auf spezifische Reize

Reize, die gewöhnlich mit einem Erregungszustand verbunden sind, können diese Erregung sehr rasch selbst auslösen. Manche Hunde beginnen zu bellen oder hin und her zu laufen, wenn man ihre Leine holt oder wenn der Futternapf bereitgestellt wird. In ähnlicher Weise reagieren einige Hunde im Auto unverhältnismäßig erregt, weil sie die Fahrt mit einem anschließenden Spaziergang verbinden. Die Erregung wird in diesen Fällen womöglich noch gesteigert, da sie ein gewisses Frustrationselement beinhaltet. Leine oder Futternapf signalisieren eine Belohnung, die jedoch erst verzögert stattfindet. In den meisten Fällen, in denen ein Hund akut unruhig oder erregt reagiert, ist ein unmittelbarer Reiz vorhanden, der entweder erlernt oder angeboren ist. Tritt diese Erregung in regelmäßigen Abständen auf, kann man den Stimulus relativ einfach identifizieren. Es kann sich um ein lautes Geräusch handeln oder um Besucher, die in die Wohnung kommen. Neigt der Hund zu ständiger Erregtheit, ist es häufig schwieriger, den Reiz auszumachen. Dabei sollte man immer die Möglichkeit in Erwägung ziehen, daß dieser Reiz auch durch die Gegenwart des Besitzers ausgelöst werden kann.

Fallbeispiel 5.1.
Ein drei Jahre alter Staffordshire Bullterrier wurde von einem Mann mittleren Alters zur Behandlung gebracht. Die Störung bestand darin, daß der Hund in den letzten sechs Wochen, seit er kastriert worden war, die meiste Zeit des Tages damit verbrachte, seinem Schwanz nachzujagen. Er drehte sich ständig wie wahnsinnig im Kreis, stieß dabei Gegenstände um und nahm offensichtlich gar nicht wahr, was um ihn herum passierte. Der Eigentümer war äußerst aufgebracht und ärgerlich. Für ihn stand fest, daß der Tierarzt bei der Operation irgend etwas falsch gemacht und der Hund immer noch Schmerzen habe. Um den auslösenden Reiz für dieses Verhalten zu ermitteln, wurde der Hund von seinem Besitzer getrennt und in einen anderen Raum gebracht. Die Intensität des Herumwirbelns nahm merklich ab und schließlich hörte es ganz auf. Als der Hund zum Besitzer zurückgebracht wurde, setzte das Verhalten sofort wieder ein.

Obwohl Erregungszustände in der Regel durch einen bestimmten Reiz ausgelöst werden, werden sie zusätzlich noch durch zahlreiche andere Faktoren beeinflußt, wodurch sich der allgemeine Erregungszustand des Hundes erhöht (s. Kapitel 5.5. c, d, e, und f).

c) Besondere Antriebe
Die Lerntheorie geht davon aus, daß wir alle durch verschiedene Triebe motiviert werden.
Manche dieser Triebe beruhen auf körperlichen Notwendigkeiten und Bedürfnissen. Dazu zählen Hunger, Durst, Geschlechtstrieb usw. Diese physischen Antriebe werden um so stärker, je länger sie unbefriedigt bleiben. Je stärker der Antrieb ist, der ein Tier motiviert, desto erregter wird es insgesamt und um so leichter kann es durch Reize beeinflußt werden, die nicht in unmittelbarem Zusammenhang mit diesem Antrieb stehen. Viele Haushunde haben zum Beispiel zu wenig Auslauf. Hunde, die ihrer Rasse nach viel Bewegung benötigen, werden immer unruhiger und ängstlicher, je länger sie in der Wohnung bleiben müssen. Diese Hunde bellen dann zuweilen schon bei leisen Geräuschen oder zerbeißen Gegenstände, wenn der Eigentümer das Haus verläßt.

d) Konflikte
Tierversuche haben ergeben, daß bereits das bloße Vorhandensein von zwei widersprüchlichen Antrieben Angst verursacht. Ein Tier entwickelt die größte Angst, wenn es vom selben Gegenstand gleichzeitig angezogen und abgestoßen wird; es befindet sich dann in einem Annäherungs-/Vermeidungskonflikt. Eine Ratte, der man beibringt, durch ein Labyrinth zu laufen und die an dessen Ende mit Futter belohnt wird, beim Fressen jedoch einen Elektroschock erhält, befindet sich in dem Konflikt, ob sie an das Ende des Labyrinths laufen soll oder nicht. Kurz vor dem Ziel hält sie an, zeigt deutliche Anzeichen von Angst und kann in manchen Fällen (bei Ratten) in Krämpfe fallen.
Bei einigen Annäherungs-/Vermeidungskonflikten, die man bei Hunden beobachten kann, steht häufig der Besitzer im Mittelpunkt. Die Treue des Hundes zu seinem Besitzer wird oft durch den Kontakt geprägt, den er als Welpe zu ihm hatte. Später ist es schwer, eine solche Beziehung zu lösen. Behandelt der Eigentümer den Hund schlecht, entwickelt er ihm gegenüber widerstreitende Gefühle, die dann zu erhöhter Angst führen. Diesen Konflikt kann man auch bei „scheuen" Hunden beobachten, die sich dem Besitzer nähern, wenn sie gerufen werden und dann in einiger Entfernung stehen bleiben. Der Hund drückt diesen Konflikt zuweilen auch durch Bellen oder unruhiges Verhalten aus.
Ein anderer Konflikt, der große Ängste hervorrufen kann, besteht in einer Situation, in der eine schwierige Entscheidung getroffen werden muß, um einem unangenehmen Reiz

zu entgehen. SHENGAR-KRESTOVNIKOVA (1921) demonstrierte dieses Phänomen mit Hunden. Sie verwandte Futter als unbedingten Reiz, zeigte den Hunden gleichzeitig das Bild eines Kreises und löste damit eine Speichelsekretion aus. Anschließend behandelte sie die Vorderpfoten der Hunde mit Elektroschocks und zeigte ihnen gleichzeitig das Bild einer Ellipse. Danach glich sie die Form des Kreises und der Ellipse einander immer mehr an, so daß die Hunde sich zunehmend konzentrieren mußten, um beide voneinander zu unterscheiden. Wenn diese Unterscheidung zu schwierig wurde, brachen die Hunde zusammen, jaulten, zitterten und versuchten, zu entkommen.

Einige Haushunde treffen auf ähnliche Probleme, wenn sie von verschiedenen Mitgliedern der Familie oder vom gleichen Besitzer in verschiedenen Situationen inkonsequent behandelt werden. Manche Familienmitglieder haben es gern, wenn der Hund sich neben sie aufs Sofa setzt, während ihn andere dafür tadeln. Das gleiche gilt für einen Besitzer, der sich zeitweise, wenn er sich entspannt und ausgeglichen fühlt, gefallen läßt, daß der Hund ihn stürmisch anspringt. Hat er es jedoch eilig, kann es vorkommen, daß er den Hund für die gleiche Handlung ausschimpft. Fast alle Hunde machen mit ihren Besitzern derartige Erfahrungen, und oft lernen sie, anhand feiner Anzeichen, zu unterscheiden, wann bestimmte Verhaltensweisen angebracht sind und wann nicht. Bestehen innerhalb der Familie Konflikte oder Unstimmigkeiten oder ist der Eigentümer selbst neurotisch gestört (s. Kapitel 7.4.), können diese Widersprüche so stark sein, daß die Unbestimmbarkeit seines Lebens den Hund außergewöhnlich ängstlich macht.

e) Einschränkung der Bewegungsfreiheit

Man hat ebenfalls nachgewiesen, daß der angstauslösende Effekt gewisser Situationen noch verstärkt wird, wenn sich das Tier nicht frei bewegen kann. Tiere, denen Elektroschocks verabreicht werden oder die schwierige Unterscheidungen treffen müssen, erscheinen noch ängstlicher und brechen viel schneller zusammen, wenn sie dabei an der Leine gehalten werden. Wahrscheinlich kann ein ängstliches Tier, das sich frei bewegen kann, seine Angst durch unruhiges Verhalten und Vermeidungsaktivitäten teilweise abbauen.

Hunde, die im Auto erregt sind, fühlen sich in ihrer Bewegungsfreiheit eingeschränkt, da sie nicht hinaus können. Das gleiche gilt auch für die destruktiven Verhaltensweisen mancher Hunde, wenn sie zu Hause allein gelassen werden. Häufig handelt es sich bei diesem Zerstörungstrieb um eine Verdrängungsaktivität, die durch die Angst bestimmt wird, vom Besitzer getrennt zu sein (s. Kapitel 10.6.). Oft werden Angst und Zerstörungstrieb noch dadurch verstärkt, daß der Hund eingesperrt ist. So versuchen manche Besitzer, die dem Hund zuvor erlaubt haben, in der ganzen Wohnung herumzulaufen und dann plötzlich wertvolle Möbel beschädigt vorfinden, das Problem dadurch zu lösen, daß sie den Hund im Badezimmer oder in der Küche einsperren. Dadurch kann das Problem noch verschlimmert und der Zerstörungstrieb weiter verstärkt werden. Besitzer, die das Problem dadurch zu lösen versuchen, daß sie dem Hund mehr Freiraum schaffen und ihn zum Beispiel in den Garten lassen, sind häufig erfolgreicher. Da jedoch die Einschränkung der Bewegungsfreiheit in diesen Fällen nur einen zusätzlichen Faktor darstellt, ist es auf der anderen Seite auch nicht möglich, die Angst des Hundes durch Schaffung zusätzlicher Freiräume grundsätzlich auszuräumen. Die Anwendung dieses Mittels ist daher immer eine Ermessenssache und hat nur im Zusammenhang mit anderen Behandlungsmethoden Erfolg, die darauf abzielen, die Trennungsängste des Hundes zu verringern.

f) Persönlichkeit

Bedingt durch ihr Temperament neigen manche Hunde mehr als andere dazu, Phobien oder übermäßige Erregungszustände zu entwickeln. Dazu gehört zum Beispiel das Bellen im Auto. Manche Eigentümer von Hunden, die unter solchen Störungen leiden, berichten entweder (im Falle von Phobien), daß der Hund schon immer nervös, introvertiert oder scheu gewesen sei, oder (bei Erregtheit) daß er schon immer zu Reizbarkeit, Aufregung oder Hyperaktivität geneigt habe.

Diese Abweichung von der Norm, die man als Emotionalität oder Neurose bezeichnen kann, ist bei vielen Tieren und auch beim Menschen anzutreffen. Es gibt gute Anzeichen dafür, daß diese Abweichungen durch Unterschiede in der Reaktivität des autonomen Nervensystems bedingt sind (EYSENCK, 1960). Man hat ebenfalls nachgewiesen, daß erbliche Faktoren bei diesen Störungen beteiligt sind. SHIELDS (1962) entdeckte im Rahmen einer Befragung von eineiigen Zwillingen, die getrennt aufgewachsen waren, ungewöhnliche Übereinstimmungen hinsichtlich neurotischer Verhaltensweisen. Bei Hunden entwickelten MURPHEE et al. (1967) durch selektive Züchtung innerhalb einer einzigen Generation zwei verschiedene Stämme von Pointern, einen stabil und den anderen neurotisch, deren Verhalten bei Versuchen erheblich voneinander abwich.

Beim Menschen ist die Bedeutung frühzeitiger Erfahrungen für spätere Neurosen immer noch umstritten. Bei Hunden ist der Beweis leichter anzutreten. Welpen, die in einem sozialbeziehungsarmen und an Umweltreizen armen Umfeld aufwachsen, sind später stärker gefährdet, neurotische Verhaltensweisen zu entwickeln (s. Kapitel 6.2.).

Offen bleibt allerdings die Frage, warum einige neurotische Hunde mit Furcht und andere mit Erregung auf den gleichen Reiz reagieren. Wahrscheinlich muß man, ähnlich wie beim Menschen, davon ausgehen, daß diese Abweichungen auf Unterschiede in der Persönlichkeit zurückzuführen sind, das heißt Introversion/Extraversion. Bei der Faktorenanalyse von Persönlichkeitsfragebogen treten bei Menschen nachweislich zwei Wesenszüge besonders hervor. Das sind zum einen die neurotischen Verhaltensweisen, die bereits erörtert wurden und zum anderen Introversion/Extraversion. Extravertierte Menschen zeichnen sich durch ihr aufgeschlossenes und impulsives Wesen aus, introvertierte Menschen neigen eher dazu, nachdenklich und verschlossen zu sein. Derartige Persönlichkeitsunterschiede kann man auch mit Hilfe von Tests nachweisen. Introvertierte Menschen machen z. B. normalerweise weniger Fehler und können sich über längere Zeiträume hin konzentrieren.

Diese Art Introversion/Extraversion kann man auch auf Hunde übertragen. PAVLOV (1927) beschrieb ähnliche Verhaltensweisen und verwandte dafür die Ausdrücke „Inhibition" und „Exzitation". CATTELL (1973) kam bei der Faktorenanalyse von Hundeversuchen zu einem vergleichbaren Ergebnis.

Bei Menschen wies EYSENCK (1964) nach, daß neurotisch extravertierte Persönlichkeiten dazu neigen, ihre Neurose in Symptomen wie antisozialen oder selbstzerstörerischen Handlungen zum Ausdruck zu bringen, während neurotisch introvertierte Personen häufig unter Phobien oder Zwangsvorstellungen leiden.

Hunde mit neurotischer Veranlagung kann man daher vermutlich ähnlich klassifizieren. Mit Hilfe geeigneter Tests könnte man Hunde mit Phobien oder außergewöhnlich scheuem oder furchtsamem Verhalten als neurotisch introvertiert einstufen, während man leicht erregbare oder übermäßig aktive Hunde als neurotisch extravertiert klassifizieren könnte. Bis heute ist eine beweiskräftige experimentelle Untersuchung noch nicht durchgeführt worden, aber bis dahin scheint der konzeptionelle Rahmen dieser Hypothese gegenwärtig am besten geeignet zu sein, um neurotische Verhaltensstörungen beim Hund zu begreifen (s. Kapitel 10.).

Aus dieser theoretischen Diskussion ergeben sich die folgenden Punkte von praktischer Bedeutung:

1. **Die meisten Verhaltensstörungen, bei denen Angst eine kausale Rolle spielt, sind teilweise das Ergebnis erlernter oder instinktiver Reaktionen auf einen bestimmten Reiz.** Ändert man diesen Reiz oder setzt einen Umlernprozeß in Gang, kann die Verhaltensstörung häufig abgebaut werden.
2. **Derartige Verhaltensstörungen werden zum Teil auch durch eine neurotisch veranlagte Persönlichkeit verursacht. Frühzeitige Erfahrungen tragen dabei zur Persönlichkeitsentwicklung bei und auch genetische Faktoren können von Bedeutung sein. Daraus ergeben sich zwei Folgerungen:**

   a) Eigentümer neurotischer Hunde können nicht davon ausgehen, daß es möglich ist, die Persönlichkeit des Tieres durch bloße Abschwächung ihrer besonders unangenehmen Symptome zu verändern.

   Falls erforderlich, muß man dem Eigentümer außerdem verständlich machen, daß er, obwohl er vielleicht unbeabsichtigt zur Entwicklung und Beibehaltung eines spezifischen Symptoms beigetragen hat, für die neurotische Persönlichkeit des Hundes keinerlei Verantwortung trägt.

   b) Züchter dürfen keine ängstlichen oder erregbaren Hunde für die Zucht verwenden (s. auch Kapitel 12.) und müssen in psychologischer Hinsicht für eine optimale Umgebung der Welpen sorgen.

Weiterführende Literatur

SAUTER, F. J., und J. A. GLOVER, Behaviour, Development and Training of the Dog, Kapitel 4 und 7, Arco Publishing Company, New York 1978

Kapitel 6: Entwicklungspsychologie

Verglichen mit den anderen Aspekten der Verhaltensweisen des Hundes ist über seine Entwicklung und über die Auswirkung von Jugenderfahrungen auf spätere Verhaltensweisen recht viel bekannt. Leider werden diese Kenntnisse, dort wo sie besonders nützlich sind, häufig nicht angewandt. Die Welpen werden weiterhin in Tierhandlungen und auf Bauernhöfen gekauft und viele Züchter ziehen die jungen Hunde immer noch im Hundezwinger auf. Der Tierärztestand ist vielleicht am besten in der Lage, diese wichtigen Erkenntnisse publik zu machen und die Züchter zu überzeugen, diese Erfahrungen auch anzuwenden.

6.1. Die ersten drei Wochen

Während der ersten drei Lebenswochen sind die Bedürfnisse der Welpen rein physischer Natur. Sie bestehen in dem Verlangen nach Nahrung, Wärme und Ruhe und in dem Reflexreiz des Harn- und Kotabsatzes. Der Welpe verfügt über ein einfaches Reflexverhaltensrepertoire (z. B. den Suchreflex [Zitze] und Reaktivität gegenüber der Schwerkraft), um diese Bedürfnisse zu befriedigen. Auch die Hündin verfügt über ein solches Repertoire an instinktiven Verhaltensweisen (z. B. Lecken, auf der Seite liegen, Reaktion auf die Schreie der Welpen), das genau in das Repertoire der Welpen hineinpaßt. **Eine der wichtigsten Aufgaben des Züchters muß deshalb darin bestehen, diese Hündin/Welpen-Gruppe als Funktionseinheit zu erhalten.**
Alles, was die Hündin stört oder den reibungslosen Ablauf ihrer instinktiven Verhaltensweisen durcheinanderbringt, kann sich schädlich auf die Welpen auswirken.
Im ersten Stadium der Wehen sucht die Hündin häufig einen Platz, den sie als Nest für ihren Wurf besonders geeignet hält. Sehr oft ist dieser Platz aus Sicht des Besitzers denkbar ungeeignet, vielleicht unter dem Werkzeugschuppen oder im Wäscheschrank. Man kann jedoch für diesen Zweck eine Wurfkiste, die nach den „Gesichtspunkten" des Hundes geeignet ist, in einer geeigneten Umgebung entsprechend herrichten. Die Hündin fühlt sich in der Regel an einem abgeschlossenen Ort am wohlsten, wo es warm, dunkel und geschützt ist. Dafür reicht eine gut isolierte Kiste mit Deckel aus, die in einem ruhigen Zimmer steht. Zum Heizen sollte man keine Wärmelampe, sondern lieber ein Heizkissen verwenden, da es der Hündin unter der Lampe häufig zu warm wird. Die Hündin sollte soweit wie möglich in Ruhe gelassen werden, und der Besitzer muß der Versuchung widerstehen, Besuchern die jungen Hunde zu zeigen. Jegliche Anzeichen mütterlicher Aggression, wie das Anknurren von Menschen oder anderen Tieren, die den Raum betreten, sollten nach Möglichkeit respektiert werden.
Gelegentlich kommt es vor, daß sehr auf Menschen geprägte, anhängliche Hündinnen nicht mit ihren Welpen allein bleiben wollen, sondern ständig die Nähe des Besitzers suchen. In diesem Fall darf man die Hündin nicht tadeln, sie zu ihren Jungen zurückschicken und die Tür schließen. Sie wird dann nur noch mehr verunsichert. Besser ist es, die Umstände den Bedürfnissen der Hündin anzupassen und die Welpen entweder ins Wohnzimmer umzusiedeln oder sich selbst mehr im Raum der Hündin aufzuhalten.

Bei Nagetieren hat man experimentell nachgewiesen, daß neonataler Proteinmangel mit erhöhter Emotionalität im späteren Leben zusammenhängt (HART und HART, 1985). **Neugeborene Welpen,** die weder sehen noch hören können, und deren EEG praktisch einen Schlafzustand ergibt, **sind somit vor psychologischen Umwelteinflüssen wirksam geschützt.**

6.2. Sozialisierungsphase

Nach zwei bis drei Wochen ändert sich die Situation völlig. **Sobald sie sehen und hören können und anfangen, einander kennenzulernen und miteinander in Beziehung zu treten, bis zu einem Alter von ungefähr zwölf bis vierzehn Wochen, kann die physische und soziale Umgebung die Welpen grundlegend prägen.** Diese Phase zwischen dritter und zwölfter Lebenswoche bezeichnet man als Sozialisierungsphase. In dieser Zeit laufen folgende Prozesse ab:

a) Interaktionen zwischen Nestgefährten

In dieser Phase spielen die Welpen besonders viel und üben sich in ihrem instinktiven Repertoire sozialer Reaktionen. Ein großer Teil dieses Spiels hängt mit Dominanz und Unterordnung zusammen sowie mit der Erforschung von Möglichkeiten, Dominanz zu gewinnen und Unterordnung zu vermeiden. Bei sorgfältiger Beobachtung der spielenden Welpen kann man in dieser Lebensphase gute Voraussagen über ihre spätere Persönlichkeit treffen. Man kann davon ausgehen, daß die sozialen Erfahrungen mit den Wurfgefährten folgende dauerhafte Auswirkungen haben:

1. **Nimmt man einem Welpen die Möglichkeit, mit seinen Wurfgefährten zu kommunizieren, indem man ihn zum Beispiel im Alter von sechs Wochen oder früher aus dem Wurf herausnimmt, kann er in seinem Verhalten anderen Hunden gegenüber dauerhaft gestört sein.** Zuweilen gebärdet er sich dann anderen Hunden gegenüber übertrieben ängstlich, oder, was schlimmer ist, er wird in Kämpfen verletzt, weil er nicht gelernt hat, wie und wann man sich unterordnen muß.
2. Ist ein Welpe erheblich größer oder kleiner als die übrigen Nestgefährten, befindet er sich zuweilen ständig in einer ranghohen bzw. rangniedrigen Position. Diese Erfahrung kann die Neigung eines Hundes beeinflussen, im späteren Leben gegenüber anderen Hunden oder Menschen dominante oder untergeordnete Verhaltensweisen zu zeigen.

b) Interaktionen mit der Mutter

Obwohl sie während der Sozialisierungsphase immer weniger Zeit mit ihrem Wurf verbringt, **ist es offensichtlich, daß sich sowohl Qualität als auch Dauer der Interaktionen zwischen Hündin und Welpen auf spätere Verhaltensweisen auswirken.** SCOTT UND FULLER (1965) haben in zahlreichen Versuchen nachgewiesen, daß Welpen mehr Verhaltensweisen von ihren Müttern als von ihren Vätern übernehmen. Man kann daher davon ausgehen, daß nervöse Hündinnen ihre Nervosität den Welpen sowohl verhaltensmäßig als auch genetisch vererben. Bei einigen Säugetieren hat man darüber hinaus den Beweis erbracht (z. B. HARLOW et al., 1963, bei Affen), daß weibliche Junge, die man zu einem außergewöhnlich frühen Zeitpunkt von ihren Müttern trennt, dazu neigen, später mangelnde mütterliche Instinkte zu entwickeln. Obwohl ein weiblicher Welpe, den man im üblichen Alter von acht Wochen von der Mutter trennt, später in der Regel ein angemessenes mütterliches Verhalten zeigen wird, ist es doch möglich, daß ihm andere

Tiere, die man länger bei der Mutter läßt, in dieser Hinsicht überlegen sind. Das kann eine Erklärung dafür sein, daß Hündinnen, die im Zwinger gezüchtet und aufgewachsen worden sind und dort zusammen mit ihren Müttern gelebt haben, in der Regel bessere mütterliche Instinkte entwickeln als allein lebende Haushündinnen.

c) Interaktionen mit Menschen
Hat ein Welpe in den ersten vierzehn Lebenswochen keinerlei Kontakt zu Menschen, wird er später in Gegenwart von Menschen genauso furchtsam reagieren wie ein wildes Tier. SCOTT UND FULLER (1965) fanden heraus, daß Welpen, die in einer häuslichen Umgebung aufgezogen wurden, Menschen gegenüber in der Regel zutraulicher waren als Welpen, die man in Zwingern gehalten hatte und die in dieser Zeit ähnliche, aber weniger Kontakte zu Menschen gehabt hatten. Hunde, die sich gegenüber Menschen im allgemeinen oder gegenüber manchen Menschen furchtsam gebärden, haben oft zumindest die frühe Sozialisierungsphase in einem Zwinger oder außerhalb der Wohnung verbracht und hatten in dieser Zeit kaum Kontakte zu Menschen, sondern nur in Abständen und zur physischen Versorgung (s. Beispiel 7:5). Sicherlich ist es daher ratsam, Welpen ab einem Alter von drei Wochen möglichst in der Familie aufzuziehen, **damit sie Kontakte zu allen Menschen, das heißt, Männern, Frauen und Kindern haben.**

d) Interaktionen mit der Umgebung
Man hat nachgewiesen, daß Welpen, die in einem extrem beziehungsarmen Umfeld aufgewachsen sind, erhebliche Folgeschäden davontragen können (AGRAWAL et al., 1967; MELZACK UND SCOTT, 1957). Dazu zählen eingeschränkte Lernfähigkeit, Hyperaktivität und Furchtsamkeit. Hunde, die sich vor Staubsaugern oder Autos fürchten, haben damit während ihrer Sozialisierungsphase sicherlich kaum Bekanntschaft gemacht. **Es empfiehlt sich daher, einen jungen Hund einem breiten Spektrum aller möglichen akustischen und optischen Alltagseindrücke auszusetzen.**
SCOTT UND FULLER (1965) haben gezeigt, daß Hunde im Alter von ungefähr fünf Wochen das größte Interesse an neuen Menschen und Gegenständen entwickeln, später nimmt diese Neigung wieder ab. In diesem Alter zeigt das Tier kaum Furcht vor Menschen oder neuen Gegenständen, später nimmt die Angst zu. **Daher sollte man einen jungen Hund in der frühen Sozialisierungsphase soviel neuen Erfahrungen wie möglich aussetzen.**

6.3. Entwicklung nach vierzehn Wochen
Nach den ersten drei Monaten reift die Persönlichkeit des Welpen in ähnlicher Weise, aber nicht mehr so schnell. Nach und nach werden seine Aktivitäten weniger planlos, er ist nicht mehr so erregbar und nicht mehr unterschiedslos zutraulich. Er wird nach und nach vorsichtiger und fähig, beabsichtigte Handlungen zu unterlassen oder auf einen späteren Zeitpunkt zu verschieben.

Gesteigerte Dominanz
Während der Pubertät zeigen sich sexuell bedingte Verhaltensweisen. Männliche Hunde versuchen in dieser Zeit, Dominanz zu gewinnen. Im Alter von zwei Jahren kann man häufig weitere Persönlichkeitsänderungen feststellen. Diese hängen in der Regel mit

einem gesteigerten Dominanzverhalten und Hormonveränderungen zusammen; im Alter von zwei Jahren werden auch Wölfe geschlechtsreif. Besitzer von männlichen Hunden einer Rasse, die zu Dominanzverhalten neigt, sollten auf diese Tatsache hingewiesen werden, damit sie ihrem Hund in dieser Phase die eigene Dominanz ganz deutlich machen.

Frühe Ausbildung

Hundebesitzer wissen oft nicht, wann sie mit dem Training der Hunde beginnen sollen. Von einer Seite hat man ihnen vielleicht erklärt, daß sie mit der Ausbildung erst in einem Alter von sechs Monaten anfangen sollen, von anderer Seite aber, daß man mit der Erziehung nicht früh genug beginnen kann. Die Antwort ist, es kommt darauf an, welche Reaktion dem Hund beigebracht werden soll. Bereits zu Beginn der Sozialisierungsphase sind Welpen in der Lage, Reaktionen sowohl durch klassische als auch durch instrumentelle Konditionierung zu erlernen (s. Kapitel 3.), vorausgesetzt, die Reaktionen sind nicht zu schwierig und es handelt sich dabei um einen positiven oder einen Gewöhnungseffekt, bei dem keine Selbstbeherrschung verlangt wird. Das heißt, man kann den jungen Hunden zwar beibringen, auf Befehl zu sitzen, es fällt ihnen dann jedoch schwer, sitzen zu bleiben. Man kann sie auch daran gewöhnen, an der Leine zu gehen oder auf Befehl bei Fuß zu kommen. Die **Erziehung zur Stubenreinheit** muß bereits im Alter von drei Wochen beginnen, wenn die Welpen das Lager zwecks Harn- und Kotabsatz instinktiv verlassen. Hunde, die in diesem Alter daran gehindert werden, haben später Schwierigkeiten, stubenrein zu werden. Mit ungefähr acht Wochen sucht der junge Hund bereits ganz bestimmte Stellen auf, um Harn und Kot abzusetzen und schnüffelt vorher auf dem Boden nach Duftmarken. Zu diesem Zeitpunkt kann die eigentliche Erziehung zur Stubenreinheit beginnen. Der Besitzer sollte dafür sorgen, daß an geeigneten Stellen Duftmarken verbleiben, indem er den jungen Hund zu den betreffenden Zeiten dorthin trägt; nach dem Schlafen, nach der Nahrungsaufnahme und wenn er wach ist ungefähr stündlich und sobald er nach Duftmarken zu schnüffeln beginnt (s. auch Kapitel 12.11.).

Weiterführende Literatur
SAUTER, F. J., und GLOVER, J. A., Behaviour, Development and Training of the Dog, Kapitel 3, Arco Publishing Company, New York 1978
SCOTT, J. P., und J. L.FULLER, Genetics and the Social Behaviour of the Dog, University of Chicago Press, 1965

Kapitel 7:
Die Einstellung des Besitzers

Tierärzte stellen immer wieder fest, daß Hundebesitzer ihren Tieren gegenüber ganz erheblich unterschiedliche Einstellungen haben. Manche Leute lieben ihre Hunde so sehr, daß sie bereitwillig durch das ganze Land reisen und keine Kosten scheuen, um einen geeigneten Spezialisten für die Behandlung zu finden. Andere machen alle Bemühungen des Tierarztes zunichte, weil sie nicht einmal bereit sind, Geld für Routinebehandlungen auszugeben oder weil sie alle Anweisungen mißachten.
Aus den vorangegangenen Kapiteln dürfte klar geworden sein, daß die Handlungsweise des Hundes in vielerlei Hinsicht durch die seines Besitzers beeinflußt wird. Da das Benehmen des Eigentümers gegenüber seinem Hund durch seine Einstellung und die Art seiner Beziehung zu ihm bestimmt wird, muß man auch diese Aspekte der Humanpsychologie berücksichtigen, wenn man das Verhalten von Hunden untersuchen will. Aber erst im letzten Jahrzehnt sind diese Beziehungen zum Gegenstand wissenschaftlicher Untersuchungen geworden.

7.1. Faktorenanalyse der Einstellung von Hundebesitzern

WILBUR (1976) gab einen Fragebogen an 350 Hundebesitzer in den Vereinigten Staaten aus und befragte sie nach ihrer Einstellung zu ihrem Tier. Anhand der Antworten teilte er die Besitzer in fünf verschiedene Kategorien ein. Er unterschied zwischen „Kumpel"-Besitzern (27 %), die ihren Hund als Familienmitglied betrachteten, „tierfreundlichen" Besitzern (17 %), die Freude an ihren Hunden hatten, aber kein so enges Verhältnis zu ihnen hatten; „besorgten" Besitzern (24 %), die ihre Hunde gern hatten, wegen deren Verhalten aber besorgt oder verunsichert waren, Besitzern von „Gegenständen" (19 %), die offensichtlich keinerlei gefühlsmäßige Beziehung zu ihrem Hund hatten und ihn lediglich als Besitz und z. B. als Sportgerät ansahen und „unzufriedenen" Besitzern (19 %), die keine Freude an ihren Tieren empfanden und sie lediglich als Last betrachteten. Diese Ergebnisse zeigen, daß einer der wichtigsten Punkte, in dem sich die Einstellungen unterscheiden, in dem **Maß an Zuneigung** besteht, das dem Hund entgegengebracht wird, wobei die „Kumpel"-Besitzer ihre Hunde am meisten liebten, die „unzufriedenen" Besitzer jedoch überhaupt nicht. Die Ergebnisse weisen noch eine weitere unabhängige Größe aus und zwar das **Maß an Freude,** das Besitzer über ihre Hunde empfinden. Die „Kumpel"-Besitzer lieben ihre Hunde und empfinden gleichzeitig Freude an ihnen, während die „besorgten" Besitzer das Pech haben, ihre Hunde zwar zu lieben, sich aber nicht über sie freuen können. Fast alle Besitzer von verhaltensgestörten Hunden, die einen Spezialisten aufsuchen, fallen in diese Kategorie, denn sie würden nicht die Umstände und die Kosten einer Spezialbehandlung in Kauf nehmen, wenn sie ihre Tiere nicht gern hätten. Tierärzte haben die unangenehme Aufgabe, diese Hundebesitzer von den „unzufriedenen" Eigentümern zu unterscheiden, die aufgrund ihrer schlechten Beziehung zum Hund entweder keine Behandlung durch einen Spezialisten wünschen oder nicht genügend motiviert sind, eine solche Behandlung durchzuführen. Zuweilen bemühen sie sich nicht einmal, ein anderes Zuhause für den Hund zu suchen, auch wenn das Problem dadurch gelöst werden könnte. In diesen Fällen stellt die Euthanasie oft den einzigen Ausweg dar.

Eine weniger umfassende Untersuchung, durchgeführt an der Royal (Dick) School of Veterinary Studies (Tierärztliche Hochschule in Edinburgh) (O'FARRELL, 1984), ergänzt diese Forschungsergebnisse. 50 Hundebesitzer erhielten Fragebogen, die auch Fragen zu ihrer Einstellung den Hunden gegenüber enthielten. Die Faktorenanalyse der entsprechenden Angaben ergab, ähnlich wie in WILBURS Untersuchung, einen Faktor für das Maß an Zuneigung zum Hund. Darüber hinaus wurde ein anderer Faktor festgestellt, der eher im Wesen der Zuneigung als in ihrem Ausmaß besteht. Die beiden Pole dieses Faktors könnte man als zärtlich versus unsentimental oder als **emotionale im Gegensatz zu intellektueller Zuneigung** bezeichnen. Hundebesitzer, die ihren Tieren mit emotionaler Zuneinung begegnen, möchten, daß die Hunde ausgesprochen liebevoll und abhängig sind. Hundebesitzer mit intellektueller Zuneigung dagegen wollen keine zu weitgehende Abhängigkeit, sie schätzen Intelligenz und Gehorsam am höchsten. Bei den emotionalen Hundebesitzern handelte es sich in der Regel um ältere Menschen. Sie lebten entweder allein oder hatten keine Kinder. Sie gaben den Hunden häufig Leckerbissen zu essen und erlaubten ihnen häufiger, im Schlafzimmer zu übernachten. Diese Gruppe neigte auch besonders dazu, den Hunden speziell zubereitete menschliche Nahrung zu geben, wie Rühreier oder Hühnchen. Die intellektuellen Hundebesitzer betrachten die Ernährung des Hundes eher vom wissenschaftlichen Standpunkt aus und verwendeten z. B. oft Fertignahrung.

7.2. Psychologische Funktion der Eigentümer-Hund-Beziehung

Obwohl derartige Studien, die bestimmten Personengruppen standardisierte Fragen stellen, informative Ergebnisse bringen können, gibt es gewisse Aspekte der Einstellung von Hundebesitzern, denen sie niemals gerecht werden. Eine Gruppenstudie kann zum Beispiel niemals die Komplexität der Beziehung eines Individuums zu seinem Hund zum Ausdruck bringen. **Viele Besitzer benehmen sich gegenüber ihren Hunden wechselhaft und ungleichmäßig. Manchmal reden und handeln sie, als ob sie ihnen sehr zugetan seien, bei anderer Gelegenheit aber vernachlässigen sie ihren Hund oder behandeln ihn schlecht.**

Fallbeispiel 7.1.

Eine Frau suchte mit einem 2 Jahre alten Labrador-Retriever-Mischling die Sprechstunde auf und erzählte, daß das Tier ihren Mann angegriffen habe. Sie saß im Rollstuhl, war jedoch unter erheblichen Kosten und Mühen extra aus einer anderen Stadt angereist. Obwohl der Hund außer dieser Aggression noch zahlreiche andere unangenehme und lästige Angewohnheiten hatte (z. B. holte er sich immer selbst Fleisch aus dem Kühlschrank, den er öffnen konnte), sagte sie, daß sie ihn sehr gern habe und sich niemals von ihm trennen würde, obwohl sie wußte, daß ihre Ehe unter dieser Situation litt. Später war von dem behandelnden Tierarzt zu erfahren, daß diese Klientin in der Nachbarschaft sehr gut bekannt war und daß man sie oft dabei beobachtet hatte, wie sie zusammen mit ihrem Mann den Hund systematisch schlug und trat, bis er heulte. Das Verhältnis dieser Frau zu ihrem Hund läßt sich weder nach der Scala der Größe der Zuneigung noch nach den Begriffen emotional/intellektuell angemessen definieren.

Faktorenanalysen können auch keinen Aufschluß darüber liefern, warum Menschen an ihren Hunden hängen und worin die psychologische Funktion dieser Beziehung besteht. Hierüber wurden schon zahlreiche Vermutungen angestellt. Häufig wird vermutet, daß die Beziehung zu einem Hund der Ersatz für die Beziehung zu einem anderen Menschen ist. Eine Rolle, über die sich Hundebesitzer oft im klaren sind, ist die der Eltern mit dem Hund als Kind. Wie BECK und KATCHER (1983) dargelegt haben, kann diese Rolle allerdings umgekehrt auch dem Hund zufallen, vom dem dann die gleiche bedingungslose Zuneigung und Liebe erwartet wird, wie sie eine Mutter zu ihrem Kind hegt.

BECK und KATCHER haben auch dargelegt, daß Hundebesitzer sich ihren Tieren gegenüber häufig wie kleine Kinder mit ihrem Kuscheltier benehmen. Sie suchen bei ihm Trost und brauchen ihn für ihr Wohlbefinden, sie hätscheln ihn, liebkosen ihn und reden mit ihm. Wenn kein Trost gebraucht wird, wird der Hund dagegen oft über lange Zeiträume hin vernachlässigt, genauso wie ein Kind den Teddybären im Schrank liegen läßt, wenn es gerade eifrig spielt. Gelegentlich kommt es auch vor, daß Kinder ihren Ärger über andere Dinge an ihrem Lieblingsspielzeug auslassen. Sie schlagen es und werfen es quer durchs Zimmer. Auch die meisten Hundebesitzer geben zu, daß sie manchmal ihren Hund ausschimpfen, wenn sie in Wirklichkeit ein anderes Familienmitglied meinen.

SERPELL (1983) hat argumentiert, daß es gefährlich sein kann, anzunehmen, die Beziehung zu einem Haustier sei ein Ersatz für die Beziehung zu einem anderen Menschen. Das würde bedeuten, daß ein Haustierbesitzer psychologisch weniger gesund ist als jemand, der in einer „realen" Beziehung lebt. Untersuchungen, wie sie von HYDE et al. (1983) durchgeführt worden sind, haben gezeigt, daß es kaum Unterschiede in den Persönlichkeiten von Haustierbesitzern und anderen Menschen gibt.

Überträgt man das alles auf einzelne Personen, die in die Sprechstunde kommen, muß man bedenken, daß die Unterschiede zwischen den Menschen in ihrem Verhältnis zu den Hunden so groß sind, daß man davon ausgehen kann, **daß ein Hund für verschiedene Menschen unterschiedliche psychologische Funktionen erfüllt.** Wie Faktorenanalysen der Einstellung mancher Besitzer ergeben haben, ist die psychologische Beziehung mancher Menschen zu ihren Hunden so gering, daß deren psychologische Funktion in ihrem Leben völlig unbedeutend sein muß.

Im Falle der Klienten, die in außergewöhnlich großem Maße an ihren Hunden hängen und für die der Hund in psychologischer Hinsicht offensichtlich außerordentlich wichtig ist, kann man die Rolle, die der Hund in ihrem Seelenleben einnimmt, wie folgt beschreiben: **der Hund wird häufig weniger als eine andere Person, sondern als erweitertes Ich des Besitzers selbst angesehen.** Man glaubt dann, daß der Hund die gleichen Persönlichkeitsmerkmale wie er aufweist. Dabei handelt es sich manchmal um Eigenschaften, auf die der Besitzer stolz ist und die er gern mit anderen teilt, wie Freundlichkeit und Heiterkeit, zuweilen aber auch um Wesenszüge, über die er nicht glücklich ist und die er häufig nicht einmal sich selbst eingesteht, wie Aggressivität und Zerstörungstrieb. Eine naheliegende Analogie stellt in diesem Falle nicht das Kind mit dem Teddybären, sondern das Kind mit einem imaginären Freund dar. Kinder sprechen von solchen Spielkameraden oft wie von Spiegelbildern von sich selbst. Mit ihnen machen sie alles gemeinsam und suchen moralische Unterstützung für ihre Vorlieben und Abneigungen („Bobby und ich werden gern naß"). Gelegentlich wird dieser Freund verwendet, um seinen Widerwillen zu äußern („Bobby sagt, daß er lieber Weißbrot als Schwarzbrot ißt") oder um Gefühle auszudrücken, derer sich das Kind schämt („Bobby geht nicht gern im Dunkeln ins Bett").

Diese Ansicht über die ausgesprochen intensive Beziehung mancher Besitzer zu ihrem Hund wird auch von ihnen selbst bestätigt, insbesondere dann, wenn sie von ihrer Trauer über den Tod ihres Hundes sprechen. Oft sagen sie, er sei ein Teil von ihnen gewesen oder ihnen sei zumute, als hätten sie einen Arm oder ein Bein verloren. Auch wenn sie über Vorlieben oder Abneigungen ihres Hundes reden, kommt bei vielen Hundebesitzern zum Ausdruck, daß sie ihre eigenen Gefühle auf den Hund übertragen und nicht etwa Verhaltensweisen beschreiben, die sie wirklich beobachtet haben. Die Besitzerin eines schottischen Terriers behauptete, ihr Gerald liebe Gartenarbeit und Pferde über alles.

Darüber hinaus kommt die Projektion eigener Gefühle auf den Hund auch zum Ausdruck, wenn der Besitzer diese Gefühle nicht verarbeiten kann und das Verhalten des Hundes als problematisch ansieht.

Fallbeispiel 7.2.
Eine Frau mittleren Alters kam mit einer fünf Jahre alten kastrierten Cairn-Terrier-Hündin in die Sprechstunde und beklagte sich darüber, daß das Tier leicht knurrte oder biß, wenn man es streichelte. Für die Eigentümerin war das insofern besonders unangenehm, da sie ein Hotel führte und der Hund oft von den Gästen gestreichelt wurde. Das Tier hatte außerdem die Angewohnheit, unter den Schreibtisch der Besitzerin zu kriechen und wenn diese sich hinsetzen wollte, um zu arbeiten, so lange zu knurren, bis die Frau wieder aufstand. Der Hund duldete auch nicht, daß jemand bei ihm in der Küche blieb, während er fraß, er knurrte so lange, bis er allein gelassen wurde.

Offensichtlich beruhte das Problem zum großen Teil auf einer Dominanzaggression des Hundes und mit der Besitzerin wurden verschiedene Möglichkeiten besprochen, diese Dominanz abzubauen (s. Kapitel 9.8.). Ihr wurde geraten, das Tier weitgehend zu ignorieren und nur gehorsame und unterwürfige Aktionen zu beachten. Man empfahl ihr weiterhin, dem Hund nicht zu erlauben, unter den Tisch zu kriechen und das Bewachen seiner Nahrung zu verhindern, indem sie ihn nur von Hand fütterte. Sie erklärte sich mit allen diesen Vorschlägen einverstanden. Nachdem sie zwei Wochen später wieder in die Sprechstunde kam, berichtete sie, daß keine Besserung eingetreten sei. Bei näherer Befragung gab sie zu, sich nicht sonderlich bemüht zu haben, den Anweisungen Folge zu leisten. Sie erklärte, daß der Hund ein Recht habe, während seiner Mahlzeiten allein gelassen zu werden und auch ein wenig Ruhe und Frieden unter dem Tisch beanspruchen dürfe. Aus der Art und Weise, wie sie über den Hund sprach und sich ziemlich nachsichtig über seine Übeltaten äußerte, konnte man erkennen, daß sie an seinen Angewohnheiten, obwohl äußerst lästig, teilweise sogar Gefallen fand und sie überhaupt nicht verurteilte. Nachdem mehr über die häusliche Situation in Erfahrung gebracht worden war, wurde diese Einstellung verständlicher. Zwei Jahre zuvor hatte ihr Ehemann einen Schlaganfall erlitten, war seitdem einseitig gelähmt, und sie mußte allein das Hotel und ihn versorgen. Sie hatte einen Sohn im Teenageralter, der ihr kaum half. Von ihrem Hausarzt fühlte sie sich im Stich gelassen, da er sich weder um eine Rehabilitations-Kur noch um einen Krankenhausaufenthalt bemüht hatte, wodurch sie hätte ausspannen können. Sie fühlte sich von allen ausgenutzt und könnte niemanden um Hilfe bitten, auf die sie Anspruch hätte. Insgesamt war sie mit der ganzen Situation ausgesprochen unzufrieden. Ihre Einstellung zum Hund ließ sich dadurch erklären, daß dieser ihr eine gewisse Ersatzbefriedigung verschaffte, da er in der Lage war, Dinge zu tun, die sie gern getan hätte. Auch sie hätte ihre Mahlzeiten gern ruhig und ungestört eingenommen, auch sie hätte zuweilen gern die Gäste angefaucht und Besucher aus dem Büro gejagt, wenn sie über den Büchern saß.

Die Ansicht, daß Hundebesitzer ihre eigenen Gefühle und Persönlichkeitsmerkmale, sowohl wünschenswerte als auch nicht wünschenswerte, eingestandene und nicht eingestandene, auf den Hund übertragen, wird noch dadurch bestärkt, daß eine solche Gefühlsprojektion auch zwischen Menschen stattfindet. Sozialpsychologen haben herausgefunden, daß wir bezüglich unserer Eigenschaften, die wir an uns mögen und zu denen wir uns gern bekennen, oft glauben, unsere Freunde seien so wie wir. Im Falle eher problematischer Emotionen kann man bei der psychotherapeutischen Arbeit mit Patienten häufig jene Art der oben beschriebenen Projektion unerwünschter Gefühle beobachten.

Fallbeispiel 7.3.
Eine junge Frau, verheiratet, ein 3jähriges Kind, wurde zu einem Psychologen überwiesen, da sie ständig von den gleichen Gedanken gequält wurde, nämlich, daß ihr Mann sie schlüge oder ihr untreu sei. In Wirklichkeit handelte es sich um einen ausgesprochen ruhigen und zurückhaltenden Mann, der sich ihr gegenüber immer pflichtbewußt verhalten hatte und ihr treu ergeben war. Auf der anderen Seite bot er ihr in ihrer Gefühlskrise jedoch wenig Unterstützung, da er selbst eher ängstlich war und zu Magenschmerzen neigte. Sie hatte sich früher sehr zu einem Dozenten am College hingezogen gefühlt, der ihr den Halt gegeben hatte, den ihr Mann ihr nicht geben konnte. Jetzt zeigte sie den Hang, ein ähnliches Abhängigkeitsverhältnis zu ihrem Hausarzt zu entwickeln. Außerdem war sie sich mit ihrem Mann über ein zweites Kind uneinig. Sie hätte gern noch ein Kind gehabt, er jedoch glaubte, daß ihm ein weiteres Kind zu viel werden würde. Sie gab an, daß sie seine Einstellung mittlerweile akzeptiere und ihm gegenüber keine Bitterkeit mehr empfände. Es war offenkundig, daß sie die lästigen Gedanken, die sie so sehr quälten, daher kamen, daß sie sowohl ihren Wunsch nach einem befriedigender Partner (d. h. ihren Mann zu betrügen) als auch ihren Ärger über die Verweigerung eines zweiten Kindes auf ihren Mann projiziert hatte, so daß sie es nun so empfand, als sei er der Gewalttätige und Untreue.

7.3. Persönlichkeit des Besitzers und die Beurteilung des Hundeverhaltens

Verfolgt man diese Theorie des Besitzer/Hund-Verhältnisses noch ausführlicher, könnte man zu dem Ergebnis gelangen, **daß ein Besitzer mit einer stärkeren Persönlichkeit eher dazu neigt, auf den Hund Charaktereigenschaften wie Freundlichkeit zu übertragen, die er sich selbst zugesteht, wohingegen ein Eigentümer mit Störungen seiner Persönlichkeit eher den Hang hat, in seiner Beziehung zum Hund auf ihn problematische Eigenschaften zu übertragen, die er sich selbst nicht eingestehen kann.** Weiterhin kann man daraus folgern, daß es sich im ersten Fall um ein befriedigendes Verhältnis handelt, während der zweite Fall, in dem der Eigentümer sowohl reale als auch imaginäre Verhaltensprobleme auf den Hund überträgt, schwieriger ist.

In diesem Zusammenhang wurde an der Royal (Dick) School of Veterinary Studies eine Untersuchung durchgeführt (O'FARRELL, 1983). 20 Hundebesitzer, die die Kleintierlehrpraxis zur Behandlung aufsuchten, wurden gebeten, die eigene Persönlichkeit und die Persönlichkeit des Hundes mit insgesamt 24 Adjektiven zu beschreiben, zum Beispiel nervös, intelligent, aggressiv usw., die sowohl für Menschen als auch für Hunde verwendbar waren. Das Ergebnis erbrachte einen engen Zusammenhang zwischen der Beurteilung der Hundebesitzer ihrer selbst und der ihrer Hunde und zeigte, daß Hundebesitzer fast immer glauben, ihre Hunde seien wie sie. Während der gleichen

Befragung wurden die betreffenden Personen ebenfalls gebeten, zu beschreiben, wie sie selbst gern wären, also ein ideales Ich aufzuzeichnen. Man hat nachgewiesen (RYLE und BREEN, 1972), daß das Ausmaß der Unterschiede in der Beurteilung zwischen tatsächlichem und idealem Ich in sehr engem Zusammenhang mit anderen Persönlichkeitsstörungen steht; neurotische Patienten neigen dazu, sich selbst viel weiter entfernt von dem zu sehen, wie sie sein möchten als normale Menschen. Wie vermutet, ergaben die Resultate, daß Testpersonen mit einer stabilen Persönlichkeit eher ihren Hunden ähnliche Wesenszüge wie sich selbst zuschreiben als Testpersonen mit einer gestörten Persönlichkeit. Testpersonen, die selbst Persönlichkeitsstörungen aufwiesen, schreiben auch dem Hund mehr Verhaltensstörungen und Eigenschaften wie „aggressiv", „nervös" oder „ungehorsam" zu.

Die Theorie, daß Besitzer, die ihren Hunden sehr zugetan sind, den Hang haben, sich ihnen gegenüber so zu verhalten, als seien sie ihr verlängertes Ich, kann auch ein Phänomen erklären, das sich bei der Untersuchung der Besitzer/Hund-Beziehung herausstellte. **Hundebesitzern ist es oft etwas peinlich, das Ausmaß ihrer Zuneigung zum Hund zu offenbaren und für Außenstehende wirkt es tatsächlich etwas lächerlich und unecht.** Wenn sie mit ihnen allein sind, sprechen viele Hundebesitzer mit ihren Hunden wie mit Babys oder wie mit anderen Erwachsenen. Den meisten ist es jedoch peinlich, wenn ihnen dabei jemand zuhört. Forscher, die Untersuchungen über die Mensch/Tier-Beziehung ernst genommen wissen möchten, versuchen häufig, diese Aura der Unechtheit und Lächerlichkeit herunterzuspielen. Man darf jedoch nicht vergessen, daß ein großer Unterschied zwischen der Mensch/Mensch- und der Mensch/Tier-Beziehung besteht. Manchen Menschen ist die Beziehung zu ihren Hunden vielleicht auch deshalb peinlich, weil sie in gewisser Weise selbst merken, auch ohne es in Worte fassen zu können, daß sie den Hund als Teil von sich selbst betrachten und die Beziehung zum Hund deshalb gewissermaßen eine Phantasiebeziehung ist. Damit soll jedoch nicht die positive Wirkung und die Befriedigung bestritten werden, die zahlreiche Menschen aus ihrer Beziehung zum Hund erfahren oder die Größe der Trauer, die viele über den Tod eines Hundes empfinden.

Klinische Bedeutung

Welche Auswirkungen hat dies alles auf Diagnose und Behandlung von Verhaltensproblemen? Zunächst folgt daraus, daß Besitzer, die eine ambivalente Einstellung zum Verhalten ihres Hundes haben (d. h. obwohl ihnen das Verhalten vielfach lästig ist, ziehen sie doch einen psychologischen Nutzen daraus), Behandlungsanweisungen oft nicht ordnungsgemäß befolgen. Das gilt insbesondere für Maßregeln, die eine Änderung des eigenen Verhaltens zum Hund betreffen (s. Beispiel 7.2.). Es bedeutet darüber hinaus, daß das Ausmaß der Belästigung durch unerwünschte Verhaltensweisen des Hundes bzw. die Frage, ob diese Verhaltensweisen als Problem empfunden werden oder nicht, oft durch die Gefühle beeinflußt wird, die der Besitzer dem Hund zuschreibt. Nachfolgendes Beispiel verdeutlicht diese beiden Folgerungen:

Fallbeispiel 7.4.
Eine junge Frau kam mit ihrer 18 Monate alten Dobermann-Hündin zur Behandlung. Das Tier war schon immer unruhig und aktiv gewesen, benahm sich aber seit ein paar Monaten noch ungewöhn-

licher als sonst. Ständig rannte sie winselnd in der Wohnung hin und her oder lief im Kreis und versuchte, sich in den Schwanz zu beißen. Häufig kratzte sie an der Tür, um hinausgelassen zu werden, benahm sich dann im Garten aber genauso ungewöhnlich, raste auf dem Rasen im Kreis herum oder scharrte wie wahnsinnig im Blumenbeet. Dieses Verhalten hielt den ganzen Tag über an, und das Tier wurde erst ruhig, wenn die Besitzerin es sich abends vor dem Fernseher gemütlich machte.

Obwohl nicht klar war, was diese Aufregungszustände verursacht habe, schienen sie doch zumindest teilweise durch die Beachtung unterhalten zu werden, die die Besitzerin diesem Verhalten schenkte und es damit „belohnte". Die Frau erzählte selbst, daß sie, sobald die Hündin unruhig zu werden begann, versuche, beruhigend auf sie einzusprechen. Außerdem gab es auch keine Anhaltspunkte dafür, daß der Hund sich unruhig benahm, wenn er allein war. Der Frau wurde geraten, dem Hund keinerlei Beachtung zu schenken, wenn er wieder anfinge, sich unruhig zu verhalten. Sie sollte ihn dann einfach ignorieren oder in einen anderen Raum sperren und ihn erst wieder hereinlassen, wenn er sich beruhigt hatte. Beim nächsten Besuch erzählte die Frau, daß keine Besserung eingetreten sei. Ihrem Bericht konnte man entnehmen, daß sie nicht in der Lage war, den Hund zu ignorieren, sein Verhalten regte sie zu sehr auf. Es war ihr auch nicht möglich, das Tier in einem anderen Raum einzusperren, da er dort so unglücklich sei, daß es zu grausam sei, ihn zu isolieren. Bei dem anschließenden Gespräch stellte sich heraus, daß sie dem Hund schon immer sehr zugetan gewesen war. Sie hatte ihn nach ihrem Bruder genannt, zu dem sie ein sehr enges Verhältnis gehabt hatte und der ins Ausland gegangen war. Beide hatten eine unglückliche Kindheit hinter sich gebracht und hatten ihre Not dadurch gelindert, daß sie einander hatten vertrauen und helfen können. Einige Monate zuvor hatte der Bruder nach einer unglücklichen Ehe Selbstmord begangen. Von diesem Tod war sie noch immer tief erschüttert und fühlte sich gleichzeitig schuldig, da sie ihm nicht mehr geholfen hatte, obwohl sie gewußt hatte, wie unglücklich er war.

Später stellte sich heraus, daß das unruhige Verhalten des Hundes während ihrer Bestürzung nach dem Selbstmord des Bruders eingesetzt hatte. Es zeigte sich auch, daß der Hund für die Besitzerin das Elend verkörperte, das sie mit dem Bruder geteilt hatte. Die Hyperaktivität des Hundes stellte für sie das Unglück dar, das der Bruder ihrer Ansicht nach durchgemacht haben mußte und das auch sie empfand. Aus diesem Grunde fühlte sie sich durch das Verhalten des Hundes zuweilen tief bewegt, ließ ihn dann sehr viel zärtliche Zuneigung zuteil werden und verstärkte und belohnte auf diese Weise noch sein abnormes Verhalten. Zu anderen Zeiten aber, wenn sie versuchte, alles zu vergessen und aus ihrem Elend herauszukommen, konnte sie den Anblick des Hundes nicht ertragen und sah ihn dann als eine Art Unglücksvogel an, also als eine ständige Erinnerung an ihr eigenes und ihres Bruders Unglück. Aus einer solchen Laune heraus schimpfte sie den Hund zuweilen aus und schlug ihn. Dieses inkonsequente Verhalten mußte den Hund natürlich noch ängstlicher machen (s. Kapitel 5.5. d).

Dieser Fall nahm ein unglückliches Ende. Kurz nachdem sie die Sprechstunde ein zweites Mal aufgesucht hatte, war sie zu einem Tierarzt gegangen und hatte ihn gebeten, den Hund einzuschläfern. Der Tierarzt hatte sofort zugestimmt. Später stellte sich heraus, daß sie einen Brief von der Frau ihres toten Bruders bekommen hatte, der ihre Verzweiflung über dessen Tod noch verstärkt hatte. Sie hatte sich mit Selbstmordabsichten getragen, statt aber diesem Impuls nachzugeben, hatte sie den Hund töten lassen. Sie sagte, daß sie ohnehin nur im Krankenhaus aufgewacht wäre, wenn sie Tabletten genommen hätte, aber wenigstens habe sie so dem Unglück des Hundes ein Ende bereiten können.

Hier handelt es sich natürlich um ein ausgesprochen extremes und pathologisches Beispiel, man kann jedoch gleiche Vorgänge in subtilerer Form auch bei anderen, weniger gestörten Patienten beobachten. In der zuvor erwähnten Umfrage unter 50 Klienten (O'FARRELL, 1984) waren die Testpersonen nicht nur zu ihrer Einstellung den Hunden gegenüber befragt worden, sondern man hatte sie auch gebeten, die Neurotik-Testreihe der EYSENCKschen Persönlichkeitsstudie auszufüllen. Den Personen wurden ebenfalls Fragen über mögliche Verhaltensprobleme ihrer Hunde gestellt, und sie wurden gebeten, jeweils im einzelnen auszuführen, inwieweit diese Störungen (z. B. Harnabsatz im Haus, Beißen) ein Problem für sie darstellten. Bei einigen Verhaltensstörungen ergaben sich deutliche Zusammenhänge zwischen der Häufigkeit des Auftretens und deren Lästigkeit für den Besitzer. Dies traf besonders auf Herumstreunen, Kämpfe mit anderen Hunden und Zerstörungstrieb in Abwesenheit des Eigentümers zu. Im Falle anderer Verhaltensweisen, wie Erregung über das Eintreffen von Besuchern, ließ sich keinerlei Korrelation feststellen. Damit wird deutlich, daß, obwohl manche Verhaltensweisen des Hundes von den meisten Menschen als unangenehm empfunden werden, die Tatsache, ob das Verhalten des Tieres als Problem angesehen wird oder nicht häufig von anderen Faktoren abhängt. Einer dieser Faktoren besteht gelegentlich in der Persönlichkeit des Besitzers, denn in manchen Fällen wurde ein unmittelbarer Zusammenhang festgestellt zwischen bestimmten Ängsten des Hundes, wie Furcht vor Gewittern oder Staubsaugern, und der neurotischen Veranlagung des Besitzers. Es ließ sich jedoch kein Zusammenhang zwischen der neurotischen Veranlagung des Besitzers und der Häufigkeit des Auftretens dieser Verhaltensweisen beim Hund finden. Das heißt, die eigene Angst des Besitzers spielt eine Rolle bei der Bestimmung des Grades, wie sehr er durch die Ängste seines Hundes belastet wird.

7.4. Auswirkungen der Persönlichkeit des Besitzers auf das Verhalten des Hundes

Bis jetzt ist lediglich die Wirkung angesprochen worden, die Persönlichkeit und Einstellung des Besitzers auf dessen Interpretationen über, und dessen Reaktion auf das Verhalten des Hundes haben. Darüber hinaus besteht jedoch auch die Möglichkeit, daß die Persönlichkeit des Besitzers sich auch direkt auf das Verhalten des Hundes auswirken und eine wichtige Ursache für die Entwicklung von Verhaltensstörungen darstellen kann. Um diese Möglichkeit zu prüfen, wurden die 50 Testpersonen der zuvor erwähnten Umfrage im einzelnen zu möglichen Verhaltensprobleme befragt. Um qualifizierbare Informationen zu bekommen, die für jeden Problembereich so objektiv wie möglich sein sollten, wurden den Testpersonen präzise Fragen zur Häufigkeit dieser Verhaltensweisen gestellt, das heißt, sie wurden nicht gefragt, ob der Hund andere Menschen beißt, sondern wie häufig das vorkommt.

Bei der Faktorenanalyse dieser Punkte kristallisierten sich zwei wesentliche Faktoren heraus. Der erste Faktor bestand in Dominanzaggression, also Verhaltensweisen wie Knurren und Beißen von Leuten, Knurren beim Gestreicheltwerden oder beim Gestörtwerden, die in einem unmittelbaren Zusammenhang miteinander zu stehen schienen. Zeigte ein Hund eine dieser Verhaltensformen, hatte er auch eine überdurchschnittliche Veranlagung zu den anderen Verhaltensweisen. Den zweiten Faktor kann man am besten als Übersprungshandlung bezeichnen, wobei Verhaltensweisen wie „sexuelles Aufsteigen auf leblose Gegenstände oder Menschen" oder „Zerstörungstrieb bei Trennung vom Eigentümer" den Testpersonen am meisten zu schaffen machten (s. Kapitel 5.4.)

Weiterhin zeigte es sich, daß gewisse Merkmale, die für „emotionale Zuneigung" besonders typisch sind, das heißt, das Füttern des Hundes mit besonderer, menschlicher Nahrung oder die Annahme, der Hund sei nur der eigenen Person treu ergeben, sich auch auf Dominanzaggression auswirken. Mit anderen Worten, es gibt Anzeichen dafür, **daß Hunde, deren Besitzer eine besonders enge Beziehung zu ihnen haben, eher als andere zu Dominanzaggression** neigen. Darüber hinaus konnte ein Zusammenhang zwischen Neurosen des Besitzers und dem Faktor Übersprungshandlungen ermittelt werden. Das heißt, **Hunde, deren Besitzer ungewöhnlich ängstlich sind, neigen besonders zu Übersprungshandlungen.** Diese Korrelationen ergeben keine ursächliche Beziehung zwischen den Variablen, man kann jedoch Vermutungen anstellen, worin diese ursächlichen Beziehungen bestehen könnten.

Im Falle der in Kapitel 4.7. beschriebenen Dominanzaggression haben wissenschaftliche Untersuchungen verschiedener Tierarten, die in Rangordnungen leben, ergeben, daß eines der wichtigsten Merkmale des dominanten Tieres darin besteht, bei sozialen Interaktionen die Initiative zu ergreifen. Ein Besitzer, der sich mit seinem Hund emotional verbunden fühlt, behandelt ihn eher als Freund und Gleichgestellten und nicht wie einen Rangniedrigeren. Ein solcher Besitzer neigt besonders dazu, auf die Initiativen und Annäherungsversuche des Hundes einzugehen. Wenn der Hund bellt und hinausgelassen werden will, öffnet er ihm die Tür, wenn er einen Ball apportiert, spielt er mit ihm usw. Neigt der Hund aufgrund seiner genetischen oder hormonellen Veranlagung zu Dominanzverhalten, wird er das nachgiebige Verhalten des Besitzers als Bestätigung des eigenen dominanten Status betrachten.

Im Hinblick auf den Zusammenhang zwischen Verdrängungsaktivitäten beim Hund und Neurosen beim Besitzer wurde bereits in Kapitel 5.4. dargelegt, daß diese Verdrängungsaktivitäten typischerweise immer dann auftreten, wenn sich der Hund in einem Konfliktzustand befindet. Sein eigenes hohes Angstniveau veranlaßt den Besitzer vielleicht dazu, den Hund als einen Gegenstand zu betrachten, bei dem er Emotionen abladen kann, mit denen er selbst nicht fertig wird. Er neigt daher dazu, sich dem Hund gegenüber inkonsequent zu verhalten und dieselben Handlungen unvorhersehbar einmal zu belohnen oder zu bestrafen, beziehungsweise sich abwechselnd zärtlich und gleichgültig zu zeigen. Wie schon in Kapitel 5.8. erläutert, muß der Hund in solchen Fällen ihm unmögliche Unterscheidungen treffen und kann daher in einen Konflikt- und Angstzustand geraten, der in etwa dem durch SHENGAR-KRESTOVNIKOVA (1921) experimentell herbeigeführten Konflikt entspricht. Der hyperaktive Dobermann aus Fallbeispiel 7.4. ist ein extremes Beispiel für derartige Abläufe.

7.5. Einstellung des Eigentümers und Diagnose

Es stellt sich nun die Frage der Bedeutung dieser Forschungsergebnisse und Theorien im Hinblick auf Diagnose und Behandlung von Verhaltensstörungen beim Hund. Zunächst muß man herausfinden, **wann die Einstellung des Besitzers das Verhalten des Hundes beeinflußt und wann nicht.** Ein Tierarzt ist häufig versucht, das Verhaltensproblem des Hundes als Folge der Neurose des Besitzers abzutun. Ein solches Gedankenmanöver entbindet ihn von der Mühe, tiefer in die Ursachen des Problems einzudringen und einen Behandlungsplan aufzustellen. Die Klienten selbst unterstützen häufig unwissentlich noch eine solche falsche Lösung. Obwohl manche der Meinung sind, gar nichts mit dem Problem des Hundes zu tun zu haben, es als Krankheit oder Defekt betrachten und erwarten, daß es auch ohne ihr Zutun wieder in Ordnung gebracht werden kann, fühlt sich doch die Mehrzahl der Klienten, die einen Spezialisten aufsuchen, für das Verhalten des Hundes übermäßig verantwortlich. Diese Menschen haben sich die vielzitierte Maxime zu Herzen genommen, daß es keine schlechten Hunde, sondern nur schlechte Herren gibt.

In der Mehrzahl der Fälle kann man jedoch davon ausgehen, daß das Verhalten des Hundes durch andere Faktoren beeinflußt wird, die nicht im Einflußbereich des Eigentümers liegen. Dazu zählen genetische und hormonelle Faktoren und frühe Jugenderfahrungen. Selbst wenn das Verhalten des Tieres auf falschem Lernen beruht, entweder bedingt durch die Umgebung, in die man es gebracht hat oder weil der Besitzer unabsichtlich die falschen Verhaltensweisen belohnt hat, kann man dafür häufig nicht die besondere Einstellung des Eigentümers verantwortlich machen. So verhalten sich fast alle Hundebesitzer, und in vielen Fällen ist es durchaus angemessen. Es ist eher so, daß sich der Hundehalter diesem besonderen Hund gegenüber in einer ganz bestimmten Art und Weise benehmen muß, damit der Hund sich angemessen verhält. In diesen Fällen braucht der Besitzer seine Einstellung zum Hund häufig nicht zu ändern. Dieser Punkt wird nachstehend anhand von zwei Beispielen näher erläutert, wobei im ersten Fall die Einstellung der Besitzer offensichtlich keinen Einfluß auf die Verhaltensstörung des Hundes hatte, während das im zweiten Beispiel der Fall war.

Fallbeispiel 7.5.
Zwei Eheleute in den mittleren Jahren, beide als Pfleger in der Psychiatrie tätig, hatten sich ein Jahr zuvor einen Bearded Collie angeschafft, der sich vielen Dingen gegenüber ungewöhnlich nervös verhielt. Er war ängstlich vor ihnen, vor plötzlichen Geräuschen in der Wohnung und vor dem Verlassen des Hauses. Seine Furcht vor den Besitzern und seine Angst in der Wohnung hatten allmählich nachgelassen, aber zu Spaziergängen und zur Erledigung seiner Bedürfnisse mußte er immer noch mit Gewalt mit nach draußen genommen werden. Die Besitzer waren darüber allmählich verzweifelt und hatten begonnen, den Hund auszuschimpfen, wenn er sich weigerte hinauszugehen. Aufgrund der näheren Angaben, die sie zu diesem Fall machen konnten, bestand Anlaß zu der Vermutung, daß die frühzeitige Umgebung des Hundes erheblich zur Entwicklung dieser Phobien beigetragen hatte. Der Hund war im Alter von zwölf Wochen bei einem Bauern gekauft worden, der die Welpen in einer Scheune eingeschlossen gehalten hatte, isoliert von menschlicher Gesellschaft und allen häuslichen Eindrücken optischer und akustischer Art.

Es schien, daß die Besitzer einen großen Teil der Phobien des Hundes erfolgreich behandelt hatten, indem sie ihn nach und nach den gefürchteten Reizen ausgesetzt und ihn dabei so ruhig wie möglich gehalten hatten. Obwohl sie gewisse technische Informationen benötigten, wie diese Desensibilisierung wirksamer durchgeführt werden könnte, wurde ihnen grundsätzlich geraten, so weiter zu verfahren, wie sie es von Anfang an und bevor sie die Geduld verloren hatten, getan hatten.

Die Nachkontrolle dieses Falles zeigte, daß die Besitzer die Beratung als außergewöhnlich hilfreich empfunden hatten und zwar weniger wegen der technischen Ratschläge, sondern weil sie sich nun nicht länger für das Verhalten des Hundes verantwortlich fühlten. Deshalb brachte sie sein Benehmen auch nicht mehr so sehr aus der Fassung, und sie waren nun in der Lage, ihn eher wie einen ihrer menschlichen Phobiepatienten zu behandeln.

Fallbeispiel 7.6.
Eine junge Frau kam mit ihrem zehn Monate alten Dobermann-Pinscher zur Behandlung. Der Hund hatte seit einigen Monaten begonnen, die Wohnung zu verwüsten, während sie bei der Arbeit war. Er bemächtigte sich sämtlicher herumliegender Gegenstände (Bücher, Tonbänder und Kissen) und riß sie in Stücke. Die Frau war mit einem Soldaten verheiratet, der seit vier Monaten

auf einem Lehrgang war und nur gelegentlich übers Wochenende nach Haus kam. Während seiner Abwesenheit hatte sie offensichtlich eine enge Beziehung zum Hund aufgebaut, und sie brauchte ihn als Gesellschaft. Am Telefon bezeichnete sie sich als „Bobbys Mama". Wähend der Unterhaltung sprach sie endlos und in allen Einzelheiten über jeden Aspekt seines Verhaltens. Bobby seinerseits hatte ebenfalls eine enge Beziehung zu der Frau entwickelt. Er folgte ihr in der Wohnung auf Schritt und Tritt und begann zu winseln und aufgeregt hin und her zu rennen, wenn sie sich anschickte, das Haus zu verlassen. Ihr Mann war dem Hund anfangs wohlgesonnen gewesen, hatte sich jedoch in der letzten Zeit ausgesprochen über dessen Zerstörungstrieb geärgert. Er hatte der Frau ein Ultimatum gestellt und entschieden, daß der Hund fortmüsse, falls sich sein Verhalten bis zum Zeitpunkt der Beendigung des Lehrgangs nicht gebessert habe. Der Zerstörungstrieb des Hundes war ganz offensichtlich auf seine Angst während der Abwesenheit der Besitzerin zurückzuführen. Dieser Trennungseffekt wurde zudem wahrscheinlich noch dadurch verstärkt, daß die Frau in sehr starkem Maße von dem Hund abhängig war und sich deshalb, wenn sie mit ihm beisammen war, intensiv mit ihm beschäftigte. Zur Lösung dieses Problems wurde der Frau empfohlen, gemäß den Standardregeln der systematischen Desensibilisierung zu verfahren (s. Kapitel 10.6.). Zwecks Einschränkung der intensiven Interaktionen zwischen Frau und Hund wurde empfohlen, ihn soweit wie möglich zu ignorieren, wenn sie sich in der Wohnung aufhielt, und ihn der Obhut ihres Ehemannes zu überlassen, wenn dieser zu Hause war. Der Hund erhielt außerdem täglich 2 mg/kg Megestrolacetat (Ovarid, Glaxovet) über zwei Wochen und 1 mg/kg über weitere 2 Wochen.
Als sie nach vierzehn Tagen wieder in der Sprechstunde erschien, berichtete sie, daß der Hund keine weiteren Anfälle von Zerstörungswut gehabt habe. Sie erzählte auch, daß sich der Hund in der Wohnung anders benähme und ihr nicht mehr von einem Raum in den anderen folge. Dieser Fortschritt ließ sich auch bei einer Nachfolgeuntersuchung nach einem Monat feststellen.

7.6. Einflußnahme auf die Einstellung des Besitzers

Nachdem zunächst eine Hypothese über die Auswirkungen der Einstellung des Besitzers auf den Hund aufgestellt worden ist, ergibt sich nunmehr die Frage, inwieweit sich diese Einstellung auf die Behandlung auswirkt. Bei einem Besitzer, dessen Einstellung offensichtlich nichts mit dem Problem des Hundes zu tun hat, empfiehlt es sich häufig, ihm das klar zu machen, wie in Fallbeispiel 7.5. Aber selbst wenn seine Einstellung teilweise dazu beiträgt, ist es oft nützlich, ihm klar zu machen, daß sein Beitrag nur unwesentlich ist und auch die Bedeutung genetischer und hormoneller Faktoren hervorheben, da es dem Besitzer dann oft leichter fällt, seine Einstellung oder sein Verhalten in der nötigen Weise zu ändern. Es ist viel leichter, das Verhalten dem Hund gegenüber zu ändern, wenn man weiß, daß man sich zu einem Hund mit spezifischen Problemen in einer ganz besonderen Art und Weise verhalten muß, als wenn verlangt wird, seine gesamte Einstellung zu dem Hund zu ändern.
Beim Versuch, Einfluß auf die Einstellung des Besitzers zu nehmen, müssen gewisse Faktoren berücksichtigt werden. Die Einstellung des Besitzers zum Hund ist eine sehr persönliche Sache. Daher muß man sich sorgfältig überlegen, was man sagt, wenn man Bemerkungen dazu machen will. Merkt ein Besitzer, daß der Tierarzt seine Einstellung verurteilt, fühlt er sich vielleicht schuldig und glaubt, sich verteidigen zu müssen. Hat der Besitzer jedoch den Eindruck, daß seine Gefühle von der Person, die ihn berät, verstanden werden, ist er eher bereit, offen über seine Beziehung zum Hund zu sprechen. Er ist dann auch zugänglicher für den nötigen Druck, der zu den notwendigen Änderungen führen soll. **Menschen können nicht willentlich oder weil sie dazu aufgefordert werden, ihre Gefühle ändern.** Es hat keinen Zweck, jemandem zu sagen, daß er den Hund zu gern hat oder daß seine eigene Ängstlichkeit den Hund nervös macht.

Man kann aber ihre Einstellung auf indirekte Art und Weise beeinflussen:

a) Änderung der kognitiven Komponente

Die Ansichten, die sich hinter einer Einstellung verbergen, kann man dadurch verändern, daß man den Leuten Informationen gibt, die mit der gegenwärtig vertretenen Auffassung nicht vereinbar sind. Gelegentlich kann man auf die Einstellung eines Besitzers dadurch Einfluß nehmen, daß man ihn über gewisse Aspekte der Hundepsychologie unterrichtet. Besitzer von Hunden, die sich während der Abwesenheit des Menschen destruktiv verhalten, glauben häufig, der Hund sei boshaft und herausfordernd. Wenn man ihnen jedoch erklärt, daß der Hund nicht in der Lage ist, einen Zusammenhang zwischen dem Ärger des Besitzers und der drei Stunden zuvor erfolgten Zerstörung zu erkennen und daß das augenscheinliche Schuldbewußtsein des Hundes in Wirklichkeit Angst vor Strafe ist, die er gelernt hat zu erwarten (Kap. 2.4.), und die Zerstörung eher einen Ausdruck von Angst während des Alleinseins darstellt (Kap. 10.6.), sind diese Menschen häufig nicht mehr so wütend auf die Hunde und können sich ihnen gegenüber konsequenter verhalten.

b) Änderung der Verhaltenskomponente

Einem Besitzer eines Hundes mit Dominanzaggression sollte man die Anweisung erteilen, den Hund soweit wie möglich zu ignorieren und ihn nur zu beachten, wenn er Befehle ausführt. Dadurch schätzt einerseits der Hund den Herren anders ein und betrachtet ihn als ranghöher, andererseits kann sich auf diese Weise aber auch die Einstellung des Besitzers zum Hund ändern. Indem sich der Besitzer dem Hund gegenüber nun etwas gleichgültiger verhält, kann er sich auch besser von ihm lösen. Vielleicht betrachtet er ihn dann nicht mehr so sehr wie ein anderes menschliches Wesen, sondern eher wie einen Hund.

c) Selbsterkenntnis

In selteneren Fällen kann man die Haltung des Besitzers auch dadurch verändern, daß man ihm ein wenig mehr Einblick in seine Einstellung und sein Verhalten zum Hund verschafft. Das ist jedoch nur bei wenigen Klienten möglich und muß taktvoll und sorgfältig geschehen. Die wenigsten wünschen oder erwarten einen Kommentar zu ihrer eigenen Psyche. Wenn eine Veränderung stattfindet, so vor allem deshalb, weil sich der Patient selbst um eine neue Sichtweise bemüht hat, und weil er über den Hund und seine Gefühle zu ihm offen und frei sprechen kann. Nichts erreicht man jedoch, wenn man ihn mit unangenehmen Wahrheiten vor den Kopf stößt.

Fallbeispiel 7.7.
Eine unverheiratete junge Frau kam mit ihrem schwarzen äußerst schwierigen Cockerspaniel zur Behandlung. Er urinierte im Flur und bedrohte die Familie (Mutter und Schwester der Besitzerin), wenn sie das Essen auftragen wollten. Er heulte und bellte beim Busfahren und an bestimmten Stellen auf der Treppe des Mietshauses. Bis zu einem gewissen Punkt schlug die Behandlung gut an. Seine Aggressionen und sein unerwünschter Harnabsatz ließen nach, verschwanden aber nicht völlig. Diese Schwierigkeiten waren zum Teil offenbar darauf zurückzuführen, daß die Frau nicht in der Lage war, ihre Mutter zu überzeugen, ihr Verhalten dem Hund gegenüber zu ändern oder selbst mit zur Behandlung zu kommen. Die Besitzerin selbst bat immer wieder um weitere Unterredungen und Ratschläge, obwohl aus verhaltenspsychologischer Sicht schon alles getan war.

Schließlich fragte man sie, ob es für sie nicht höchst ärgerlich sei, daß ihre Mutter sich nicht richtig verhielt. Daraufhin gab die Besitzerin zu verstehen, daß sie glaube, ihre Mutter würde allmählich senil, der Hausarzt schenke ihrer Vermutung jedoch keinen Glauben. Sie sah voraus, daß sie möglicherweise über viele Jahre hin gezwungen sein würde, die Mutter zu versorgen. Ihre Schwester wollte diese Situation nicht mit ihr erörtern und beabsichtigte, ins Ausland zu gehen. Sie sprach auch darüber, daß sie die Mutter satt habe. Die gemeinsame Wohnung gehörte ihr, und sie hatte (inzwischen wußte sie, daß es unklug gewesen war) ihre verwitwete Mutter eingeladen, bei ihr zu wohnen. Mittlerweile bestand nur noch wenig Aussicht, daß die Mutter die Wohnung wieder verlassen würde, obwohl es ständig Streit um Kleinigkeiten der Haushaltsführung gab. Während sie erzählte, wurde sie sich bewußt, daß der Hund zu einem Stein des Anstoßes zwischen ihnen geworden war. Der Hund gehörte nur der Tochter. Die Mutter konnte ihn nicht leiden und war nicht bereit, Rücksicht auf ihn zu nehmen. Viel mehr erzählte die Frau bei diesem Besuch nicht, rief jedoch einige Wochen später an und berichtete, daß sich das Verhalten des Hundes erheblich gebessert habe. Sie sagte, daß sie aufgrund der vorangegangenen Konsulation mit ihrer Mutter gesprochen und sie gebeten habe, sich eine andere Wohnung zu suchen. Beide hatten offener über ihre zwischenmenschlichen Probleme reden können. Sie sagte, daß sie glaube, sowohl sie als auch ihre Mutter hätten den Hund und dessen schlechtes Verhalten benutzt, sich gegenseitig „eins auszuwischen". Nun aber, da sich die Situation entspannt habe, sei der Hund nicht mehr so irritiert.

Weiterführende Literatur
BECK, A., und A. KATCHER, Between Pets and People, C. P. Putnam, New York 1983

Zweiter Teil:

BEHANDLUNG SPEZIFISCHER STÖRUNGEN

Kapitel 8: Grundsätzliches bei Diagnose und Behandlung

8.1. Diagnostik

Die Diagnose von Verhaltensproblemen erfordert ein anderes Vorgehen als die Diagnose physischer Krankheiten. Der Klient, der mit einem verhaltensgestörten Hund in die Sprechstunde kommt, sucht Hilfe in einer häuslichen Situation, in der das Verhalten eines Familienmitgliedes (des Hundes) Schwierigkeiten verursacht. Diese Schwierigkeiten treten eher für die menschlichen Mitglieder des Haushaltes auf. Seltener ist der Hund selbst (bei Phobien) oder ein anderes Tier (bei Aggressionen zwischen Hunden) der Leidtragende. Obwohl man das Verhalten des Hundes in der Regel benennen kann (z. B. Phobie, Dominanzaggression), ist diese Beschreibung noch keine richtige Diagnose, insofern als sie weder einen klinischen Begriff bezeichnet noch ohne weiteres die Verordnung einer wirksamen Behandlung ermöglicht. Hierzu ist es notwendig, alle zusammenwirkenden Faktoren genau zu bestimmen, die sich in jedem einzelnen Fall unterscheiden. Das heißt, in einem individuellen Fall von Dominanzaggression muß man vor Beginn der Behandlung wissen, ob (a) diese Aggression nur gegenüber bestimmten Familienmitgliedern geäußert wurde, (b) diese Aggression nur in bestimmten Situationen auftrat, (c) der aggressiven Reaktion eine erlernte Komponente zugrunde lag, insofern als die erfolgreiche Konfrontation des Hundes häufig belohnt wurde, (d) sich der Hund in einer gewissen Streßsituation befand, weil ein Familienmitglied ihn heftig und inkonsequent bestrafte und (e) ein anderes Familienmitglied dem Hund besonders zugetan war. **Statt sich nun mit der bloßen diagnostischen Bezeichnung des Verhaltensproblems zufriedenzugeben, ist es daher zweckmäßiger, eine Erklärung der Aktionen des Hundes und der individuellen Faktoren zu formulieren.** Im nachfolgenden wird der Ausdruck „Diagnose" in diesem Sinne verwandt.

8.2. Vorgeschichte

Aufgrund der besonderen Natur der Diagnose von Verhaltensproblemen muß vom Klienten mehr in Erfahrung gebracht werden, als es bei physischen Erkrankungen notwendig ist. Das ist auch deshalb erforderlich, weil der Klient in der Regel die wichtigste Informationsquelle zu diesem Problem darstellt und körperliche Untersuchungen und Labortests normalerweise nur wenig beitragen können. Aus diesem Grunde sollte sich der Tierarzt bei der Untersuchung eines Verhaltensproblems mehr Zeit nehmen als bei anderen Konsultationen. Verhaltensstörungen sind selten so akut, daß sofort etwas unternommen werden muß. Oft ist es besser, mit dem Klienten einen neuen Termin zu vereinbaren, an dem mehr Zeit für die Erörterung des Problems zu Verfügung steht, statt eine voreilige Diagnose abzugeben, weil draußen noch andere Klienten warten.

Beim Aufnehmen der Vorgeschichte sollte man die folgenden Bereiche einbeziehen, wobei die angegebene Reihenfolge nicht unbedingt eingehalten werden muß:

a) Beschreibung des Problems

1. Was macht der Hund im einzelnen genau?
Der Tierarzt darf sich nicht mit einer allgemeinen Beschreibung zufriedengeben, die immer zweideutig sein kann. „Nervös" kann zum Beispiel heißen, daß der Hund auf zahlreiche Reize hyperaktiv oder laut reagiert, daß er in vielen Situationen Furcht zeigt oder daß er leicht beißt. Anhand der Beschreibung der körperlichen Gebärden, Bewegungen und stimmhaften Äußerungen muß ein genaues Bild erstellt werden.

2. Wann und wo äußert sich dieses Verhalten?
Die Information darüber hilft, die Motive des Hundes zu erkennen. Wenn ein Hund in der Wohnung nur dann Harn absetzt, wenn er nachts in der Küche eingeschlossen wird oder wenn der Besitzer nicht da ist, erhöht sich die Wahrscheinlichkeit, daß dieser Harnabsatz auf Trennungsangst beruht. Diese Information kann auch für die Planung der Behandlung nützlich sein, da man sich so ein Bild über die Reize machen kann, die dieses Verhalten auslösen. Liegt dem Verhalten eine erlernte Komponente zugrunde, muß das Reizangebot verändert werden (s. Kapitel 8.7.).

3. Was folgt danach?
Häufig ist das Verhalten des Hundes im Anschluß an die betreffende Handlung nicht so wichtig wie der Besitzer glaubt. Er mag einen Zusammenhang darin sehen, wie der Hund anschließend mit dem Schwanz wedelt oder ihm die Hand leckt, wenn er zugebissen hat oder wie er sich in eine Ecke verkriecht, wenn er etwas zerstört hat. Der Besitzer glaubt womöglich, daß dieses Anzeichen dafür sind, daß der Hund sich zumindest einer gewissen Schuld bewußt ist. Hunde benehmen sich nach ihrem Fehlverhalten oft äußerst merkwürdig, da sie gelernt haben, daß nun eine Bestrafung folgt oder da sie sich in einem Konfliktzustand zwischen auslösendem Mechanismus dieser Verhaltensweisen (z. B. Aggression) und der Angst vor Bestrafung befinden. Viele der Zeichen sogenannten schlechten Gewissens sind in Wirklichkeit Übersprungshandlungen (s. Kapitel 5.4.). Andererseits können Erkenntnisse darüber, wie sich der Besitzer im Anschluß an solches Fehlverhalten verhält, nützliche Hinweise auf die Faktoren liefern, die dieses Verhalten aufrechterhalten. Wenn ein Besitzer berichtet, daß er den Hund normalerweise tröstet, wenn dieser sich furchtsam gebärdet, besteht die Möglichkeit, daß das furchtsame Verhalten zumindest teilweise eine durch instrumentelles Lernen erzeugte Reaktion darstellt, wobei die Aufmerksamkeit der positive Verstärker ist.

b) Vorgeschichte der Verhaltensstörung

1. Wann trat das Verhalten zuerst auf?
Daraus lassen sich Rückschlüsse auf mögliche verursachende Faktoren ziehen. Zeigte der Hund dieses Verhalten schon als Welpe, so ist es wahrscheinlich durch genetische Faktoren oder Jugenderfahrungen beeinflußt worden. Trat es zuerst während der Pubertät oder kurz nach dem Erwachsensein (im Alter von ca. 2 Jahren), während der Läufigkeit oder nach einer Kastration auf, so ist es möglicherweise auf hormonelle Einflüsse zurückzuführen.

2. Unter welchen Umständen trat das Verhalten erstmalig auf?
Auch daraus können sich Aussagen über kausale Faktoren ableiten lassen. War der Besitzer des Hundes zum Beispiel krankheitsbedingt einen Monat lang zu Hause gewesen und benimmt sich der Hund seit Wiederaufnahme der Arbeit in dessen Abwesenheit destruktiv, kann man davon ausgehen, daß dieser Zerstörungstrieb zumindest zum Teil durch Trennungsangst zustande kommt. Man muß jedoch bedenken, daß Verhaltensweisen, die zunächst nur aufgrund einer Ursache entstanden sind, aufgrund einer anderen beibehalten werden können. Zum Beispiel kann eine anfangs echte phobische Reaktion beibehalten werden, weil sie durch Aufmerksamkeit belohnt wird.

3. Was haben die Besitzer bereits zur Behandlung des Problems unternommen?
Die Reaktion des Hundes auf vorangegangene Behandlungsversuche ist im Hinblick auf die kausalen Faktoren häufig aufschlußreich. Wenn Bestrafung zum Beispiel den Zustand merklich verschlechtert hat, spielt wahrscheinlich ein Angstzustand oder eine hochgradige Erregung eine Rolle. Positive Reaktionen auf vorangegangene Behandlungsweisen können auch Aufschluß im Hinblick auf erfolgreiche zukünftige Behandlungsmethoden geben. Der Tierarzt sollte sich jedoch nicht von der zunächst geplanten Behandlungsmethode seiner Wahl abbringen lassen, ohne sich vorher genau nach den Gründen für das Mißlingen erkundigt zu haben. Insbesondere bei Behandlungsmethoden, die ein Umlernen erforderlich machen, können Einzelheiten bezüglich Belohnungszeitpunkt oder hinsichtlich der Reihenfolge der Reizauslösung einen erheblichen Unterschied ausmachen. Besitzer von Hunden mit krankhaften Ängsten berichten zum Beispiel häufig, daß sie einen Behandlungsversuch gemacht haben, von dem man zunächst annehmen könnte, daß es sich um eine Art Desensibilisierung gehandelt hat. Sie haben den Hund möglicherweise nach und nach immer furchterregenderen Situationen ausgesetzt und dabei beruhigend auf ihn eingeredet. Bei näherer Betrachtung muß man jedoch häufig feststellen, daß der Besitzer zugelassen hat, daß der Hund immer ängstlicher wurde und ihn dann mit beruhigenden Worten belohnt hat. Ein derartiges Verhalten ist aber eher dazu angetan, das phobische Verhalten des Hundes weiter zu verstärken, statt ihn zu desensibilisieren.

c) Allgemeine Information

1. Wie verhält sich der Hund sonst? Gibt es weitere Probleme?
Darüber muß man sich aus zwei Gründen Klarheit verschaffen. Der eine besteht darin, daß die Besitzer zunächst häufig nur ein Problem von mehreren ansprechen. Entweder nehmen sie dabei Rücksicht auf den Tierarzt, weil sie annehmen, daß er sich von einem sehr schwierigen Fall vielleicht überfordert fühlen würde, oder sie suchen das Problem heraus, das sie am ehesten für lösbar halten. Es ist jedoch schon zu Beginn notwendig, über alle Probleme Bescheid zu wissen, da sie oft zusammenhängen und in einer ganz bestimmten Reihenfolge behandelt werden müssen. Es kann vorkommen, daß sich ein Besitzer beklagt, der Hund bedrohe Besucher. Im Laufe des Gesprächs kann sich dann aber herausstellen, daß der Hund sich auch Familienmitgliedern gegenüber dominant benimmt. Es hat in diesem Fall keinen Zweck, die Aggression des Hundes Besuchern gegenüber zu behandeln, ohne zuvor oder gleichzeitig sein Dominanzverhalten gegenüber der Familie zu behandeln.
Darüber hinaus muß man auch über das sonstige Verhalten des Hundes Bescheid wissen, da dies für die Ursachenfindung oder Behandlungsplanung hilfreich sein kann. Die Tatsache, daß ein Hund Aufmerksamkeit und Zuwendung nur zuläßt, wenn es ihm paßt,

kann die Diagnose bestätigen, daß es sich um Dominanzaggression handelt. Die Behandlung eines Hundes, der im Auto bellt und umherspringt, stellt ein schwierigeres Unterfangen dar, wenn er allgemein erregbar und hyperaktiv ist, als wenn dies die einzige Situation ist, in der er ein solches Verhalten zeigt.

2. Wie sieht der Tagesablauf des Hundes aus?

Diese Frage kann Einblicke in die Einstellung des Besitzers vermitteln. Zum Beispiel ist der Schlafplatz des Hundes häufig von Bedeutung. Ein Besitzer, der seinen Hund auf dem Bett schlafen läßt, ist ihm in der Regel sehr zugetan. Die Beantwortung dieser Frage kann auch Kenntnisse über Faktoren in der häuslichen Umgebung verschaffen, durch die diese Störung aufrechterhalten wird. Es kann beispielsweise hilfreich sein, zu wissen, ob (a) der Hund regelmäßig ausgeführt wird, (b) er über längere Zeiträume hinweg allein gelassen wird und (c) er dem Besitzer in der Wohnung von einem Raum in den anderen folgt. Wie nachfolgendes Beispiel zeigt, können auch die Umstände der Fütterung von Bedeutung sein:

Fallbeispiel 8.1.

Ein junges kinderloses Ehepaar kam mit einem drei Jahre alten männlichen Englischen Schäferhund zur Behandlung. Das Hauptproblem bestand darin, daß der Hund ihnen zuweilen den Weg in die Küche versperrte und daß er am Ende einer Fahrt nicht aus dem Auto aussteigen wollte. In beiden Fällen knurrte er die Besitzer an und schnappte nach ihnen, so daß sie sich zurückziehen mußten. Als sie über ihr sonstiges Zusammenleben mit dem Hund sprachen, stellte sich heraus, daß sie eine Entwicklung zum Dominanzverhalten gefördert hatten, indem sie verschiedene dominante Verhaltensweisen belohnt hatten. Bezeichnend war dabei ein Vorgang, der sich allmorgendlich wiederholte. Sie hatten sich Sorgen gemacht, daß der Hund nicht genügend fraß. Der Ehemann hatte aus diesem Grunde jeden Morgen eine Schüssel Cornflakes mit Milch scheinbar für sich selbst zubereitet, sie anschließend auf den Boden gestellt und dann so getan, als wolle er die Cornflakes essen. Durch diese Konkurrenz angeregt, hatte der Hund ebenfalls zu fressen begonnen, und der Mann hatte sich daraufhin zurückgezogen. Dieses tägliche Ritual war natürlich außerordentlich dazu angetan, dem Hund Dominanzverhalten beizubringen.

3. Wie setzt sich der Haushalt zusammen?

Diese Frage ist für die Diagnose sehr wichtig. Besteht der Haushalt zum Beispiel nur aus Hund und Besitzer, wird das Verhalten des Hundes sicherlich zum großen Teil durch das Verhalten des Besitzers beeinflußt und der Besitzer seinerseits hat möglicherweise eine sehr enge Beziehung zum Hund. Gibt es in der Familie aber mehrere kleine Kinder, erhält der Hund sicherlich keine ungeteilte Aufmerksamkeit über längere Zeit. Daraus können Probleme entstehen, weil das Verhalten des Hundes in diesen Fällen oft nicht ausreichend beobachtet wird und darauf nicht genügend reagiert wird (z. B. bei der Erziehung zur Stubenreinheit). Auch kann man von Müttern kleiner Kinder nicht erwarten, ein zeitraubendes Verhaltensänderungsprogramm mit dem Hund durchzuführen.

4. Wie ist das Verhältnis des Hundes zu anderen Haushaltsmitgliedern?

Besteht nur zum Besitzer oder zu allen Familienmitgliedern eine enge Beziehung? Äußert er Dominanzaggression nur gegenüber einigen oder gegenüber allen Familienmitgliedern? Gibt es Familienmitglieder, die dem Hund gleichgültig gegenüberstehen oder ihre Abneigung deutlich zum Ausdruck bringen? Obwohl nur selten die ganze Familie in die Sprechstunde kommt und häufig von einigen Familienmitgliedern berichtet wird, die dem Vorhaben eher skeptisch gegenüberstehen, verlangt die Behandlung vieler Probleme doch zumindest eine gewisse Mithilfe ihrerseits.

Wichtig ist auch das Verhältnis des Hundes zu anderen Hunden im Haushalt, insbesondere soweit es die Rangordnung der einzelnen Hunde betrifft. Die Meinung des Besitzers darüber, welcher Hund der „Leithund" ist, darf man nicht ohne weiteres akzeptieren, wenn man sich zuvor nicht genau nach dem Verhalten des Hundes erkundigt hat (s. Kapitel 9.14.).

5. Welche Einstellung hat der Besitzer zum Hund und dessen Problem?
Nach der Einstellung zu seinem Hund sollte man den Besitzer am besten nicht direkt fragen, da man sich hierüber normalerweise bereits bei der Befragung zu den anderen Punkten eine Meinung bilden kann. Zuweilen kann es jedoch sehr fruchtbar sein, einen Besitzer direkt nach seiner Einstellung zum Problemverhalten des Hundes zu befragen und zwar aus zwei Gründen. Zunächst hat der Besitzer über das Verhalten des Tieres häufig eigene Theorien entwickelt. Oft deutet er es so falsch, daß er dadurch sowohl die Situation des Hundes als auch die eigene verschlimmert. Diese Fehlinterpretationen müssen herausgefunden werden, damit sie entsprechend korrigiert werden können. Zweitens sollte man in Erfahrung bringen, inwieweit der Besitzer bereit ist, dieses Verhalten zu tolerieren, da die Behandlung dadurch entscheidend beeinflußt wird. Ist der Besitzer am Ende seiner Weisheit und zieht bereits eine Euthanasie in Betracht, muß man nach einem Behandlungsplan verfahren, der eine rasche und drastische Besserung bringt, der auf der anderen Seite jedoch auch Nebenwirkungen haben kann. In dieser Situation könnte die Bestrafung des Hundes gerechtfertigt sein und man könnte auch eine medikamentöse Behandlung in Erwägung ziehen. Ist der Besitzer jedoch bereit, das Verhalten noch ein wenig länger zu erdulden, sollte man rein verhaltenstherapeutisch vorgehen, auf die Löschung der unerwünschten Verhaltensweise und die Belohnung positiver alternativer Reaktionen abzielen.

FORMULIEREN EINER ERKLÄRUNG DES PROBLEMS

8.3. Interpretation des Verhaltens
Beim Abfassen einer Erklärung des Problems ist es oft hilfreich, das Verhalten des Hundes plausibel zu machen, wobei folgendes Schema verwandt werden kann:

a) Sind die Handlungen des Hundes Teil eines instinktiven Verhaltens?
Rückschlüsse hierüber kann man normalerweise ziehen aus (a) Einzelheiten der Körperhaltung und dem stimmhaften Ausdruck des Hundes bei Ausübung der betreffenden Handlung, (b) dem Kontext, in dem diese Handlung abläuft und (c) dem sonstigen Verhalten des Hundes. Einer der am häufigsten vorkommenden instinktiven Verhaltensabläufe im Rahmen eines Problemverhaltens besteht in der Dominanzaggression. Andere Beispiele sind Sexual-, Beutefang- und Spielverhalten.

Beispiel
Ein Hund bellt, wenn es an der Tür klingelt. Ist dies Teil der Verteidigung seines Territoriums und hängt es mit Dominanzaggression zusammen oder hat dies Verhalten eine andere Bedeutung? Handelt es sich vielleicht um Erregung angesichts eines unmittelbar bevorstehenden sozialen Kontaktes? Dieses Verhalten ist wahrscheinlich auf Dominanzaggression zurückzuführen, wenn: (a) der Hund außer zu bellen auch knurrt, (b) das Bellen bei Fremden intensiver ist als bei häufigen Besuchern oder (c) der Hund auch sonst Anzeichen von Dominanzaggression oder Territoriumsverhalten zeigt, z. B. wenn er Passanten anbellt, während er sich allein im Auto befindet.

b) Spielt bei dem Verhalten eine erlernte Komponente eine Rolle?
Davon kann man ausgehen, wenn das Verhalten, auch nur hin und wieder, belohnt wird. Erfahrungen, durch die das Problemverhalten häufig belohnt wird, bestehen in der Aufmerksamkeit des Besitzers (auch wenn sie negativ ausfällt) und in neuen, interessanten optischen und akustischen Eindrücken (s. Kapitel 3.2.).

c) Wird dieses Verhalten von Angst oder übermäßiger Erregung beeinflußt?
Davon kann man ausgehen, wenn
1. das Problemverhalten des Hundes motorische oder autonome Komponenten beinhaltet, die sich in übermäßiger Erregung ausdrücken, wie Ruhelosigkeit, Übersprungshandlungen, Zittern und Harnabsatz;
2. der Hund allgemein überängstlich und übererregt erscheint;
3. das Verhalten des Hundes in einer Situation auftritt, die typischerweise bei Hunden Ängste hervorruft (z. B. Trennung vom Besitzer);
4. in der Umgebung des Tieres Ursachen zu finden sind, die Angstzustände auslösen können (z. B. häufige oder inkonsequente Bestrafung, Konflikte innerhalb der Familie, neurotischer Besitzer, schlimme Jugenderfahrungen).

Hierbei muß man berücksichtigen, daß sich diese möglichen Erklärungen zum Verhalten des Hundes nicht gegenseitig ausschließen. Instinktive oder erlernte Komponenten können gleichzeitig wirken oder durch Angst verschlimmert werden.

8.4. Ursachen
Nachdem zunächst das Verhalten des Hundes einigermaßen interpretiert worden ist, sollte man versuchen, folgende Fragen zu den Ursachen zu beantworten:

a) Wird das Verhalten durch hormonelle Faktoren beeinflußt?
Davon kann man ausgehen, wenn das Problemverhalten mit Sexualverhalten (z. B. Streunen, Aufsteigen oder Markierung des Territoriums oder Dominanzaggression zusammenhängt. Dies kann man ebenfalls vermuten, wenn das Verhalten nach einer hormonellen Veränderung auftrat oder sich wiederholte (z. B. während der Pubertät, nach Erreichung der vollen körperlichen Reife, während des Östrus oder im Anschluß an eine Kastration). Wenn keine anderen Ursachen gefunden werden können, kann dies Hinweise auf den hormonellen Ursprung des Verhaltens geben.

Fallbeispiel 8.2.
Eine verheiratete Frau in den mittleren Jahren mit Kindern im Teenager-Alter suchte die Sprechstunde zur Behandlung ihrer zwölf Jahre alten Labrador-Retriever-Hündin auf, die seit

einiger Zeit begonnen hatte, das Inventar schrecklich zu zerstören, wenn man sie allein im Haus zurückließ. Sie hatte bereits ein Sofa und zwei Matratzen zerbissen. In gleicher Weise hatte sie, während sie sich nachts allein in der Küche befand, ihre Schlafstelle zerstört. Dieses Verhalten war typisch für einen Hund, der unter Trennungsangst leidet (s. Kapitel 10.6.), denn es trat nur auf, wenn das Tier nicht die Nähe seiner Besitzerin suchen konnte. Es war jedoch nicht klar, warum das Problemverhalten jetzt, so spät im Leben des Hundes eingesetzt hatte. Die Hündin hatte sich zuvor ruhig verhalten und war immer daran gewöhnt gewesen, tagsüber viele Stunden lang allein im Haus zu bleiben. Während der weiteren Befragung stellte sich heraus, daß dieses Verhalten im Anschluß an eine Ovariohysterektomie aufgrund einer Gebärmuttervereiterung aufgetreten war. Daher bestand die Wahrscheinlichkeit, daß es durch hormonelle Faktoren beeinflußt wurde und vielleicht auf eine verminderte Progesteronproduktion als Folge der Ovarektomie zurückzuführen war. Der Hund wurde einen Monat lang mit Megestrolacetat behandelt. Drei Tage nach der erstmaligen Gabe des Medikaments hörten sämtliche destruktiven Verhaltensweisen auf.

b) Wird das Verhalten durch genetische Faktoren, körperliche Veranlagung oder frühzeitige Umwelteinflüsse bestimmt?
Genetische Faktoren kann man vermuten, wenn das Verhalten typisch für eine bestimmte Rasse ist (z. B. plötzliche und unkontrollierbare Aggression bei einfarbigen Cockerspaniels oder Angst vor Menschen, die Gegenstände hin- und herbewegen, bei Border-Collies) oder wenn es Beweise dafür gibt, daß einer der beiden Elternteile gleiche Verhaltensmerkmale aufwies. Das Verhalten kann von frühzeitigen Umwelteinflüssen herrühren, wenn es Erkenntnisse über entsprechende schlimme Erfahrungen gibt (s. Kapitel 6.2.). Jeder dieser drei Faktoren (Genetik, körperliche Veranlagung oder Umwelteinflüsse) kann die Ursache dafür sein, wenn ein Hund schon immer ein solches Verhalten gezeigt hat. Wenn einer dieser drei Faktoren beteiligt ist, so sind die Möglichkeiten einer Besserung begrenzt, obwohl gewisse Störungen wie Hyperaktivität, die auf körperlicher Veranlagung basieren, sich mit zunehmendem Alter bessern.

c) Worin bestehen die Reize, die das Verhalten auslösen?
Je besser man diese Reize definieren kann, um so effektiver kann die Behandlung von Verhaltensstörungen werden. Relevante Reize können Ort, Tageszeit, Verhalten des Eigentümers, An- oder Abwesenheit anderer Menschen oder Hunde und das Vorhandensein bestimmter Gerüche oder Geräusche sein.

d) In welchem Zusammenhang steht das Problemverhalten des Hundes mit seinem sonstigen Verhalten?
Gibt es bestimmte allgemeine Tendenzen (wie Dominanz oder Hyperaktivität), mit denen man sich befassen sollte, bevor man sich dem eigentlichen Problem zuwendet?

e) Trägt die Einstellung des Eigentümers zum Problem bei?
Wenn ja, muß man versuchen, einen gewissen Einfluß auf diese Einstellung auszuüben.

BEHANDLUNG

Die allgemeinen Prinzipien der Behandlung von Verhaltensstörungen, die auf der Lerntheorie basieren, sind in Kapitel 3 dargelegt worden. Bevor Vorschläge zur Ausarbeitung eines Behandlungsplanes gemacht werden, ist es zweckmäßig, an dieser Stelle auch auf die allgemeinen Grundsätze chirurgischer und psychopharmakologischer Behandlungsmethoden einzugehen.

8.5. Chirurgische Behandlung

Zuweilen wird der Versuch unternommen, Verhaltensprobleme durch Entfernung gewisser Körperteile zu lösen, um es dem Hund unmöglich zu machen, dieses Verhalten weiter auszuüben. Das gilt für die Entfernung der Eckzähne bei bissigen Hunden und für die Amputation des Schwanzes bei Hunden, die ihrem Schwanz nachjagen. Die Jagd nach dem Schwanz wird allerdings durch dessen Amputation nur selten geheilt, denn der Hund fährt häufig fort, dem Stumpf nachzujagen. HOUPT und WOLSKI (1982) haben berichtet, daß aggressive Hunde, denen die Zähne entfernt werden, nicht nur weniger Schaden anrichten, sondern sich anschließend auch weniger aggressiv benehmen, wahrscheinlich weil der Eigentümer mehr Vertrauen zu ihnen faßt, oder weil sie lernen, daß das Beißen nicht mehr den gleichen Erfolg hat. Tierärzte sind verständlicherweise häufig jedoch nicht bereit, einen Hund in dieser Weise zu verstümmeln. Eine **Kastration** ist der Eingriff, der wegen Verhaltensstörungen am häufigsten vorgenommen wird und zwar in der Regel wegen geschlechtsbezogener Verhaltensprobleme, wie Aggression unter Rüden, Streunen, Aufsteigen und Setzen von Urinmarken. Die Wirksamkeit der Kastration im Hinblick auf derartige Reaktionen ist jedoch unterschiedlich und liegt zwischen 90 % beim Streunen und 50 bis 60 % beim Setzen von Urinmarken, Aufsteigen und aggressivem Verhalten (HOPKINS et al., 1976). Das Alter des Hundes spielt bei der Reaktion auf die Kastration keine Rolle. Der Grund dafür, daß eine Kastration so häufig ohne Wirkung bleibt, liegt zum Teil darin, daß das männliche Gehirn perinatal durch höhere Testosteronsekretion beeinflußt worden ist (HART und LADEWIG, 1979).

Die **Entfernung der Eierstöcke** bei Hündinnen wird zuweilen wegen unterschiedlicher Verhaltensstörungen vorgenommen. Es gibt jedoch keinen Beweis dafür, daß sich die Entfernung der Eierstöcke auch auf solche Verhaltensweisen auswirkt, die nicht direkt mit dem Östrus oder der Scheinträchtigkeit zusammenhängen. Darüber hinaus wird durch eine Ovarektomie die Gefahr der Dominanzaggression noch vergrößert (VOITH, 1982). Das muß man berücksichtigen, wenn ein Eigentümer aus Bequemlichkeit eine Ovarektomie vornehmen lassen will.

Alle diese operativen Methoden haben den Nachteil, daß sie irreversibel sind. Werden sie ernsthaft ins Auge gefaßt, sollten ihre Auswirkungen soweit möglich zunächst pharmakologisch vorgetestet werden. Im Falle der Kastration kann dafür Delmadinon verwendet werden.

Auf jeden Versuch, Verhaltensweisen chirurgisch zu korrigieren, sollte unmittelbar eine Verhaltenstherapie folgen, da sonst ein zu großes Risiko besteht, daß sich die unerwünschten Verhaltensweisen fortsetzen oder daß sie erneut auftreten.

8.6. Medikamentöse Behandlung

Gegenwärtig gibt es nur wenig Medikamente, die für die Behandlung von Verhaltensstörungen bei Kleintieren zugelassen sind. Es handelt sich dabei ausschließlich um Sedativa oder synthetische Progestagene. Die Humanmedizin verfügt dagegen über zahlreiche Medikamente für die psychiatrische Behandlung. Viele dieser Medikamente sind bei Tieren bereits experimentell erprobt worden. Es liegen jedoch bis jetzt noch nicht genügend Testergebnisse vor, um Empfehlungen hinsichtlich ihrer klinischen Verwendung geben zu können. Allerdings kann man sich gewisse Situationen vorstellen, in denen ein Versuch mit diesen Medikamenten gerechtfertigt wäre. Eines der meist versprechenden Medikamente auf diesem Gebiet gehört zu den Butyrophenonen. Haloperidol wird zur Kontrolle aggressiven Verhaltens bei menschlichen Patienten eingesetzt. Man hat auch herausgefunden, daß dieses Mittel die aggressiven Tendenzen von Schweinen vermindert (SYMOENS, 1969), und als es den dominanten Mitgliedern einer Affenkolonie auf Java verabreicht wurde, verringerte es deren Dominanzstatus (COOLS, 1981). Diese Substanz könnte daher auch für die Behandlung der Dominanzaggression bei Hunden hilfreich sein.

Tranquilizer

Acepromazinmaleat kann zum Abbau von Angst oder Erregbarkeit eingesetzt werden. Es hat jedoch den Nachteil, daß es eine unerwünscht starke Sedierung auslösen kann und bei langfristiger Gabe die Gefahr kardiovaskulärer Nebenwirkungen besteht. Alternativ dazu sind zwei verschiedene Medikamentengruppen erfolgreich eingesetzt worden. Dabei handelt es sich um die Benzodiazepine, insbesondere Diazepam und trizyklische Antidepressiva wie Imipraminhydrochlorid. Aber auch bei diesen Wirkstoffen kann es schwierig sein, eine Dosierung zu finden, die Angst und Erregung abbaut, ohne gleichzeitig unnötig tief zu sedieren. Der Unterschied zwischen der erwünscht beruhigenden und der unerwünscht schläfrig machenden Dosierung ist bei Hunden erheblich kleiner als bei Menschen. Für den Behandlungsbeginn wird bei Diazepam eine Dosierung von 2 mg/kg und bei Amitriptylin eine Dosierung von 2–4 mg/kg vor Eintritt des angstauslösenden Ereignisses empfohlen (VOITH, 1984). Bei Diazepam sind teilweise paradoxe Nebenwirkungen, wie Hyperaktivität, beobachtet worden. Aufgrund der Gefahr solcher Nebenwirkungen bei allen Medikamenten, die nicht für Tiere zugelassen sind, sollte ein Hund während der ersten 24 Stunden nach Gabe der Substanz nicht ohne Aufsicht gelassen werden.

Tranquilizer sollten nicht allein benutzt werden, sondern nur mit Begleitung durch eine Verhaltenstherapie gegeben werden. Da die Möglichkeit besteht, daß derartige Medikamente den Lernprozeß hemmen, sollten sie nur dann eingesetzt werden, wenn der Hund so ängstlich ist, daß sonst eine wirksame Verhaltenstherapie nicht begonnen werden kann. Außerdem besteht die Möglichkeit, daß bei Einsatz des Medikaments und erfolgreicher Verhaltenstherapie der Hund lernt, sich in einer bestimmten Situation unter Einfluß des Medikaments ruhig zu verhalten, aber das Gelernte nicht auf andere Situationen übertragen kann, in denen keine Medikamente gegeben wurden. Nach erfolgreicher Behandlung sollte das Medikament daher allmählich abgesetzt werden.

Synthetische Progestagene

Von den synthetischen Progestagenen wird Megestrolacetat für die Behandlung von Verhaltensproblemen am häufigsten benutzt. Es eignet sich als Zusatz zur Behandlung geschlechtsspezifischer Probleme wie Dominanzaggression, Aufsteigen, Streunen und Setzen von Urinmarken. Diese Substanz hat auch allgemeine Auswirkungen auf das zentrale Nervensystem und kann Hunde gleichmütiger und gefügiger machen. Diese Substanz ist daher auch bei anderen Störungen, z. B. Zerstörungstrieb, anwendbar, wenn Affekthandlungen oder übermäßige Erregbarkeit eine Rolle spielen. Als Anfangsdosis werden 2 mg/kg täglich über einen Zeitraum von 2 Wochen empfohlen, daran anschließend die halbe Dosis für weitere 2 Wochen. Ist die Anfangsdosis unwirksam, kann eine Dosis von 4 mg/kg versucht werden. Die Gabe von Megestrol sollte immer auch von verhaltenstherapeutischen Maßnahmen begleitet werden. Das Medikament sollte als Mittel zur Gewährleistung der optimalen Bedingungen für die Verhaltenstherapie eingesetzt werden. Da eine Gabe über längere Zeiträume nicht ungefährlich ist, kann dieses Medikament nicht als alleinige Behandlungsmöglichkeit betrachtet werden. Eine Untersuchung durch JOBY et al. (1984) bei männlichen Hunden mit unterschiedlichen Verhaltensstörungen erbrachte Anfangsverbesserungen von 75 % nach zwei- bis vierwöchiger alleiniger Gabe von Megestrol. Ausreichende Ergebnisse über langfristige Untersuchungen liegen allerdings nicht vor.

8.7. Verhaltenstherapie

Für jeden Einzelfall muß ein spezielles verhaltenstherapeutisches Programm entwickelt werden. Man kann jedoch eine grobe Einteilung der Verhaltenstherapie in drei verschiedene Kategorien vornehmen:

a) Beseitigung oder Veränderung des auslösenden Reizes

Das ist insbesondere dann hilfreich, wenn das Verhalten instinktiv ist und die Assoziation zwischen Reiz und Reaktion bereits fertig „installiert" ist. In solchen Fällen ist es häufig schwierig, wenn auch nicht unmöglich, dem Hund beizubringen, die instinktive Reaktion auf den auslösenden Reiz zu unterlassen, da es oftmals keine äußere Belohnung gibt, die man weglassen kann; gewissermaßen stellt das Verhalten an sich bereits eine Belohnung dar. Deshalb ist es z. B. schwierig, das Schafehetzen zu behandeln. Manchmal empfiehlt es sich daher, den auslösenden Reiz zu entfernen, so daß das Verhalten erst gar nicht eintritt. Das trifft auch auf die instinktive Verhaltensweise zu, die am häufigsten Probleme macht: die Dominanzaggression. In diesen Fällen muß der Besitzer damit aufhören, sich dem Hund gegenüber so zu verhalten, daß dieser ihn als rangniedriger einstuft (s. Kapitel 4.8.). Das gleiche trifft auch auf die Behandlung unerwünschten Harnabsatzes zu, soweit dieser Harnabsatz eher auf mangelnde Stubenreinheit als auf besondere Ängste zurückzuführen ist. Aufgrund des Duftreizes des früher abgesetzten Urins fühlt sich der Hund instinktiv immer wieder veranlaßt, an der gleichen Stelle zu urinieren. Sofern man diesen Geruch nicht beseitigt, kann die Erziehung zur Stubenreinheit schwierig sein (s. Kapitel 11.4.).

b) Änderung des Zeitpunktes der Belohnung (instrumentelles Lernen)

Ein solches Vorgehen empfiehlt sich insbesondere dann, wenn das Problemverhalten durch Belohnungen aufrechterhalten, z. B., wenn das Betteln um Nahrung während der Mahlzeiten der Familie mit Leckerbissen belohnt wird. Will man solche Verhaltensweisen ausräumen, sollte man in der Regel auf zweierlei Art verfahren:
1. Sicherstellen, daß das unerwünschte Verhalten nicht belohnt wird;
2. den Hund lehren, irgend eine andere Handlung als Reaktion auf den auslösenden Reiz auszuführen.

So würde man einen Hund, der die Familie während der Mahlzeiten durch Betteln belästigt
1. völlig ignorieren, wenn er sich dem Tisch nähert;
2. belohnen, wenn er zu seinem Körbchen geht und dort während der Mahlzeiten bleibt.

c) Systematische Desensibilisierung

Dieses Verfahren bedient sich der klassischen Konditionierung und zielt darauf ab, die Beziehung auszuschalten, die sich zwischen einem bedingten Reiz und einer bedingten Reaktion, die in hochgradiger Erregung besteht, gebildet hat (Kapitel 5.3.). Das heißt, für einen Hund, der sich vor dem Donner fürchtet, müßte das Ziel darin bestehen, die Verbindung zwischen dem bedingten Reiz (Donner) und der bedingten Reaktion (Angst) zu lösen. Befindet sich der Hund in einem ruhigen Allgemeinzustand, setzt man ihm dem bedingten Reiz zunächst in sehr schwacher Form und allmählich in immer stärkerer Form aus.

Man kann einem Hund, der sich vor dem Donner fürchtet, ein Tonband mit Donnergeräuschen sehr leise vorspielen, während man ihn gleichzeitig streichelt und beruhigt. Zeigt er keinerlei Anzeichen von Angst, kann man die Lautstärke nach und nach steigern. Dieses Verfahren kann außer bei Angst auch bei anderen großen Erregungszuständen angewendet werden. Ein Hund, der bei bestimmten Geräuschen unmäßig bellt, kann auf die gleiche Weise behandelt werden. Auch bei der Behandlung von Dominanzaggression empfiehlt sich ein solches Vorgehen (s. Kapitel 9.5.). Bei richtiger Anwendung ist es sehr wirksam. Versucht man, die Methode einem Klienten zu erläutern, erhält man zuweilen die Antwort, daß es bereits erfolglos angewendet worden sei. Bei gezielter Befragung muß man meistens feststellen, daß einer der beiden folgenden Punkte vergessen wurde:

1. Der Hund muß den potentiell erregenden Reizen in nach und nach immer stärkerem Maße ausgesetzt werden.
2. Der Hund darf während der Behandlung niemals ängstlich werden. Geschieht das, dann geht die Behandlung zu schnell voran, und man muß wieder mit einem früheren Stadium beginnen. Eine Desensibilisierung muß in der Regel geduldig und langsam vorgenommen werden, wobei der Reiz auf jeder der Intensivstufen mehrmals appliziert wird. Der am häufigsten begangene Fehler besteht in zu schnellem Vorgehen.

Die größte Schwierigkeit bei der Planung einer solchen Behandlung stellt in der Regel die Entwicklung einer Hierarchie erregender Reize dar, die nach und nach an Intensität zunehmen und die unter kontrollierten Bedingungen präsentiert werden können. Natürliche Reize, wie Gewitter, die häufig phobische Reaktionen hervorrufen, liegen außerhalb des Einflußbereiches des Besitzers und finden mit zufälliger Intensität statt. Die Lösung ist, einen Reiz zu finden, der den auslösenden Stimulus simuliert. Handelt es sich um einen akustischen Reiz, kann man ein Tonband verwenden, das man über Tage und Wochen mit nach und nach zunehmender Lautstärke immer wieder abspielen kann. Sind es Menschen, die Angst, Erregung oder Aggression hervorrufen, muß sich der Besitzer der Hilfe eines Verbündeten bedienen, der die Rolle eines Besuchers oder eines Passanten übernimmt. Diesen Helfer kann man anweisen, sich angemessen zu verhalten. Zum Beispiel kann er sich dem Hund wiederholt nähern und dabei in immer kürzeren Abständen zu ihm stehen bleiben.

Oft ist die Behandlung bis zu einem gewissen Punkt erfolgreich, dann können keine weiteren Fortschritte erzielt werden. Z. B. ein Besitzer, der versucht, seinen Hund im Hinblick auf sein Verlassen des Hauses wieder zu desensibilisieren, kann mit Erfolg seinen Mantel anziehen und zur Tür gehen. Sobald der Hund jedoch hört, daß sich die Tür öffnet, zeigt er wieder größte Angst. Diese Schwierigkeit muß durch langsame Annäherung an die scheinbar unüberwindliche Hürde umgangen werden. In einem solchen Fall empfiehlt es sich, zunächst nur die Hand auf den Türgriff zu legen, ohne diesen zu betätigen. Geht das gut, drückt man ihn langsam nieder ohne noch zu öffnen und so fort in winzigen Schritten.

Aus den vorangegangenen Erklärungen ist deutlich geworden, daß eine solche Behandlung zeitraubend ist. Von Seiten des Besitzers verlangt sie erhebliche Geduld, Erfindungsgabe und Aufopferung. Wenn man sich zu einer systematischen Desensibilisierung entschließt, ist es in der Tat so, daß das Ergebnis letztendlich von der Persönlichkeit des Besitzers und nicht von der Schwere der Störung beim Hund abhängt.

8.8. Einstellung des Besitzers und damit zusammenhängende Faktoren

Die erfolgreiche Behandlung einer Verhaltensstörung des Hundes erfordert in der Regel vor allem eine Änderung des Verhaltens des Besitzers wie auch des Verhaltens des Hundes. Behandlungspläne, die im Hinblick auf den Hund theoretisch richtig sind, schlagen oft fehl, weil der Besitzer sie nicht entsprechend befolgt. Daher muß den Faktoren, die eine Änderung im Verhalten des Besitzer fördern oder verhindern können, besondere Aufmerksamkeit geschenkt werden.

a) Konkrete Umstände

Zuweilen ist ein Besitzer aufgrund häuslicher oder beruflicher Verpflichtungen einfach nicht in der Lage, ein verhaltenstherapeutisches Programm durchzuführen. Es ist besser, sich von Beginn an über diese beschränkten Möglichkeiten im klaren zu sein, damit er nicht das Gefühl hat, es würde Unmögliches von ihm verlangt.

b) Falsche Vorstellungen über die Psychologie des Hundes

Die Richtigstellung von Fehlinterpretationen des Verhaltens des Hundes ist häufig die erste Voraussetzung für jederlei Erfolg. Ein Besitzer kann zum Beispiel den Zerstörungstrieb oder die Aggression seines Hundes unter moralischen Kriterien sehen, darüber aufgebracht sein und mit unangemessener Bestrafung reagieren. Dann lohnt es die Mühe sicherzustellen, daß er die richtige Interpretation des Verhaltens begriffen hat.

c) Einstellung des Besitzers seinem Hund gegenüber

Die psychologische Funktion, die der Hund für einen Menschen hat, spielt bei der Entwicklung und Aufrechterhaltung von unnormalen Verhaltensweisen oft eine Rolle (s. Kapitel 7.4. zu Möglichkeiten, auf das Verhalten des Besitzers modifizierend einzuwirken). Zuweilen können Besitzer veranlaßt werden, ihre Verhaltensweisen zu ändern und zwar entweder dadurch, daß sie einen gewissen Einblick gewinnen oder während sie ein Verhaltensprogramm durchführen (s. Kapitel 7.6.). Häufig muß jedoch seine Einstellung akzeptiert und berücksichtigt werden, wenn man den Behandlungsplan aufstellt und ihn dem Besitzer präsentiert. Es hat keinen Zweck, von einem Hundehalter, dessen Tier wegen Trennungsängsten nachts in der Küche uriniert, zu verlangen, den Hund ins Schlafzimmer zu lassen, wenn dieser Mensch über den Gedanken an Hunde im Schlafzimmer entsetzt ist. Solche Leute ziehen es vor, regelmäßig mitten in der Nacht aufzustehen, kurz bevor der Hund gewöhnlich uriniert. Ähnlich verhält es sich auch mit Besitzern, die ihren dominanten Hunden äußerst zugetan sind und nun gezwungen werden, den Hund die meiste Zeit über zu ignorieren, um die eigene Dominanz wiederherzustellen. Es empfiehlt sich dann, diese Prozedur als vorübergehende Möglichkeit darzustellen, von der man wieder abweichen kann, wenn die Dominanz erst einmal hergestellt ist. Sonst besteht die Gefahr, daß der Besitzer dieses Vorgehen als nicht akzeptabel ansieht. Es kam sogar vor, daß gefragt wurde: „Kann ich ihm denn nicht einmal seinen Gutenachtkuß geben?"

Die Bereitschaft des Besitzers, seine Einstellung zum Hund zu ändern sowie seine Ansicht über das Verhalten des Tieres ist häufig der wichtigste Punkt bei der Prognose des Behandlungserfolges. Der Besitzer kann natürlich sowohl das Verhalten des Hundes als auch sein eigenes Benehmen eigentlich viel besser beobachten als der Tierarzt. Kann man ihn dazu bewegen, die ganze Angelegenheit mit etwas Abstand und in dem ihm vorgeschlagenen konzeptionellen Rahmen zu betrachten, erhöht sich die Erfolgchance beträchtlich. **Die erfolgreichsten Behandlungsverfahren sind häufig nicht diejenigen, die gemäß den Anweisungen des Tierarztes blind befolgt werden, sondern diejenigen, die vom Besitzer unter Berücksichtigung der neuen Konzeption, die der Tierarzt zur Verfügung gestellt hat, entsprechend modifiziert und erweitert werden.**

Fallbeispiel 8.3.
Eine Frau in den Fünfzigern kam mit ihrer fünf Jahre alten Weißen Hochland-Terrier-Hündin in die Behandlung. Das Tier hatte während der Abwesenheit der Besitzerin begonnen, Harn abzusetzen und den Fußbodenbelag zu zerkratzen. Zuvor hatte sie das Tier immer im Wohnzimmer gelassen, wenn sie ausgegangen war. Als das Problemverhalten einsetzte und der Teppich in Mitleidenschaft gezogen wurde, hatte man das Tier in die Küche verbannt, wo es jedoch begonnen hatte, den Fußbodenbelag in ähnlicher Weise zu ruinieren. Es stellte sich heraus, daß das Problem aufgetreten war, nachdem ein anderer Hund der gleichen Rasse im Haushalt gestorben war. Dieser Hund war erst zwei Jahre zuvor gekauft worden, und die beiden Tiere waren immer zusammen gewesen. Die Besitzerin wußte, daß die Hündin ihren Gefährten vermißte, war sich jedoch nicht klar darüber, daß Harnabsatz und Zerstörungstrieb Symptome für die Einsamkeit des Hundes waren. Ihr wurde geraten, nach dem Standardverfahren vorzugehen und das Tier im Hinblick auf das Alleinbleiben zu desensibilisieren (s. Kapitel 10.6.).
Beim nächsten Besuch berichtete sie, daß sie das Problem auf andere Weise gelöst habe. Ihr war eingefallen, daß sie der Hündin vor Kauf des zweiten Hundes gestattet hatte, in ihrem Schlafzimmer zu bleiben, wenn sie fortging. Sie war deshalb das Risiko eingegangen, die Hündin ins Schlafzimmer zu lassen, mit dem Ergebnis, daß von da an nichts mehr vorgefallen war.

Auf der anderen Seite ist ein Langzeiterfolg bei Besitzern, die nicht in der Lage sind, die Behandlungsprinzipien zu akzeptieren oder zu verstehen, viel weniger wahrscheinlich. Das gilt besonders dann, wenn der Hund dauerhafte Persönlichkeitsmerkmale, wie Dominanz oder Erregbarkeit, aufweist, die nicht heilbar sind und ständig kontrolliert werden müssen.

Fallbeispiel 8.4.
Ein Ehepaar in den mittleren Jahren kam mit einem vier Jahre alten Border Collie namens Captain in die Behandlung. Die Überweisung war plötzlich notwendig geworden, weil der Hund den Postboten gebissen hatte. Der Postbote war sehr verärgert gewesen und hatte gesagt, er wolle die Polizei informieren. Das Ehepaar befürchtete nun, ein Polizist würde an der Haustür erscheinen und den Hund mitnehmen und töten. Es stellte sich heraus, daß man dieses Malheur hätte vorhersehen können. Der Hund hatte seit einiger Zeit eine verstärkte territoriale Aggression gezeigt. Er verbrachte sehr viel Zeit vor einem großen Panoramafenster im Wohnzimmer, hielt nach Straßenpassanten und Besuchern Ausschau und bellte diejenigen, die er nicht mochte, grimmig an. Männer in Uniform riefen dabei besonders heftige Reaktionen hervor. Wenn man ihn in den Vorgarten ließ, unternahm er bedrohliche Ausfälle auf die Straße, und wenn er an der Leine

geführt wurde, stürzte er zuweilen auf Passanten los. Obwohl der Hund nie vorher ein Familienmitglied gebissen hatte, zeigte er ansonsten doch das typische Verhalten eines dominanten Hundes, der ein unabhängiges Leben führt und die meisten sozialen Interaktionen aus eigenem Antrieb beginnt (s. Kapitel 9.6.). Man empfahl den Besitzern, die territoriale Aggression vorerst dadurch zu behandeln, daß man den Hund von Situationen fernhielt, die ein solches Verhalten provozieren konnten. Sie sollten ihm zum Beispiel nicht mehr gestatten, aus dem Wohnzimmerfenster zu schauen, bevor sie nicht mehr Dominanz über ihn erlangt hatten. Danach sollte der Hund solchen Situationen unter Kontrolle der Besitzer allmählich wieder ausgesetzt werden, wobei nicht-aggressives Verhalten belohnt werden mußte. Außerdem wurde Megestrolacetat verordnet.
Man versuchte, die Besitzer davon zu überzeugen, daß die territoriale Aggression anhalten würde, sofern es nicht gelänge, die Dominanzstellung des Hundes im Haushalt abzubauen und falls sie nicht das Verhalten des Hundes in einem gewissen Ausmaß vorherzusehen und zu kontrollieren vermöchten, statt nur passiv darauf zu warten, was er als nächstes tun würde.
Als das Ehepaar nach zwei Wochen wieder in die Sprechstunde kam, konnte es über einen gewissen Fortschritt berichten. Nähere Befragungen ließen jedoch vermuten, daß sie, obwohl sie einige Anweisungen befolgt hatten, deren Bedeutung nicht völlig begriffen. Die Polizei hatte die Angelegenheit mit dem Postboten nicht weiter verfolgt, und sie machten ganz den Eindruck, als wollten sie nun, nachdem die unmittelbare Krise zunächst abgewendet worden war, der Sache keine größere Aufmerksamkeit mehr schenken.
Bei einer Nachuntersuchung ein Jahr später durch einen Studenten wegen einer Studienarbeit, schien sich dieser Eindruck zu bestätigen. Es hatten keine weiteren polizeilichen Untersuchungen stattgefunden, und die Besitzer schienen offensichtlich das Verhalten des Hundes zu akzeptieren, indem sie sich nachsichtig über seine „Ungezogenheit" äußerten. Er bellte noch immer am Fenster und bedrohte Straßenpassanten.
Während der Unterredung gewann der Student den Eindruck, daß die Besitzer alle Ratschläge für den Aufbau und den Erhalt der Dominanz völlig vergessen hatten.

Hat man es mit einem Besitzer zu tun, auf dessen Einstellung nur sehr schwer Einfluß genommen werden kann, befindet sich der praktische Tierarzt dem Spezialisten gegenüber im Vorteil, da er den Klienten in den meisten Fällen schon länger kennt. Auf diese Weise hat er die Möglichkeit, Vorschläge, die der Klient nicht gern annimmt, zu wiederholen und zu bekräftigen.

8.9. Alternativen zur Behandlung

Das vorrangige Ziel der Behandlung besteht in der Verbesserung der Lebensqualität für die ganze Familie, in der der Hund lebt. Betrachtet man die Angelegenheit aus dieser Perspektive, ist es gelegentlich angezeigt, die Verhaltensstörung nicht zu behandeln, sondern eine **Euthanasie** zu empfehlen. Die Gründe, aus denen man eine solche Entscheidung ins Auge fassen könnte, sind (a) der Hund ist so gefährlich, daß er eine unzumutbare Gefahr darstellt, selbst wenn das Problemverhalten nur selten auftritt, und (b) es gibt keine Möglichkeit, herauszufinden, ob das Problemverhalten aufgehört hat, außer abzuwarten, ob es sich wiederholt oder nicht. Diese Situation trifft vor allem auf Familien mit kleinen Kindern zu, die bereits ernsthaft gebissen worden sind. Kleine Kinder sind besonders gefährdet, da man ihnen nicht zuverlässig beibringen kann, die Körpersprache des Hundes zu verstehen, um damit einem Angriff zu entgehen. Eine andere Situation, auf die diese Voraussetzungen auch zutreffen, besteht dann, wenn die Aggression des Hundes so plötzlich und unvermittelt eintritt, daß sich auch Erwachsene in ständiger Gefahr befinden.
Zuweilen besteht die beste Möglichkeit darin, dem Eigentümer vorzuschlagen, **ein anderes Heim für den Hund zu suchen.** Obwohl es insgesamt gesehen vermutlich nicht

ratsam ist, das „Recycling" eines Hundes mit Verhaltensstörungen zu fördern, gibt es Fälle, in denen die besondere häusliche Situation oder die Persönlichkeit des Besitzers so sehr zu dem Problem beitragen, daß eine solche Lösung gerechtfertigt ist. Unter diesen Umständen helfen Rassezuchtvereine, die einen Hilfsdienst für herrenlos gewordene Hunde organisiert haben, oft bei Suche nach einem neuen Zuhause für das Tier.

Fallbeispiel 8.5.
Eine etwa 60jährige Witwe kam mit ihren zwei einjährigen Cavalier-King-Charles-Spaniels in die Sprechstunde und beklagte sich darüber, daß die Hunde unmäßig bellten, sobald sie ungewöhnliche Geräusche hörten oder Besucher sich dem Haus näherten. Die Frau lebte in einer Sozialwohnung und die Mietbestimmungen verboten ihr das Halten von Haustieren. Die Nachbarn hatten sich über das Bellen beschwert und Anzeige bei der Gemeindebehörde erstattet. In Wirklichkeit hatte die Frau insgesamt fünf Hunde, aber die Gemeinde wußte über die anderen drei nicht Bescheid. Sie fühlte sich so unter Druck, daß sie erwog, sich ein anderes Haus zu kaufen, wo sie unbelästigt mit ihren fünf Hunden leben konnte. Ihre Tochter, die sie begleitete, meinte allerdings, das sei unrealistisch. Sie gab auch an, daß die Mutter unter ernsthaften Herzbeschwerden, litte, die es kaum zuließen, so viele Hunde zu halten und auszuführen. In dieser Situation schien es das beste zu sein, die Besitzerin zu überzeugen, ein neues Heim für die beiden jüngsten Hunde zu suchen. Da sie jung und reinrassig waren, bestanden gute Aussichten, ein neues Zuhause für die Tiere zu finden. Konnte man außerdem für jeden der beiden ein Heim finden, in dem keine anderen Hunde lebten, erschien es wahrscheinlich, das Bellen unter Kontrolle zu bringen. Die Tochter nahm diese Empfehlungen begeistert auf, und die Besitzerin sagte, daß sie darüber nachdenken wolle. Leider liegen keine weiteren Informationen zu diesem Fall vor.

Es gibt zuweilen Fälle, in denen kaum Aussicht auf Erfolg besteht, die Besitzer aber unbedingt eine Behandlung durchführen lassen wollen. Einem solchen Wunsch sollte man aus zweierlei Gründen stattgeben:
1. Zu Anfang kann man den Ausgang der Behandlung nie mit absoluter Gewißheit voraussagen.
2. Selbst wenn die Behandlung fehlschlägt und der Hund eingeschläfert werden muß, kann der Besitzer diese Entscheidung häufig mit besserem Gewissen treffen, in dem Bewußtsein, alles für das Tier getan zu haben.

Weiterführende Literatur
VOITH, V. L., und P. L. BORCHELT (Hrsg.), Symposium on Animal Behaviour, Veterinary Clinics of North America, 12, 4, 1984
VOITH, V. L., Behaviour Problems, in Canine Medicine and Therapeutics, ed. Chandler, Blackwell, Oxford, 1984

Tabelle 8.1 Diagnose und Behandlung von Verhaltensstörungen: Übersicht

Beschreibung des Problems	Vorgeschichte	Allgemeine Informationen
Was macht der Hund im einzelnen? Wann und wo äußert sich dieses Verhalten? Was folgt danach?	Wann zeigte sich das Verhalten erstmalig? Unter welchen Umständen setzte es ein? Wurden bereits Behandlungsmethoden versucht?	Sonstiges Verhalten des Hundes Tagesablauf des Hundes Zusammensetzung des Haushalts Verhältnis des Hundes zu anderen Familienmitgliedern Einstellung des Besitzers

Interpretation des Verhaltens
Welche Aspekte sind instinktiv?
Welche Aspekte sind erlernt?
Spielen Angst oder übermäßige Erregung eine Rolle?

Ursachen
Spielen hormonelle Faktoren eine Rolle?
Gibt es genetische Faktoren, körperliche Veranlagung oder frühzeitige Umwelteinflüsse?
Worin bestehen die auslösenden Reize?
In welcher Beziehung steht das Problemverhalten zum sonstigen Verhalten des Hundes?
Trägt die Einstellung des Besitzers dazu bei?

Verfügbare Behandlungsmethoden
Operativ: Kastration
Medikamente
Tranquilizer
Synthetische Progesterone
Verhaltenstherapie
Beseitigung oder Veränderung des auslösenden Reizes
Änderung des Belohnungszeitpunktes
Systematische Desensibilisierung
Einflußnahme auf die Einstellung des Besitzers
Änderung der kognitiven Komponente
Änderung der Verhaltenskomponente
Vermittlung besserer Kenntnisse

Kapitel 9:
Behandlung von Aggressionen

Aggression ist das bei der Behandlung von Verhaltensstörungen am häufigsten anzutreffende Problem. Bei Hunden kann sich die Aggression gegen Menschen, gegen andere Hunde oder gegen andere Tiere, wie Schafe oder Katzen, richten.

Die wichtigste Unterscheidung, die bei der Beurteilung eines Aggressionsfalles vorgenommen werden muß, besteht in der Trennung von Dominanzaggression und Beute-Aggression. Dominanzaggression äußert sich als Drohung oder Angriffsverhalten und zielt auf die Änderung des Verhaltens des Angegriffenen ab. Aggression ist eine Art der Kommunikation und setzt Verständnis seitens des Opfers voraus. Beuteaggression in ihrer eigentlichen Form zielt darauf ab, das Opfer zu töten. Hunde geben dieses Endziel häufig auf, kurz bevor sie es erreicht haben (d. h. Jagd auf Schafe über eine kurze Strecke und anschließende Umkehr), wahrscheinlich weil der Stimulus nicht stark genug ist, um bei diesem Hund den Jagdinstinkt in seiner vollständigen Form hervorzurufen. Andere Autoren (z. B. VOITH, 1984; HART, 1985) haben auf Basis des von MOYER (1968) vorgeschlagenen Konzeptes Aggression in mehr als zwei Arten unterteilt: z. B. furchtinduzierte Aggression, territoriale Aggression und mütterliche Aggression. Es erscheint jedoch eher angebracht, diese Aggressionen als Varianten der Dominanzaggression zu betrachten. Der auslösende Reiz unterscheidet sich von Fall zu Fall, Form und Ziel der Aggression bleiben jedoch gleich. Auch die Behandlung ist für alle diese Varianten ähnlich, und sie werden daher unter der allgemeinen Überschrift Dominanzaggression zusammengefaßt.

9.1. Beuteaggression

Beuteaggression kann sich gegen jedes Lebewesen richten, auch gegen Hunde und Menschen. Sie kann sogar auf Gegenstände wie Autos oder Fahrräder abzielen. Es ist typisch für Beuteaggression, daß sie sich gegen eine Beute richtet, die schnell läuft oder sich rasch bewegt. Bezeichnend ist weiterhin, daß der Hund bei Erreichen der Beute nicht knurrt, sie bedroht oder versucht, in irgendeiner Weise mit ihr zu kommunizieren. Er greift die Beute ganz einfach an, bis sie reglos am Boden liegt und aussieht wie tot. Häufig hält der Hund jedoch kurz vor Erreichen der Beute inne und bellt. Das kann dadurch begründet sein, daß die Beute bei näherer Betrachtung gewisse Merkmale zeigt, die einen Angriff hemmen. Für den Hund kann diese Beute ein anatomisches Rätsel darstellen (wenn es beispielsweise ein Fahrrad ist), oder sic sieht zu grimmig und zu bedrohlich aus (z. B. eine Katze, die sich umdreht und faucht). Das Bellen ist in diesem Falle eine Übersprungshandlung und wird durch einen Konflikt ausgelöst (s. Kapitel 5.4.).

DIAGNOSE

9.2. Beuteaggression gegen Hunde

Diese Form der Aggression wird zuweilen mit Dominanzaggression gegenüber anderen Hunden verwechselt. Der Besitzer des Angreifers nimmt an, daß der Hund weiß, daß sein Opfer der gleichen Art angehört. Handelt es sich um Beuteaggression, wird der Angriff bezeichnenderweise (a) durch Hetzen eingeleitet, ausgelöst dadurch, daß das Opfer wegläuft und (b) nicht durch irgendwelche Drohgebärden oder Einnahme einer Kampfstellung begonnen. Diese Umstände erlauben jedoch nicht immer eine Unterscheidung zwischen beiden Formen der Aggression, weil ein Hund mit einer Vorgeschichte von Beute-Aggression anderen Hunden gegenüber gelegentlich nicht mit dem Angriff wartet, bis das Opfer wegläuft. Umgekehrt: Manche Hunde, die zu Dominanzaggression neigen und noch einen alten Streit mit einem anderen Hund auszutragen haben, beginnen manchmal einen Angriff, ohne eine Drohung vorwegzuschicken.

Beuteaggression tritt häufig bei größeren gegenüber kleineren Hunden auf und bei Rassen, die speziell zu diesem Zweck gezüchtet werden, z. B. Greyhounds.

Fallbeispiel 9.1.
Ein Ehepaar, das in einem schottischen Dorf ein Hotel führte, kam mit einer zweijährigen Deutschen Dogge in die Sprechstunde. Sie waren in großer Sorge, weil der Hund in den vorangegangenen Wochen zweimal ohne Warnung Hunde aus dem Dorf angegriffen hatte. Der zuständige Dorfpolizist hatte sie gewarnt, ein weiterer derartiger Vorfall würde dazu führen, daß der Hund getötet werden müsse. Wegen der allgemeinen Stimmung im Dorf trauten sie sich nicht einmal mehr, den Hund an der Leine auszuführen. Es stellte sich heraus, daß das Tier freundschaftlich mit einem männlichen Yorkshire-Terrier zusammenlebte und sich fast immer friedlich und gehorsam betrug. Bis vor einem Monat hatte er sich lediglich gegenüber einem bestimmten schwarzen Labrador Retriever angriffslustig verhalten. Immer, wenn sie sich begegnet waren, hatten sie sich angeknurrt oder bedroht.

Einen Monat zuvor hatte er zum ersten Mal ein Kaninchen verfolgt, und ein paar Tage später war an der Stelle, wo er das Kaninchen gejagt hatte, der erste Angriff erfolgt. Das Opfer, ein Cockerspaniel war seinerzeit geflüchtet. Der Hund hatte den Spaniel verfolgt, ihn ohne vorherige Drohung angegriffen und am Genick gepackt. Der zweite Angriff hatte im gleichen Park stattgefunden, diesmal hatte das Opfer, ein Golden Retriever, allerdings stillgestanden.

Offensichtlich beruhen die beiden letzten Angriffe auf Beuteaggression, im Unterschied zu der schon lange bestehenden Dominanzaggression des Hundes gewissen anderen Hunden gegenüber. Die Beuteaggression war anscheinend als Ergebnis der Kaninchenjagd erlernt worden und zunächst nur auf flüchtende, dann aber auch auf stillstehende Hunde übertragen worden. Glücklicherweise wollten die Besitzer binnen kurzem aus dem Dorf wegziehen. Ihnen wurde empfohlen, den Hund in der verbleibenden Zeit überhaupt nicht mehr mit nach draußen zu nehmen, angesichts der Atmosphäre im Dorf und der möglicherweise erlernten Verbindung zwischen bestimmten Plätzen im Dorf und der Beuteaggression. Nach Ankunft am neuen Wohnort sollten sie zunächst versuchen, den Hund an einer langen Leine zu führen und ihn langsam an den Anblick anderer Hunde gewöhnen. Die Besitzer wurden auch darauf aufmerksam gemacht, daß im schlimmsten Falle, wenn der Hund weiterhin Anzeichen von Angriffsverhalten anderen Hunden gegenüber zeigen sollte, immer noch die Möglichkeit bestand, das Tier für den Rest seines Lebens im Haus und im Garten zu halten.

Das Ehepaar reagierte auf diesen Vorschlag mit Erleichterung und Überraschung. Offensichtlich hatte der hilfreichste Aspekt der Beratung darin bestanden, daß das Verhalten des Hundes nicht moralisch verurteilt worden war. Statt dessen war der Versuch unternommen worden, dieses

Verhalten zu erläutern und einen Weg aufzuzeigen, auf dem man es unter Kontrolle bringen konnte.

9.3. Beuteaggression gegen Menschen

Beuteaggression in ihrer ausgeprägtesten und gefährlichsten Form richtet sich selten gegen Erwachsene, obwohl aus den USA Fälle bekannt sind (BECK UND VOITH, 1983), in denen Erwachsene oder Jugendliche von Hunden mit übermäßig aggressivem Beutetrieb getötet worden sind. In der Mehrzahl der Fälle war mehr als ein Hund beteiligt, und die Hunde waren kurz vor dem Angriff sehr erregt, da sie eine andere Beute gejagt hatten, die plötzlich verschwunden war.

Es gibt Beweise dafür, daß das Opfer den Angriff dadurch auslöste, daß es sich bewegte und weglief. In einigen Fällen überlebte das Opfer, weil es am Boden lag, sich nicht mehr bewegte und die Hunde deshalb den Angriff aufgaben.

In der Regel ist die Beuteaggression gegen Erwachsene nicht so gefährlich. In den letzten Jahren hat sich als neue Form entwickelt, Jogger zu hetzen.

Gefährlicher ist Beuteaggression gegen Kinder. Typischerweise ist der betreffende Hund nur mit Erwachsenen oder älteren Kindern vertraut, nicht aber mit Kleinkindern und Angriffe werden vermutlich durch Bewegungen oder Geräusche der Babys ausgelöst. Wie auch bei der Beuteaggression gegen andere Tierarten, kann ein Baby, das in einer bestimmten Situation sicher ist (z. B. im Kinderwagen), an einem anderen Ort gefährdet sein (z. B. auf dem Fußboden). **Eltern, deren Hund mit dem neuen Baby nicht vertraut ist, sollten daher sein Verhalten in verschiedenen Situationen genau beobachten, bevor sie sicher sein können, daß keine Gefahr für das Kind besteht.**

9.4. Beuteaggression gegen andere Lebewesen

Es gibt eine Vielzahl von Lebewesen und leblosen Objekten, die das Opfer einer Beute-Aggression werden können. Kleine Tiere wie Kaninchen, Vögel und Katzen stellen ein häufiges Ziel dar. Hundebesitzer und Gesellschaft neigen im allgemeinen dazu, diese Seite des Verhaltens der Hunde zu akzeptieren. Man kann jedoch eine unangenehme Überraschung erleben, wenn sich der Angriff plötzlich gegen ein Tier im Haushalt richtet, mit dem der Hund bis dahin einträchtig zusammengelebt hat. Katzen oder Kaninchen, die normalerweise rücksichtsvoll behandelt werden, können zuweilen angegriffen werden, wenn der Hund sie plötzlich durch den Garten rennen sieht: Beuteaggression wird geweckt. Ein gleiches Angriffsverhalten kann ebenfalls auf sich bewegende Gegenstände abzielen, meistens auf Fahrräder und Autos. Typischerweise bellt der Hund, wenn er dem Fahrzeug nahe kommt, wahrscheinlich eine Übersprungshandlung, weil das Tier nicht weiß, wie es den Gegenstand angreifen soll.

9.5. Behandlung

Die Behandlung von Beuteaggression ist schwierig, da
1. die Angegriffenen häufig Tiere oder Kleinkinder sind, auf deren Verhalten man kaum Einfluß nehmen kann;
2. es sich um ein instinktives Verhaltensmuster handelt, dem bereits eine Belohnung innewohnt. Hunde versuchen weiter, Vögel und Kaninchen zu jagen, selbst wenn sie niemals etwas fangen;

3. die Wirkung des Verhaltens häufig so verheerend ist, daß man die Behandlung als gescheitert ansehen muß, selbst wenn es nur zu einer einzigen Wiederholung kommt.

Man kann eine Kombination folgender Methoden in Erwägung ziehen:

a) Erhöhung der Dominanz und Kontrolle des Besitzers über den Hund

Dieses Vorgehen empfiehlt sich, wenn sich das Angriffsverhalten in Gegenwart des Besitzers äußert, insbesondere dann, wenn dieser den Hund zurückruft, der Hund jedoch nicht kommt. Häufig stellt sich heraus, daß der Besitzer ganz allgemein nur eine geringe Dominanz über den Hund besitzt. In diesem Falle ist die Behandlung der Dominanzaggression angezeigt, die in Kapitel 9.8 ausführlich behandelt wird. Der Eigentümer sollte auch den Hund wiederholt zu sich rufen, und zwar unter Verwendung eines langen Seils oder einer Rolleine, zunächst in Situationen, in denen der Hund normalerweise reagiert und später Situationen, die ihn zunehmend immer mehr erregen und in Versuchung bringen davonzulaufen. Der Hund muß immer belohnt werden, wenn er zum Besitzer zurückkommt. Dem Besitzer sollte erläutert werden, daß er die größte Chance hat, das Tier zurückzurufen, bevor es die Beute erspäht hat oder, falls das mißlingt, bevor es losläuft. Das scheint zwar selbstverständlich zu sein, aber viele Besitzer reagieren wie gelähmt angesichts einer Situation, die sie als eine unvermeidliche Kettenreaktion empfinden.

b) Desensibilisierung

Das Opfer kann als auslösender Reiz betrachtet werden. Daher besteht das Ziel der Behandlung darin, den Hund zu lehren, sich in Gegenwart eines zuvor als erregend empfundenen Reizes ruhig zu verhalten. Er wird an einer Rolleine geführt, die dem Besitzer eine ausreichende Kontrolle ermöglicht, ohne daß sich das Tier die ganze Zeit über an der Leine fühlt. Die Behandlung sollte mit einer Präsentation der Beute beginnen, bei der keine allzu große Erregung hervorgerufen wird (z. B. ein liegendes Schaf oder eine schlafende Katze in einer gewissen Entfernung). Der Besitzer führt den Hund dann bis zu einem gewissen Punkt an den auslösenden Reiz heran, läßt ihn sich setzen und füttert ihn mit einigen Häppchen, solange er sich ruhig verhält. Dieses Verfahren wird wiederholt, wobei der Erregungswert des Stimulus in mehreren Versuchen stufenweise erhöht wird. Die Erregung kann dadurch gesteigert werden, daß sich die Beute entweder in geringerem Abstand befindet, sich schneller bewegt oder aus einer Gruppe von Tieren besteht (z. B. eine Herde Schafe). Zeigt der Hund zu irgendeinem Zeitpunkt Erregung, läßt man ihn ein scharfes „Nein" hören und stellt sofort jegliche Form der Belohnung ein. Auf niedrigerem Reizniveau wird dann wieder begonnen. Während dieser Behandlung muß sichergestellt werden, daß der Hund in seinem normalen Tagesablauf keinen stärkeren Versionen des betreffenden Reizes ausgesetzt ist.

Der Nachteil dieses Verfahrens besteht darin, daß es vom Besitzer ziemlich viel Ausdauer und Geschicklichkeit verlangt.

c) Bestrafung

Dies sind die Fälle, in denen eine Bestrafung wirksam sein kann, insbesondere dann, wenn der Hund ansonsten einen ausgeglichenen Charakter hat. Bei Angriffen auf Schafe finden Schockhalsbänder die häufigste Verwendung und haben sich in diesen Fällen auch als erfolgreich erwiesen. Die Gefahr der Verwendung solcher Mittel muß jedoch berücksichtigt werden (s. Kapitel 3.7.). Mit etwas Überlegung lassen sich aber auch weniger gefährliche Bestrafungsmethoden entwickeln. Diese Bestrafungen sollten nicht durch den Besitzer vorgenommen werden, da sie sich sonst (a) als unwirksam erweisen könnten, wenn er nicht anwesend ist und (b) das Verhältnis zum ihm komplizieren könnten. Es muß also so aussehen, als hingen die Bestrafungen mit dem Opfer zusammen. Wirksame Bestrafungsmethoden bestehen im Ausschütten von Wassereimern, im plötzlichen Öffnen von Regenschirmen und im Auslösen von Alarmanlagen (s. Kapitel 3.9.). Handelt es sich bei den Angegriffenen um Menschen, sollten sie die Bestrafung vielleicht selbst ausführen. Im Falle von anderen Opfern können kontrollierte Hinterhalte gelegt werden. Zur Zeit entwickelt die Autorin ein Gerät, mit dessen Hilfe man in solchen Situationen einen Hochfrequenzton auslösen kann.

Fallbeispiel 9.2.
Ein Ehepaar in den Dreißigern kam mit seinem achtzehn Monate alten Dobermann-Pinscher. Das Problem bestand darin, daß er auf Menschen zulief, sie anbellte und anknurrte, wenn man ihn im Park von der Leine ließ. Der Hund hatte noch nie jemanden angegriffen und blieb immer ein paar Meter vorher bellend stehen. Diese Verhaltensweise hatte sich allmählich entwickelt und begann damit, daß er zunächst Joggern nachlief, dieses Verhalten dann aber auch auf normal gehende Menschen übertrug. Im Park verhielt der Hund sich überhaupt sehr ungehorsam. Man konnte sich nicht darauf verlassen, daß er auf Befehl kam, wenn er gerufen wurde, insbesondere dann nicht, wenn er gerade Menschen nachjagte. Zu Hause benahm er sich ganz anders. Er gehorchte zahlreichen Befehlen, folgte den Besitzern durch das ganze Haus, suchte deren Aufmerksamkeit zu erringen und wurde von ihnen als „großer Softie" beschrieben.
Bei dem Verhalten im Park handelte es sich offensichtlich um Beute-Aggression. Da der Hund im allgemeinen nicht dominant veranlagt war (s. Kapitel 9.6.) und insgesamt den Eindruck machte, unter der Kontrolle der Besitzer zu stehen, überraschte seine Unwilligkeit, auf Befehl zu kommen. Eine weitere Befragung ergab, daß die Besitzer den Versuch gemacht hatten, seiner Aggression und seiner Unwilligkeit dadurch beizukommen, daß sie ihn schlugen, sobald sie ihn erreichten, da er ja gewußt habe, sich falsch benommen zu haben.
Man empfahl den Besitzern, zunächst mit dem Hund nur dann in den Park zu gehen, wenn sich dort kaum Menschen aufhielten und ihn dabei an der langen Leine zu führen. Sie sollten dem Hund zuerst erlauben, sich ein paar Meter von ihnen zu entfernen und ihn dann zurückrufen. Kam er zurück, sollten sie ihn mit einem Leckerbissen belohnen. Danach sollten sie ihm gestatten, sich allmählich immer weiter zu entfernen und sollten ihn immer dann belohnen, wenn er auf Befehl zurückkehrte. Reagierte er nicht, sollten sie ihm mit der Leine einen Ruck geben, ihn aber jedoch nicht wie einen Fisch zu sich herzerren. Hatten sie auf diese Weise genügend Kontrolle über den Hund erlangt, sollten sie beginnen, ihn mit in den Park zu nehmen, wenn es dort belebter war.
Als sie vierzehn Tage später wieder in die Sprechstunde kamen, berichteten sie, daß sich das Verhalten erheblich gebessert habe. Insbesondere die Frau war über ihre so gewonnene Autorität über den Hund glücklich. Es hatte auf den Spaziergängen keine weiteren Zwischenfälle gegeben. Die Reaktion des Ehemannes war nicht ganz so eindeutig. Er empfand es als außergewöhnlich schwierig, keinen Ärger zu zeigen, wenn der Hund nicht sofort gehorchte. Als der Hund, während er mit ihm im Park war, einmal einen Mann angegriffen hatte, der plötzlich hinter einer Hecke hervorgetreten war, hatte er ihn bei dieser Gelegenheit geschlagen. Er kam auf einen anderen Hund zurück, der ihm einmal gehört hatte und der auf jedes Fingerschnippen reagiert hatte. Ihm war anzumerken, daß er es als unmännlich empfand, in Begleitung eines Hundes gesehen zu werden, der seine moralische Autorität nicht anerkannte. Seine Frau begann daraufhin, ihm seine reaktionären Ansichten vorzuhalten, und er war offensichtlich der Meinung, daß sich zwei Frauen gegen ihn verbündet hätten. Um diese Situation zu entschärfen, bemerkte ich, daß es häufig tatsächlich schwierig sei, sich nicht über einen ungehorsamen Hund zu ärgern und manchen Menschen fiele das sicherlich schwerer als anderen. Darüber lachten beide und erzählten, daß sie wegen ihrer unterschiedlichen Persönlichkeiten häufig aneinandergerieten. Danach schien er eher bereit zu sein, den angebotenen Rat anzunehmen. Einen Monat später hatte der Hund immer noch

keine weiteren Angriffe unternommen. Das schien im wesentlichen auf der wirksameren Kontrolle zu beruhen, die die Frau über den Hund gewonnen hatte. Sie rief ihn zu sich und nahm ihn an die Leine, sobald sie in gewisser Entfernung jemanden erspähte. Der Ehemann seinerseits hatte sämtliche Versuche aufgegeben, den Hund draußen zu kontrollieren und nahm ihn nur noch auf kurze Spaziergänge mit, wobei er ihn an der Leine führte. Obwohl dies sicherlich nicht die beste Lösung war, hatte sich die Familie doch auf einen erträglichen „modus vivendi" geeinigt.

Vorbeugung
Wie die meisten Problem kann man Beuteaggression eher verhüten als heilen. Haushunde dürfen niemals ermutigt werden, irgendeine Beute zu jagen. Solange sie klein sind, muß man ihnen außerdem beibringen, andere Tiere z. B. Schafe nicht zu verfolgen. Dazu sollte man sie wiederholt an diesen Tieren vorbeiführen, jedesmal ein scharfes „Nein" hören lassen und die Leine ruckartig anziehen, sobald der Hund Interesse zeigt.

DOMINANZAGGRESSION

Ein Symptom der Dominanzaggression, das Besitzer am häufigsten veranlaßt, um Rat nachzusuchen, besteht im Beißen oder Knurren. Obwohl manche Besitzer angeben, daß der Hund plötzlich und ohne vorherige Provokation beißt, kann man bei näherer Befragung doch fast immer ein gewisses Verhaltensmuster und einen bestimmten auslösenden Reiz für diese Angriffe feststellen. Die Aggression wird normalerweise durch Handlungen des Angegriffenen ausgelöst, die der Hund als Bedrohung seiner Dominanz ansieht. Typischerweise fallen die Handlungen des Opfers in eine der folgenden Kategorien:
1. Streicheln oder Bürsten des Hundes oder Berührung seines Hinterteils.
2. Versuch, dem Hund Nahrung wegzunehmen, z. B. einen Knochen oder einen anderen Gegenstand, der sich in seinem Besitz befindet.
3. Betreten eines Ortes, den der Hund als sein Territorium betrachtet. Wird der Hund irgendwo über längere Zeiträume allein gelassen, glaubt er manchmal, daß er dort besondere Rechte besitzt. Wenn der Hund sich z. B. nur in der Küche aufhalten darf, kommt es vor, daß Besitzer plötzlich feststellen, daß er ihnen den Zutritt verwehrt.
4. Störung des Hundes an seinem gewohnten Ruheplatz. Er kann Aggressionen zeigen, wenn der Besitzer versucht, ihn von einem Stuhl oder Bett zu vertreiben. Kinder können gebissen werden, wenn sie zufällig den Hund in seinem Korb streifen.
5. Erteilung eines Befehls, insbesondere, wenn dieser eine unterwürfige Handlung verlangt, wie Sitzen, Liegen oder etwas Hergeben.

Obwohl der Besitzer in der Regel nur wegen eines bestimmten Aggressionsverhaltens um Rat nachsucht, kann der Hund auch in einer der anderen, oben erwähnten Situation Angriffsverhalten zeigen, vielleicht in geringerem Ausmaß. Häufig stellt sich in solchen Fällen ein typisches Interaktionsmuster zwischen Hund und Besitzer heraus: der Hund führt ein relativ unabhängiges Leben, läuft nicht ständig um Aufmerksamkeit heischend hinter den Besitzern her, sondern sucht ihre Gesellschaft nur zu bestimmten Zeiten, insbesondere dann, wenn er etwas von ihnen will, z. B. hinausgelassen werden möchte. Wenn er auch nicht aggressiv auf Befehle reagiert, gehorcht er diesen Kommandos doch nur zögernd oder nach wiederholter Aufforderung.

9.7. Ursachen

a) Genetische Faktoren
Es besteht kein Zweifel darüber, daß angeborene Eigenschaften bei der Dominanzaggression eine Rolle spielen. Wachhunde werden sogar in einem gewissen Auswahlverfahren gezüchtet, damit sie dieses Verhalten aufweisen.

b) Hormonelle Faktoren
Hormonelle Faktoren spielen eine Rolle, denn Dominanzaggression ist bei Rüden und kastrierten Hündinnen häufiger (VOITH, 1983). Wahrscheinlich ist diese Verhaltensweise bei Rüden zumindest teilweise durch perinatale hormonelle Einflüsse bedingt (HART, 1985).

c) Zusammensetzung des Haushaltes
Befindet sich mehr als ein Hund im Haushalt, beeinflußt ihre Rangordnung, die bis zu einem gewissen Grade durch Geschlecht und Größe bestimmt wird, die Neigung jedes einzelnen Hundes, Menschen gegenüber Dominanzaggression zu zeigen. Dementsprechend fühlt sich der ranghöchste Hund ermutigt, Dominazaggression auch den Besitzern gegenüber zum Ausdruck zu bringen.
Der Hang des Hundes zu Dominanzaggression wird auch durch Alter und Geschlecht der Familienmitglieder bestimmt. Kindern und Frauen fällt es schwerer, sich Hunden gegenüber dominant zu verhalten. Hat der Haushalt kein männliches Mitglied, neigen Rüden dazu, sich als Partner des weiblichen Besitzers zu betrachten.

d) Verhalten der Besitzer
Hunde mit Dominanzaggression sind von ihren Besitzern häufig unbeabsichtigt ermutigt worden, sich selbst als dominant innerhalb des Haushaltes anzusehen. Das kann passieren, wenn
1. dem Hund erlaubt wird, die Initiative bei den meisten sozialen Interaktionen zu übernehmen, indem man fast allen seiner Wünsche nachgibt;
2. dem Hund häufig gestattet wird, dominante Körperhaltungen einzunehmen, wie Auflegen der Pfoten auf die Schultern des Besitzers oder Schlafen auf dessen Bett;
3. Anzeichen von Dominanzaggression durch Zurückweichen oder Nachgeben verstärkt werden.

e) Einstellung des Besitzers
Besitzer, die sich so verhalten, gehören zum Typ des emotionalen, nichtintellektuellen Hundeliebhabern. Häufig hegen sie für ihn die gleichen Gefühle wie für einen menschlichen Freund oder ein Kind und finden Freude daran, seinem Verlangen nachzugeben. Viele solcher Besitzer sind Beziehungen gegenüber generell eher liberal als autoritär eingestellt. Ihnen ist es zuwider, den Hund immer herumzukommandieren (s. Kapitel 7.4.).

9.8. Behandlung

a) Bis zu dem Zeitpunkt, an dem der Besitzer ein gewisses Maß an Dominanz über das Tier gewonnen hat, sollte er möglichst Situationen umgehen, die die Aggression des Hundes hervorrufen können.

Dieser betrachtet jede erfolgreiche Konfrontation als Erhöhung der eigenen Dominanz. Man darf also dem Hund keinen Zugang zu Orten gewähren, wo er sich gern dominant benimmt. Möglicherweise sollte man das Tier auch eine gewisse Zeit nicht bürsten. Schlechtes Betragen des Hundes muß man möglichst ignorieren, sofern eine Konfrontation Aggression hervorrufen könnte. Neigt er dazu, sich aggressiv in bezug auf die Nahrung zu verhalten und seinen Futternapf zu bewachen, sollte der Besitzer versuchen, ihn in einem anderen Raum zu füttern und ein anderes Gefäß zu verwenden. Im allgemeinen kann man gewissen aggressiven Verhaltensweisen durch einen Ortswechsel aus dem Wege gehen. Ein Hund, der sich im Wohnzimmer nicht bürsten läßt, verhält sich eventuell im Badezimmer ausgesprochen gehorsam.

b) Soweit möglich, muß der Besitzer das Tier ignorieren

Obwohl auch der Besitzer die von ihm ausgehenden sozialen Kontakte einschränken sollte (d. h. zu ihm sprechen, ihn rufen, ihn streicheln usw.), ist es besonders wichtig, alle Annäherungsversuche von seiten des Hundes zu ignorieren. Auf diese Weise wird eine doppelte Wirkung erzielt. Zunächst lernt der Hund durch diesen Entzug an Aufmerksamkeit die Beachtung durch den Besitzer als Belohnung zu empfinden.
Zweitens erhöht sich dadurch der Dominanzstatus des Besitzers, da Ignorierung für den Hund Dominanz ausdrückt (s. Kapitel 4.7.). Wenn das vorherigen Verhalten des Besitzers durch seine gefühlvolle Zuneigung zum Hund bestimmt war, kann diese neue Verhaltensweise die zusätzlich positive Wirkung haben, daß der Besitzer den Hund etwas distanzierter und objektiver betrachtet.

c) Der Besitzer sollte nur unterwürfige Aktionen belohnen

Das gilt besonders für unterwürfige Körperhaltungen wie Sitzen oder Liegen, die auf Befehl des Besitzers gehorsam eingenommen werden. Er kann dafür seine Aufmerksamkeit als Belohnung einsetzen. Er kann sich aber auch anderer Dinge bedienen, die der Hund als Belohnung betrachtet, zum Beispiel in den Garten gehen zu dürfen, einen Ball zugeworfen zu bekommen oder Futter zu erhalten. Wenn der Hund also hinausgelassen werden will, würde der Besitzer zunächst nicht reagieren. Einige Minuten später würde er ihm dann befehlen, zur Tür zu kommen, ihn sich setzen lassen und dann die Tür öffnen.

d) Der Besitzer sollte dem Hund nicht erlauben, dominante Körperhaltungen einzunehmen

Insbesondere darf der Hund nicht an ihm hochspringen (vor allem, wenn es sich um ein großes Tier handelt, das bis an die Schultern des Besitzers reicht). Er darf nicht die Pfoten auf die Knie des Besitzers oder auf dessen Schoß oder Schultern legen, oder im Bett schlafen.

e) Tägliches standardmäßiges Gehorsamkeitstraining ist aus zwei Gründen von Vorteil

Zunächst handelt es sich dabei um eine Situation, die der Besitzer eindeutig beherrscht. Zweitens, je automatischer das Tier seine Befehle befolgt, um so mehr Möglichkeiten hat er, den Hund dadurch zu kontrollieren. Manche sind der Ansicht, daß ein ähnlicher Effekt erzielt werden kann, wenn man dem Hund auch in der Wohnung die Leine nicht abnimmt. Er fühlt sich dann weniger dominant und das Ausmaß der physischen Kontrolle des Besitzers erhöht sich.

f) **Bei dem Versuch eines Besitzers, Dominanz über den Hund zu erlangen, empfiehlt sich häufig die gleichzeitige Gabe von Megestrolacetat (s. Kapitel 8.6.)**
Meistens wird dadurch die Aufgabe des Besitzers erleichtert. Man muß ihm jedoch deutlich sagen, daß das Medikament nur über einen kurzen Zeitraum gegeben werden kann und daß er während des allmählichen Absetzens des Medikamentes sorgfältig darauf achten muß, seinen Dominanzstatus beizubehalten.

g) **Hat der Besitzer ein dominanteres Verhältnis zum Hund aufgebaut, muß er allmählich wieder Situationen herbeiführen, in denen sich der Hund vorher aggressiv verhalten hat, gleichzeitig jedoch aufpassen, daß nicht wieder eine Aggression provoziert wird.**
Der Ablauf dieser Situationen entspricht in etwa dem Verfahren der systematischen Desensibilisierung (s. Kapitel 7.8.). Die Situationen sollten allmählich immer mehr denjenigen angeglichen werden, die zuvor aggressives Verhalten ausgelöst haben. Wenn ein Hund also dazu neigt, zu beißen, während er gebürstet wird, kann der Besitzer ihn anfangs streicheln und ihn loben, solange er sich ruhig verhält. Danach kann er ihn streicheln und dabei in einer Hand die Bürste halten. Anschließend bürstet er ihn leicht an einem relativ unempfindlichen Körperteil usw.

h) **Einflußnahme auf die Einstellung des Besitzers**
In vielen Fällen reicht es aus, den Besitzern klarzumachen, wie ein Hund lernt, dominant zu werden und wie sie ihr eigenes Verhalten umstellen können, damit eine Änderung eintritt. Zuweilen ist es jedoch erforderlich, Hundehalter eindringlich zu überzeugen, ihre Einstellung zu verändern. Dabei empfiehlt es sich manchmal, ihnen zu sagen, daß es sich bei der Nichtbeachtung des Hundes nur um einen vorübergehenden Zustand zu handeln braucht, von dem man wieder etwas abweichen kann, sobald der Besitzer einen Dominanzstatus erreicht hat. Es kann auch hilfreich sein, solchen Menschen zu erläutern, daß sie das daraus resultierende Verhalten des Hundes wahrscheinlich als viel angenehmer empfinden, da das Tier sich anschließend zutraulicher und weniger unabhängig benehmen wird.

i) **Gelegentlich verhält sich der Hund nur gewissen Familienmitgliedern gegenüber dominant**
Ein typisches Beispiel ist, daß der Ehemann dominant dem Hund gegenüber ist, Frau und Kinder aber sind es nicht. Es kann aber auch vorkommen, daß der Hund sich nur dem Mann gegenüber aggressiv verhält, nicht aber der Frau. In diesen Fällen stellt sich häufig heraus, daß die Frau eine besondere Beziehung zum Hund aufgebaut hat, der nunmehr glaubt, mit der Frau ein Paar zu bilden. Aus diesem Grunde traut er es sich auch zu, den Mann zum Dominanzkampf herauszufordern. **Ist das Dominanzverhalten des Hundes innerhalb der Familie selektiv geprägt, darf das dominante Familienmitglied überhaupt keinen Kontakt zum Hund haben.** Sämtliche Belohnungen einschließlich Nahrung, Spaziergänge und soziale Interaktionen werden in Übereinstimmung mit dem oben erläuterten Verfahren nur von denjenigen vergeben, die der Hund zuvor als rangniedriger angesehen hat.

Den Besitzern muß klargemacht werden, daß Dominanzaggression niemals heilbar ist, genauso wenig wie Alkoholismus. Sie kann nur unter Kontrolle gebracht werden. Die Besitzer müssen daher gegenüber erneut auftretenden Dominanzverhaltensweisen immer auf der Hut sein.

Fallbeispiel 9.3.
Ein Ehepaar in den Dreißigern, beide als Lehrer tätig, kam mit seinem vierzehn Jahre alten Cairn-Terrier namens Henry zur Behandlung. Sie hatten Kinder im Teenageralter und Henry war zusammen mit der Familie aufgewachsen. Seit einiger Zeit hatte er die Angewohnheit entwickelt, zu knurren und unvermittelt zu beißen. Typischerweise ging er immer zu weiblichen Familienmitgliedern, um auf sich aufmerksam zu machen. Wenn diese Person saß, kletterte er auf ihren Schoß. Er ließ sich nur ein gewisses Maß an Streicheln und Zärtlichkeiten gefallen, drehte sich dann plötzlich um und schnappte nach ihr. Besonders alarmiert war die Familie, nachdem er sich einer vierjährigen Nichte gegenüber so verhalten hatte. Sie waren nunmehr an einem Punkt angelangt, wo sie schon fast darauf hofften, der Hund würde einer tödlichen Krankheit zum Opfer fallen, damit es ihnen erspart blieb, ihn wegen seines Verhaltens einschläfern zu lassen.
Aus dem übrigen Benehmen des Hundes ließ sich entnehmen, daß er sich selbst als dominant in der Familie betrachtete. Die meiste Zeit über suchte er keinerlei familiäre Gesellschaft, sondern näherte sich den Personen nur, um sie an Mahlzeiten oder Spaziergänge zu erinnern und um die zweifelhaften sozialen Annäherungsversuche zu unternehmen, die oben erwähnt wurden. Als den Besitzern das Dominanzkonzept erläutert wurde, erklärten sie sich sofort damit einverstanden. Sie hatten vorher nicht darüber nachgedacht, nun jedoch gestanden sie sich ein, daß sie den Hund zuvor immer als jähzornigen alten Verwandten angesehen hatten, dessen Wünsche berücksichtigt und erfüllt werden mußten.
Der Hund wurde mit Megestrolacetat behandelt und die Besitzer wurden angewiesen, gemäß oben angeführten Instruktionen vorzugehen, um die Dominanz des Hundes abzubauen. Sobald sie dem Hund gegenüber einen höheren Dominanzstatus erreicht hatten, sollten sie allmählich wieder anfangen, ihn zu streicheln.
Als sie zwei Wochen später wieder in die Sprechstunde kamen, berichteten sie, daß der Hund zunächst irritiert und verwirrt reagiert habe (das ist die typische Reaktion eines Hundes zu Beginn einer Behandlung, die auf den Abbau seiner Dominanz abzielt). Danach zog er sich allmählich zurück und kam nicht mehr so häufig auf die Familienmitglieder zu. Es zeigten sich keine weiteren aggressiven Verhaltensweisen, mit einer Ausnahme, die in einer Situation aufgetreten war, in der der Hund nie zuvor aggressiv reagiert hatte. Wegen der relativ hohen Megestrolacetatdosis hatte der Appetit des Hundes zugenommen, und er hatte den Küchenfußboden nach Resten abgesucht. Während er von diesen Abfällen gegessen hatte, hatte der Ehemann ihn gestreift und war in den Knöchel gebissen worden. Offensichtlich war dieses Verhalten zumindest teilweise den Nebenwirkungen von Megestrolacetat zuzuschreiben und trat auch nicht wieder auf, nachdem das Medikament abgesetzt worden war.
Sechs Wochen später zeigten sich die Besitzer vom Erfolg der Behandlung erfreut. Der Hund hatte nie wieder nach jemandem geschnappt, obwohl er seine schlechten Tage hatte, an denen er Befehlen nur zögernd gehorchte. Bei solchen Gelegenheiten gingen sie wieder mehr dazu über, den Hund völlig zu ignorieren und nur unterwürfige Verhaltensweisen zu belohnen. Sie hatten das Konzept, das der Behandlung zugrundelag, genau verstanden und verhielten sich entsprechend. Der Ehemann hatte bemerkt, daß die Frau laut mit dem Hund schimpfte, wenn er nicht gehorchte und sie darauf aufmerksam gemacht, daß es besser sei, mit ihm zu reden. Die Frau versuchte es und stellte fest, daß sie damit mehr Erfolg hatte.

Andere Beispiele für die Behandlung von Dominanzaggression finden sich unter Punkt 7.2. und 10.1.

9.9. Ungeeignete Behandlungsmethoden
Besitzern dominanter Hunde wird von Hundeführern häufig empfohlen, ihnen den Kampf anzusagen, sie zu schlagen oder andere physische Mittel einzusetzen, um die Oberhand zu gewinnen. Es gibt verschiedene Gründe, warum ein solches Verhalten nicht angezeigt ist:

1. Es ist gefährlich. Hunde, die bereits Dominanzaggression gezeigt haben, werden auf diese Weise häufig provoziert und greifen an.
2. Es ist durchaus möglich, daß der Hund und nicht der Besitzer den Kampf gewinnt. Wenn sich ein Fremder, zum Beispiel der Tierarzt oder der Abrichter, so verhält, besteht eine größere Erfolgsaussicht, da der Hund bis dahin noch keine dominante Beziehung zu ihm aufgebaut hat. Ein Besitzer, der vom Hund als rangniedriger eingeordnet wird, läuft eher Gefahr, angegriffen zu werden.
3. Jegliche Konfrontation, besteht sie nun aus physischer oder psychischer Gewalt, bringt es mit sich, das emotionale Element der Beziehung zu verstärken und die Dominanz des Hundes in den „Brennpunkt" zu rücken. Auch wenn der Hund die rangniedrigere Position als Ergebnis einer solchen Konfrontation für einige Zeit akzeptiert, besteht langfristig eine größere Wahrscheinlichkeit, daß er versuchen wird, seine Dominanz wieder aufzubauen, als wenn die indirekte Methode angewandt worden wäre.
4. Eine physische Konfrontation mit dem Hund beinhaltet sämtliche Nachteile einer Bestrafung, wie bereits in Kapitel 3.6. ausgeführt. Genauer gesagt, obwohl der Hund zunächst sein Dominanzverhalten dem Eigentümer gegenüber aufgeben wird, kann doch die Wahrscheinlichkeit zunehmen, daß er seine Aggression anderweitig zeigt. Ein extremes Beispiel besteht in der brutalisierenden Wirkung roher Ausbildungsmethoden, die zum großen Teil in physischer Bestrafung bestehen. Hunde, die so behandelt werden, ordnen sich vielleicht ihren Abrichtern unter, sind jedoch unberechenbar, was Fremde anbelangt. Obwohl einige wenige Besitzer in Versuchung kommen könnten, zu solch extremen Mitteln zu greifen, sollte die Sache doch lieber anders angegangen werden, damit keine derartige Wirkung eintritt.

VERSCHIEDENE FORMEN DER DOMINANZAGGRESSION

Hunde, bei denen man eine der nachfolgend beschriebenen Verhaltensweisen feststellen kann, weisen auch ganz allgemein Anzeichen von Dominanzaggression auf, obwohl diese zuweilen nicht so ausgeprägt sind, daß sie für den Besitzer ein Problem darstellen.

9.10. Territoriale Aggression

Der Hund verteidigt sein Territorium, das aus Haus, Garten oder Auto bestehen kann, indem er Fremde, die auf dieses Territorium eindringen, anbellt oder angreift. Dabei kann es sein, daß er alle Eindringlinge ablehnt, es besteht aber auch die Möglichkeit, daß er nur gegen bestimmte Menschen oder Menschengruppen (Männer in Uniform) eine besondere Aversion hat. Das kann auch dazu führen, daß er die Gewohnheit entwickelt, zu bellen, wenn Passanten am Auto oder am Haus vorbeigehen oder wenn die Türglocke läutet oder Schritte näherkommen.

Ursachen
Da dieses Verhalten in der Regel im Zusammenhang mit einem gewissen Maß an allgemeiner Dominanz steht, kann man es als Ausdruck der Verantwortung verstehen, die ein dominanter Hund für die Verteidigung des Territoriums seines Rudels fühlt.

Behandlung
Im allgemeinen empfiehlt es sich, zunächst die allgemeine Dominanz des Hundes zu behandeln, bevor man versucht, diese besondere Verhaltensweise direkt zu verändern. Inzwischen sollte man den Hund nach Möglichkeit keinen Situationen aussetzen, die seine territorialen Gefühle provozieren könnten. Man darf ihn nicht im Auto mitnehmen oder muß ihn in ein Hinterzimmer sperren, wenn Besucher erwartet werden. Das Territorialverhalten kann dann folgendermaßen behandelt werden:
Ein Helfer spielt die Rolle des Besuchers. Dem Hund wird von seinem Besitzer befohlen zu sitzen, wobei er solange belohnt wird, wie er sich ruhig verhält und unter Kontrolle bleibt. Wie bei der systematischen Desensibilisierung wird er dann einer Reihenfolge von Reizen ausgesetzt, die den Hund immer mehr zum Bellen oder zum Angriffsverhalten provozieren. Der Verbündete kann sich zum Beispiel dem Haus nähern, daß seine Schritte gerade zu hören sind. Danach nähert er sich dem Haus immer mehr und läutet schließlich die Türglocke. Im nächsten Schritt kann dann der Besitzer auf die Tür zugehen, sie danach öffnen und gleich wieder schließen usw. Das Endziel besteht darin, daß der Verbündete auf das Haus zukommen kann, den Besitzer begrüßen usw., ohne daß der Hund Angriffsverhalten zeigt. Wie bereits im Zusammenhang mit systematischer Desensibilisierung dargelegt, geht der Prozeß dann zu schnell voran, wenn der Hund Anzeichen von Aggressionen zeigt. In diesem Falle sollte wieder in einem früheren, weniger provozierenden Stadium begonnen werden.
Bei der Behandlung von Dominanzaggression im Auto kann man ähnlich vorgehen, wobei der Hund unter Aufsicht des Besitzers im Auto sitzt und der Helfer sich dem Wagen nähert – mit der graduell zunehmenden Intensität, wie es zur Desensibilisierung nötig ist.
Werden während der „Kur" Gäste erwartet, muß der Besitzer versuchen, die Situation dem Behandlungsprozeß möglichst anzupassen. Vor Ankunft der Besucher sollte der Hund unter Kontrolle gebracht worden sein.

Fallbeispiel 9.4.
Eine Witwe von über siebzig Jahren kam mit ihrem zwei Jahre alten roten Cockerspaniel zur Behandlung. Das Problem bestand darin, daß es ihr nicht möglich war, anzuhalten und mit jemandem zu sprechen, wenn sie den Hund im Auto mitnahm. Der Hund stürzte dann auf die andere Person zu, bellte und knurrte. Sie selbst war gebissen worden, als sie versucht hatte, ihn zu beruhigen. Das machte manche Vorhaben, wie Tanken, natürlich schwierig. Auch Fahrten ins Dorf waren problematisch für sie, da sie die meisten Menschen dort kannte. Bei weiterer Befragung stellte sich heraus, daß der Hund auch zu Hause ihr gegenüber Dominanzaggression zeigte. Er knurrte und schnappte nach ihr, wenn sie versuchte, ihn zu bürsten und zuweilen auch, wenn sie ihm einen Befehl erteilen wollte. Er schlief auf ihrem Bett, knurrte aber, wenn sie ihn versehentlich streifte. Sie meinte traurig, daß dies sicherlich ihr letzter Hund sei. Sie war jedoch entschlossen, ihn nicht einschläfern zu lassen.
Da die Klientin außerhalb wohnte, kam sie nur einmal persönlich zur Behandlung, alles andere wurde telefonisch besprochen. Dem Hund wurde Megestrol verabreicht, und die Besitzerin wurde instruiert, wie sie die allgemeine Dominanz behandeln sollte (s. Kapitel 9 .8.). Sie war von der Vorstellung schockiert, den Hund ignorieren zu müssen und ihm nicht erlauben zu dürfen, in ihrem Bett zu schlafen. Als man ihr jedoch auseinandersetzte, daß sie von diesem strengen Verfahren wieder etwas abgehen könne, sobald sich das Verhalten des Hundes gebessert habe, stimmte sie zu. Sie war glücklich, daß die Aggression des Hundes ihr gegenüber sehr schnell nachließ und war nun ausreichend motiviert, mit der Behandlung fortzufahren und die territoriale Aggression zu behandeln. Nachdem sie den Hund eine Zeitlang im Haus gelassen hatte, bis sie ihm gegenüber mehr Dominanz erlangt hatte, begann sie, ihn wieder mit zum Tanken zu nehmen. Dabei stellte es

sich heraus, daß sie keine Hilfe durch einen Helfer benötigte. Es reichte aus, den Hund hinten im Auto auf den Boden zu setzen und ihm zu befehlen „Sitz", wenn der Tankwart näherkam. Der Hund benahm sich zwar weiterhin aggressiv, wenn Menschen auf das Auto zukamen, dieses Verhalten war jedoch nicht weiter problematisch für sie. Bei der letzten Nachuntersuchung, drei Monate nachdem das Megestrol abgesetzt worden war, war diese Verbesserung immer noch voll erhalten.

9.11. Schutzaggression

In diesem Falle zielt die Aggression des Hundes eher auf den Schutz des Besitzers als auf den Schutz seines Territoriums ab. Das heißt, der Hund benimmt sich aggressiv gegenüber Menschen auf der Straße, wenn der Besitzer Kontakt mit ihnen aufnimmt. Wenn der Hund sich besonders zu einem Familienmitglied hingezogen fühlt, verhält er sich bei Auseinandersetzungen oder Streitigkeiten und selbst beim Spiel anderen Familienmitgliedern gegenüber angriffslustig. Bei der Behandlung sollte ähnlich vorgegangen werden wie bei der territorialen Aggression, zuerst mehr Dominanz über den Hund gewinnen und dann desensibilisieren gegenüber Kontakt und Gespräch mit anderen Menschen.

9.12. Schmerzinduzierte Aggression

Dieses Verhalten ist allgemein als „Angstbeißen" bekannt. Der Hund verhält sich in Situationen aggressiv, die er mit unangenehmen, zumeist schmerzhaften Vorgängen verbindet. Außer Aggression zeigt ein Hund in solchen Situationen häufig Furcht und zittert oder legt seine Ohren zurück. Gelegentlich, zum Beispiel bei Hunden, die sich einem Tierarzt gegenüber so verhalten, liegt die Ursache des vorangegangenen furchtauslösenden Traumas auf der Hand. In anderen Fällen kann man jedoch lediglich Vermutungen anstellen. Hunde, die aus dem Tierheim stammen, sind von dem vorherigen Besitzer möglicherweise mißhandelt worden. Gelegentlich kann es aber auch vorkommen, daß der derzeitige Besitzer dem Hund Schmerz zugefügt hat. Hundehalter geben so etwas selten zu, vor allem dann nicht, wenn sie es immer noch tun.

Das „Angstbeißen" wird im allgemeinen von der Dominanzaggression unterschieden, weil man es gewissermaßen als verständlich und verzeihlich empfindet, was bei Dominanzaggression nicht der Fall ist. Im Prinzip handelt es sich hier jedoch nur um eine besondere Form der Dominanzaggression. Fügt man einem Hund Schmerzen zu, so verhält man sich ausgesprochen dominant. Die meisten Hunde reagieren darauf mit Angst und Schmerz. Einige reagieren außerdem aggressiv, andere verhalten sich unterwürfig und versuchen zu flüchten.

Obwohl das „Angstbeißen" von manchen Menschen als moralisch weniger verwerflich angesehen wird, ist es oft gefährlicher als direkte Aggression. Da der Hund sich in einem Konfliktzustand befindet, kann man sein Verhalten schlecht voraussagen und seine „Gedankengänge" lassen sich kaum nachvollziehen.

Behandlung
Die Behandlung hat immer zwei Ziele. Zum einen muß der Besitzer seine Dominanz über den Hund ausbauen. Hierbei ist es besonders wichtig, daß er nicht zum Mittel der Bestrafung greift und daß er jede direkte Konfrontation mit dem Hund vermeidet. Außerdem muß er systematisch im Hinblick auf Situationen desensibilisiert werden, die ihn zum Beißen provoziert haben.

Fallbeispiel 9.5.
Eine Frau in den mittleren Jahren kam mit ihrem vier Jahre alten Border-Collie zur Behandlung, da er seit einiger Zeit begonnen hatte, nach Menschen zu schnappen, wenn sie ihre Hand nach ihm ausstreckten. Das betraf hauptsächlich Fremde, zuweilen benahm er sich aber auch der Besitzerin gegenüber in gleicher Weise. Er neigte dazu, furchtsam auf eine ausgestreckte Hand zu reagieren, kauerte sich nieder und legte die Ohren zurück. Drehte sich der Fremde dann um, schnappte er nach dessen Wade. Die Frau betrieb mit dem Tier Gehorsamstraining und hatte sowohl mit diesem als auch mit anderen Hunden Preise gewonnen. Sie gab zu, daß es bei der Ausbildung schon mal einen Ruck in das Würgehalsband gab und ab und zu auch Schläge. Wahrscheinlich lag darin die Ursache für das Furchtelement in der Aggression des Tieres. Die Besitzerin ließ sich jedoch nicht davon abbringen, das Verhalten auf ein Augenleiden zurückzuführen, obwohl der Tierarzt ihr das Gegenteil versichert hatte. Sie war nicht bereit, alternative Theorien in Betracht zu ziehen oder ihr Verhalten dem Hund gegenüber zu ändern. Auch vorübergehend wollte sie das Gehorsamstraining nicht aufgeben.

9.13. Mütterliche Aggression

In diesem Falle bedroht eine Hündin mit Welpen Menschen, die sich ihr nähern. Diese Form der Aggression kann als Variante der Dominanzaggression eingestuft werden, da sich während dieser Zeit auch die allgemeine Dominanz der Hündin verstärkt. In diesem Falle sollte man nicht versuchen, ihr Verhalten zu verändern, da es sich um eine normale Äußerung des mütterlichen Instinkts handelt.

DOMINANZAGGRESSION GEGENÜBER ANDEREN HUNDEN

9.14. Hunde im gleichen Haushalt

Dieses Verhalten kann man sowohl beim Rüden als auch bei Hündinnen feststellen. In manchen Fällen kämpfen die Hunde bei jeder Gelegenheit miteinander, in anderen Fällen nur in besonderen Situationen, entweder in Anwesenheit des Besitzers, oder wenn man sie zusammen allein läßt oder auch, wenn sie sich in einem besonderen Raum befinden. Ursache ist oft, daß die Dominanz zwischen den Hunden unentschieden ist, oder daß sie sich gerade ändert, z. B. wenn ein zu einem erwachsenen Hund angeschaffter Welpe erwachsen wird. Streit kann aber auch durch das Verhalten des Besitzers verursacht sein. Häufig benehmen sich Besitzer falsch und unterstützen den „Unterhund". Auch unzureichende Dominanz des Besitzers über einen von beiden Hunden kann Streitigkeiten fördern, wie sie häufig bei ranghohen Mitgliedern eines Rudels vorkommen (s. Kapitel 4.6.). Gelegentlich ist die Aggression das Ergebnis einer äußerst komplexen sozialen Situation, an der mehrere Hunde und Familienmitglieder beteiligt sind. In diesen Fällen ist es beinahe unmöglich, alle ablaufenden Interaktionen zu entwirren und genau herauszufinden, was im einzelnen vor sich geht.

Behandlung
1. Der Besitzer muß durchweg den von Natur aus dominanten Hund bestärken und den untergeordneten Hund zweitrangig behandeln. Zu diesem Zweck muß er alle Belohnungen, einschließlich Futter und Aufmerksamkeit, dem dominanten Hund zuteil

werden lassen. Insbesondere darf er niemals Dominanzversuche des rangniederen Hundes belohnen.
2. Er muß versuchen, seine eigene Dominanz den beiden Hunden gegenüber auszubauen, wie in Kapitel 9.8. beschrieben.
3. Er muß nach Möglichkeit sicherstellen, daß die beiden Hunde nicht in die Situation geraten, die die Streitigkeiten leicht provozieren können und zwar solange, bis die Rangordnung im Haushalt hergestellt ist. Danach können die Hunde an diese Situationen allmählich wieder gewöhnt werden.

9.15. Hunde aus verschiedenen Haushalten

Von dieser Aggression sind normalerweise nur Rüden betroffen. Bei der Untersuchung eines solchen Problems muß man unterscheiden zwischen Dominanzaggression gegenüber anderen Hunden und (a) Beuteaggression (s. Kapitel 9.2.) sowie (b) ungenügende Unterlegenheitsreaktion des anderen Hundes auf einen Dominanzangriff. Das kann man zuweilen bei Hunden beobachten, die als Welpen unzureichende Sozialisierungserfahrungen gemacht haben. Diese Hunde greifen andere zwar nicht an, reagieren aber immer aggressiv, wenn sie dominant herausgefordert werden.

Behandlung
Die Behandlung der Beuteaggression wird in Kapitel 9.5. behandelt. Bei Hunden mit unzureichendem sozialen Verhaltensrepertoire könnte man die Möglichkeit eines Spiels mit nicht-dominanten Hunden ins Auge fassen, damit sie entsprechende Erfahrungen machen können. Es bestehen jedoch berechtigte Zweifel, ob solch späte Erfahrungen diesen Mangel jemals ganz ausgleichen können.
Schwierig ist es auch, das Verhalten eines Hundes zu ändern, der einen Dominanzangriff auf einen anderen Hund unternimmt, denn der Besitzer ist in der Regel nicht direkt dabei. Man kann es jedoch mit einer geeigneten Kombination folgender Methoden versuchen:
1. Der Besitzer muß seine eigene Dominanz dem Hund gegenüber ausbauen. Das mag nicht unbedingt den Drang des Hundes reduzieren, über andere Hunde zu dominieren, aber der Besitzer kann so eine effektivere Kontrolle über den Hund ausüben um einen Kampf besser zu verhindern.
2. Aggression unter Rüden kann durch Kastration verbessert werden. Eine Untersuchung von HOPKINS (1976) ergab, daß 60 % günstig reagierten. Vor dieser Operation sollte Delmadinon verabreicht werden, um den möglichen Erfolg beurteilen zu können.
3. Hat die Situation bereits einen kritischen Punkt erreicht oder erklärt sich der Besitzer nicht mit einer Kastration einverstanden, kann zeitweise Megestrolacetat gegeben werden, um so die Dominanz des Hundes zu verringern.
4. Man sollte für einige Zeit dafür sorgen, daß der Hund nicht mit potentiellen Gegnern zusammentrifft. Wenn der Besitzer der Meinung ist, daß sich seine Kontrolle über den Hund verbessert hat, kann er ihn allmählich wieder Situationen aussetzen, die ihn zu einem Angriff provozieren könnte.

Weiterführende Literatur
VOITH, V. L., und P. L. BORCHELT, Diagnosis and treatment of dominance aggression in dogs, in: Symposium on Animal Behaviour, The Veterinary Clinic of North America, 12, 4, 1982.

Kapitel 10: Probleme der Gefühlserregbarkeit

Dieses Kapitel befaßt sich mit Problemen, die durch emotionale Überregbarkeit hervorgerufen werden und sich bei Hunden mit introvertierter Persönlichkeit in Furcht oder Nervosität und bei Hunden mit extravertierter Persönlichkeit in Erregbarkeit äußern (s. Kapitel 5.10). Beide Verhaltensformen treten entweder vereinzelt auf, in extremen Fällen reagiert der Hund jedoch ständig so.

10.1. Probleme der Furchtsamkeit – allgemeine Nervosität

Der Hund zeigt in vielen verschiedenen Situationen Anzeichen von Furchtsamkeit (er zittert, verkriecht sich, hechelt, versucht zu flüchten). Obwohl sich Hunde darin unterscheiden, was sie als besonders furchterregende Situationen empfinden, handelt es sich vor allem um Menschenansammlungen, Fremde, Verkehr und um laute Geräusche, also um intensive oder ungewöhnliche Reize.

Ursachen

a) Genetische Faktoren

MURPHREE (1976) konnte zeigen, daß die Veranlagung zur Furchtsamkeit vererbt werden kann (s. Kapitel 5.10.).

b) Jugenderfahrungen

Gestörte Gefühlserregbarkeit kann durch verschiedene Faktoren im Leben des jungen Hundes ausgelöst werden:
1. Bei Versuchsratten stellte man fest, daß **neonataler Proteinmangel** zu ganz erheblichen Wesensstörungen im späteren Leben führt (HART UND HART, 1985). Daher können Welpen, die als Kümmerlinge auf die Welt gekommen sind, später dazu neigen, nervös oder übererregbar zu sein.
2. Es ist wahrscheinlich, daß sich die **Nervosität einer Hündin** in den ersten Lebenswochen auf ihre Welpen überträgt und dazu beiträgt, daß diese später ungewöhnlich furchtsam reagieren. SCOTT UND FULLER (1965) fanden bei zahlreichen Tests zur emotionalen Reaktivität heraus, daß die Welpen in ihren Verhaltensweisen eher den Müttern als den Vätern glichen.
3. **Eine physisch und sozial beziehungsarme Umgebung** während der Sozialisierungsphase kann später zu allgemeiner Furchtsamkeit führen (s. Kapitel 6.2.).

c) Spätere Erfahrungen

Ähnlich wie beim Menschen können auch später gemachte ungünstige Erfahrungen die Persönlichkeit dauerhaft beeinflussen, aber sie müssen dann äußerst intensiv sein (z. B. Menschen im Konzentrationslager), um eine ähnliche Wirkung wie Kindheitserfahrungen hervorzurufen. Obwohl man bei Hunden eine allgemeine Nervosität und Furchtsamkeit erzeugen kann, wenn man sie systematisch terrorisiert, ist dies eher die Ausnahme. Werden Hunde mit stabiler Persönlichkeit in Furcht versetzt, neigen sie eher dazu, ein isoliertes phobisches Symptom zu entwickeln.

d) Einstellung des Besitzers
Es gibt keinen Anlaß zu der Vermutung, daß sich die Ängstlichkeit des Besitzers direkt auf den Hund überträgt und bei diesem Furchtsamkeit hervorruft. Ein Hund zeigt in solchen Fällen eher Erregung und Übersprungshandlungen (s. Kapitel 7.4.).

Behandlung
Falls möglich, kann man vorübergehend eine Umgebung schaffen, die den Hund nicht beunruhigt. Man sollte den Hund nach Möglichkeit nicht mit hinaus nehmen, Tür- und Telefonklingel leiser stellen oder andere spezielle Vorkehrungen treffen, wenn Gäste erwartet werden. Die nervösen Reaktionen des Hundes werden dann als einzelne phobische Symptome durch systematische Desensibilisierung behandelt (s. Kapitel 5.3., und 8.9.). Gelingt es nicht, eine Umgebung zu schaffen, in der der Hund ruhig ist, kann ein Beruhigungsmittel nützlich sein.

Fallbeispiel 10.1.
Eine Frau in mittleren Jahren kam mit einer ungefähr ein Jahr alten Labrador-Retriever-Hündin in die Sprechstunde. Sie hatte das Tier im Alter von sechs Monaten gekauft. Der Hund benahm sich in belebten Straßen immer ängstlich. Wenn Menschen oder Autos nahe an ihm vorbeikamen, zog er an der Leine und versuchte zu flüchten. Zuweilen hatte die Besitzerin Angst, ihn nicht mehr halten zu können. Der Hund fürchtete sich auch vor Besuchern und verkroch sich in die Ecke, bis sie gegangen waren. Über die Jugend des Hundes war nicht viel bekannt, außer daß er auf dem Lande groß geworden war. Er war der erste Hund der Klientin und sie befürchtete daher, daß sein ängstliches Verhalten auf falsche Behandlung durch sie zurückzuführen sei. Seit er bei ihr war, hatte sich seine Phobie allerdings gebessert. Als er ins Haus kam, hatte er sich sogar der Besitzerin gegenüber ängstlich benommen; nun aber hatte er Vertrauen zu ihr gefaßt und rannte manchmal zu ihr, wenn Gefahr drohte. Daher schien es eher wahrscheinlich zu sein, daß die Nervosität des Hundes auf seine unzureichenden Erfahrungen mit Menschen und anderen Hunden während der Sozialisierungsphase zurückzuführen war. Außerdem war er möglicherweise von Natur aus ängstlich. Abgesehen von einer gewissen Neigung, den Hund übermäßig zu beruhigen und damit sein Meide-Verhalten noch zu verstärken, war die Besitzerin mit dem Tier richtig umgegangen und hatte zumindest erreicht, daß es seine Angst ihr gegenüber überwunden hatte.
Man empfahl ihr, den Hund für eine gewisse Zeit nicht mit nach draußen zu nehmen und ihn danach allmählich an immer belebtere Plätze zu führen. Dabei sollte sie so langsam vorgehen, daß er sich niemals zu ängstigen brauchte. Was seine Furcht vor Besuchern anbelangte, sollte sie ihre Gäste darum bitten, den Hund zu ignorieren und zu warten, bis er von sich aus näher kam. Da sie über diesen Aspekt seines Verhaltens besonders besorgt zu sein schien, versuchte man, ihr klarzumachen, daß längst nicht alle Hunde zu Besuchern freundlich sind. Bei einer Nachfolgeuntersuchung nach sechs Monaten stellte sich heraus, daß der Hund im Verkehr fast keine Angst mehr zeigte. Besuchern gegenüber benahm er sich anfangs immer noch zurückhaltend. Ignorierten sie ihn aber, versuchte er in der Regel, sich ihnen zu nähern und sich mit ihnen anzufreunden.

10.2. Probleme der Furchtsamkeit – spezifische Phobien

In diesen Fällen beschreibt der Besitzer ein klar definiertes Problem, insofern als der Hund nur in ganz spezifischen Situationen Furcht zeigt. Dabei können gewisse Menschen (z. B. Männer, Personen in Uniform, Leute, die Gegenstände schwenken), Geräusche (Staubsauger, Donner) oder Orte (Tierarztpraxen) Auslöser sein. So ein Tier kann allgemein ängstlich sein, aber Phobien bei Hunden mit ansonsten stabiler Persönlichkeit sind nicht ungewöhnlich.

Ursachen

a) Genetische Faktoren
Die Veranlagung, auf gewisse Reize übermäßig zu reagieren, ist vermutlich erblich. So zeigen viele Border-Collies phobische Reaktionen auf Menschen, die Gegenstände schwenken.

b) Frühzeitige Jugenderfahrungen
Jugenderfahrungen wirken sich wahrscheinlich eher auf das allgemeine Temperament aus und rufen keine spezifischen Phobien hervor.

c) Spätere Erfahrungen
Ist ein zuvor neutraler Stimulus mit einer traumatischen Erfahrung verbunden, kann dadurch Furcht erzeugt werden. Sicherlich leuchtet es jedem ein, daß ein Hund, der angefahren wurde, Furcht vor Autos entwickelt hat. Auf der anderen Seite passiert es aber auch häufig, daß Hunde Phobien entwickeln, ohne daß ein einziger traumatischer Zwischenfall voranging. In diesen Fällen hat vermutlich die kumulative Wirkung einer Serie unangenehmer Zwischenfälle den gleichen Effekt.

d) Einstellung des Besitzers
Es ist unwahrscheinlich, daß die Einstellung des Besitzers unmittelbar für die Entwicklung einer Phobie beim Hund verantwortlich ist. Manchmal scheint es jedoch eine Sekundärwirkung zu geben, indem das ängstliche Verhalten des Besitzers verhütet, daß der Hund seine Angst überwindet.

e) Instrumentelle Konditionierung
Schenkt ein Besitzer seinem Hund besondere Aufmerksamkeit, wenn dieser Anzeichen von Furcht erkennen läßt (z. B. wenn er versucht, ihn zu beruhigen), kann dies als Belohnung aufgefaßt werden. In manchen Fällen wird dadurch das furchtsame Verhalten aufrechterhalten, das sonst vielleicht mit der Zeit nachgelassen hätte. Dies gilt besonders dann, wenn der Besitzer die Furcht des Hundes teilt.

Behandlung
Systematische Desensibilisierung ist die richtige Behandlungsmethode. Bei richtiger Anwendung ist die Erfolgsaussicht für Hunde mit ansonsten stabiler Persönlichkeit ausgesprochen gut. Der Besitzer muß den Hund sorgfältig beruhigen, bevor er ihn dem gefürchteten Reiz aussetzt. Versucht er, den Hund zu besänftigen, nachdem dieser bereits ängstlich geworden ist, läuft er Gefahr, dessen furchtsames Benehmen zu belohnen. Wird der Hund im Verlauf der Behandlung ängstlich, muß man ihm sofort

jede Zuwendung entziehen. Erst nachdem sich das Tier wieder beruhigt hat, sollte man ihm den gefürchteten Reiz mit geringerer Intensität präsentieren und die Behandlung dann langsamer fortsetzen.

Ungeeignete Behandlungsmethoden
Besitzer berichten zuweilen, daß sie versucht haben, die Furcht des Hundes zu behandeln, indem sie ihn dem gefürchteten Stimulus wiederholt ausgesetzt haben. Sie gingen davon aus, daß der Hund so feststellen würde, daß seine Furcht unberechtigt sei und der gefürchtete Reiz keine unangenehmen Folgen habe. Obwohl unter normalen Umständen auf diese Weise sicherlich viele furchtsame Reaktionen überwunden werden könnten, ist ein solches Verfahren dann denkbar ungeeignet, wenn die Furcht bereits zur Phobie geworden ist. Der Grund besteht darin, daß die Erfahrung außergewöhnlicher Furcht an sich schon unangenehm ist (s. Kapitel 5.2b).

Einige Verhaltenstherapeuten, die mit menschlichen Patienten zu tun haben, behaupten, Reizüberflutungstherapie wirksam angewandt zu haben. Diese Methode besteht darin, den Patienten einer intensiven Form des gefürchteten Reizes so lange auszusetzen, bis seine furchtsamen Reaktionen erschöpft sind. Dieses Verfahren wird nicht empfohlen. Für den Patienten ist es unangenehm und außerdem verstärkt sich die Gefahr, daß die Phobie noch schlimmer wird. Die systematische Desensibilisierung stellt dagegen ein zuverlässiges und angenehmeres Verfahren dar, und es gibt keinen Grund, die Reizüberflutungstechnik überhaupt noch einzusetzen.

10.3. Probleme der Erregbarkeit – allgemeine Erregbarkeit

Einige Hunde sind ständig ruhelos und übermäßig aktiv. Sie reagieren mit unmäßiger Erregung auf Reize wie das Klingeln der Türglocke, die bei anderen Hunden nur Interesse hervorrufen würde. Häufig zeigen sie Übersprungshandlungen wie Aufreiten und Scharren oder sie zerbeißen Gegenstände (s. Kapitel 5.4.). Besitzer solcher Hunde berichten häufig, daß keinerlei körperliche Anstrengung oder noch so lange Spaziergänge die Tiere zu ermüden scheint und daß sie große Mengen an Nahrung zu sich nehmen können, ohne dick zu werden.

Ursachen und Behandlung

a) Genetische Faktoren sowie Veranlagung und Jugenderfahrungen
können zu dieser Erregbarkeit beitragen. Sobald der Hund herangewachsen ist, lassen sich diese Faktoren durch nichts mehr verändern, obwohl die Erregbarkeit mit zunehmendem Alter allmählich nachlassen kann.

b) Falsches Lernen
Hundehalter haben die Neigung, einem Hund mehr Aufmerksamkeit zu widmen wenn er aufgeregt ist, als wenn er sich ganz ruhig verhält. Einige Besitzer sprechen dann liebevoll auf ihn ein, um ihn zu beruhigen oder abzulenken, andere tadeln das Tier. In beiden Fällen wird der Hund durch die Aufmerksamkeit des Besitzers belohnt. Hundehaltern ist jedoch anzuraten, Erregungszuständen nach Möglichkeit keinerlei Beachtung zu schenken. Wenn sich das Benehmen nicht ignorieren läßt (z. B. wenn der Hund versucht, den

Teppich zu zerreißen), sollte man ihn aus dem Zimmer schicken und allein in einen anderen Raum sperren. Sobald er sich beruhigt hat, kann man ihm wieder Zutritt gewähren. Man muß Hundehalter außerdem ermutigen, ruhiges Verhalten zu belohnen. Wenn der Hund still sitzt, sollten sie ihn loben und ihm sogar ein Häppchen geben. Nachstehend wird die Behandlung invidueller Erregbarkeitssymptome beschrieben.

c) Einstellung des Besitzers

In Kapitel 7.4. wurde bereits ausgeführt, daß Neurosen des Besitzers mit zahlreichen Formen erregten Benehmens bei Hunden korreliert sind. Es wurde ausgeführt, daß neurotische Besitzer eher dazu neigen, sich ihren Hunden gegenüber widersprüchlich zu verhalten, dadurch einen Konfliktzustand und damit hochgradige Aufregung hervorzurufen. Die gleiche Wirkung kann möglicherweise auch durch einen lebhaften Haushalt mit einer großen Familie, insbesondere mit vielen Kindern, ausgelöst werden. Ist man sich dann nicht über die Behandlung des Hundes einig, reagiert dieser häufig verwirrt. Handelt es sich um neurotische Besitzer, fällt es dem jeweils Betroffenen in der Regel schwer, diesen Aspekt seines Verhaltens zu verändern, da es sich hier um den Ausdruck eines gestörten Teils seiner Persönlichkeit handelt und er sich selbst dessen vielfach nicht bewußt ist. Aus dem gleichen Grunde hat auch der Tierarzt Schwierigkeiten, die Aufmerksamkeit des Besitzers taktvoll auf die den Konflikt auslösenden Aspekte seiner Interaktionen mit dem Hund zu lenken. Allerdings kann man dabei dann eine positive Reaktion herbeiführen, wenn

1. die Hinweise auf ganz spezielle Handlungen des Hundeshalters abzielen (z. B. „Wenn Sie den Hund nicht schlagen und nicht anschreien, wird er vielleicht ruhiger") und nicht dessen allgemeine Einstellung betreffen (z. B. „Ihr inkonsequentes Verhalten macht den Hund ängstlich);
2. sie wertfrei sind und eine mögliche Hypothese enthalten (z. B. „Ich frage mich, ob Sie den Hund zu verschiedenen Zeitpunkten unterschiedlich behandeln, das könnte ihn verwirren"), statt dogmatisch zu sein und den Besitzer zu verurteilen.

Ist eher die ganze Familie und nicht so sehr eine einzelne Person für das inkonsequente Verhalten verantwortlich, kann der Besitzer vielleicht leichter akzeptieren, daß sich dies ungünstig auf den Hund auswirkt. Allerdings kann es schwierig sein, der gesamten Familie ihre Wirkung auf den Hund klarzumachen oder ihr Verhalten zu ändern. Häufig ist es in diesen Fällen vorteilhaft, darauf zu bestehen, daß möglichst viele Familienmitglieder mit zur Behandlung kommen. Man sollte sie dann dazu bewegen, über ihre unterschiedlichen Einstellungen zum Hund zu sprechen und sich nach Möglichkeit auf ein gemeinsames Vorgehen zu einigen. Im Beisein eines unparteiischen „Schiedsrichters" fällt so etwas einer Familie häufig leichter.

d) Medikamente

In schweren Fällen, oder wenn das Problem bereits das Ausmaß einer Krise erreicht hat, ist zuweilen die Gabe von Megestrolacetat, eines Tranquilizers oder eines Antidepressivums angezeigt. Sobald sich die Situation entspannt hat, können die Medikamente allmählich abgesetzt werden.

e) Spezifische Probleme

Allgemeine Erregbarkeit beinhaltet normalerweise gewisse Verhaltensweisen, die große Probleme verursachen. Diese Verhaltensweisen werden nachstehend erläutert:

Fallbeispiel 10.2.
Ein Ehepaar mit jugendlichen Söhnen kam mit einer zwei Jahre alten Border-Colli-Hündin zur Behandlung. Die Hündin benahm sich in der Wohnung häufig erregt, bellte und lief hin und her. Befand sich die Frau allein im Haus, verhielt sich das Tier ruhig. Seine Erregbarkeit nahm zu, je mehr Menschen im Haus waren und je häufiger sie kamen und gingen.
Der Hund war im Alter von fünf Wochen bei einem Bauern gekauft worden. Die Familie war damals in den Ferien gewesen und hatte den Hund mitgenommen, weil er so dünn war und einen so vernachlässigten Eindruck machte. Das Tier war immer hyperaktiv und erregbar gewesen.
Wahrscheinlich hatte die physische und die psychische Einsamkeit des Hundes während seiner frühesten Kindheit seinen allgemeinen Hang zu Erregbarkeit beeinflußt. Die heftigsten Erregungszustände schienen ausgelöst zu werden, wenn Menschen das Haus oder einen Raum betraten oder verließen. Das Ehepaar gab zu, daß die Stimmung im Haushalt zuweilen heftig anschwoll, ständiger Gegenstand das Benehmen der Söhne, die das Haus wie ein Hotel benutzten. Sie deuteten auch an, daß sie das Bellen des Hundes in solchen Situationen kaum ertragen konnten. Vermutlich verstärkten sie das Bellen unwissentlich noch dadurch, daß sie dem Tier gerade dann Aufmerksamkeit schenkten, und durch ihren inkonsequenten Umgang mit ihm hatte sich seine Angst gesteigert.
Den Besitzern wurde empfohlen, dem Hund beizubringen, auf Befehl ruhig zu sitzen, wobei sie Nahrung und Lob als Belohnung einsetzen sollten. Ferner wurde ihnen geraten, den Hund sorgfältig zu beobachten, um herauszufinden, welche Reize die Erregung auslösten. Außerdem sollten sie Erregungsausbrüche verhindern, indem sie provozierenden Situationen vorgreifen und den Hund vorher zum ruhigen Sitzen veranlassen sollten. Zunächst durfte der Hund nur geringen Aufregungen ausgesetzt werden. Später, wenn der Hund allmählich ruhiger werden würde, sollte der Haushalt nach und nach zu seinem normalen Tagesablauf zurückkehren. Sie sollten dafür sorgen, daß erregtes Verhalten des Hundes niemals durch ihre Zuwendung belohnt würde.
Zwei Wochen später berichteten die Hundehalter, daß sie ihren Söhnen eingeprägt hätten, den Hund nicht aufzuregen. Sie stellten fest, daß sich der Hund still verhielt, wenn sie beschwichtigend auf ihn einsprachen und ihn zum Sitzen aufforderten, bevor sie sich innerhalb des Hauses bewegten. Auf die Ankunft von Gästen reagierte er zwar immer noch erregt, aber nicht mehr so stark wie zuvor. Bei einer Nachuntersuchung nach einem Jahr stellte sich heraus, daß der Zustand besser als zur Zeit der Erstuntersuchung war, das Verhalten des Hundes aber immer noch störend. Außerdem gewann man den Eindruck, daß sich das Benehmen der Familie gegenüber dem Hund nicht dauerhaft verbessert hatte. Sie empfanden das Tier immer noch als lästig, akzeptierten sein Betragen nunmehr aber als unveränderlichen Bestandteil ihres Lebens.

ERREGUNGSZUSTÄNDE IN BESONDEREN SITUATIONEN

10.4. Erregung bei Besuchern

Der Hund begrüßt Besucher überschwenglich, bellt, springt an ihnen hoch und berührt sie mit den Pfoten, um beachtet zu werden. Möglicherweise reagiert er auch eher unentschlossen und bellt in einer gewissen Entfernung oder rennt durch das Haus, ohne direkten Kontakt mit den Gästen aufzunehmen. Zuweilen benimmt sich der Hund bei der Begrüßung ausgesprochen feindlich oder sogar bedrohlich. Gelegentlich hat er vielleicht schon einen Besucher gebissen, obwohl die Besitzer dieses Verhalten eventuell seiner übermäßigen Erregung zuschreiben.

Ursachen
Besucher befinden sich häufig im Mittelpunkt erregten Interesses, weil Hunde ausgesprochen soziale Tiere sind und das Erscheinen einer neuen Person natürlich von großer Bedeutung für sie ist. Gleichzeitig geraten zahlreiche Hunde bei Ankunft eines Gastes in einen Konflikt, oder werden unsicher, bis sie herausgefunden haben, ob der Besucher als ein Rudelmitglied einzustufen ist und daher akzeptiert werden kann oder ob man ihn als Eindringling betrachten muß, den man abweist. Handelt es sich um einen dominanten Hund, trifft er diese Entscheidung wahrscheinlich selbst und benimmt sich aggressiv. Ist das anders, wartet er lieber die Reaktion des Besitzers gegenüber dem Besucher ab. Weicht diese allerdings von seinem eigenen Eindruck ab oder überträgt der Hundehalter unwissentlich seine eigenen gemischten Gefühle über die Ankunft des Gastes auf den Hund, wird durch beide Situationen ein Konflikt ausgelöst und die Erregung des Hundes steigt.

Behandlung
Man kann eine geeignete Kombination folgender Behandlungsmethoden in Erwägung ziehen:
1. Liegt der Reaktion des Hundes ein feindliches Element zugrunde, ist sie als Dominanzaggression einzustufen und entsprechend zu behandeln (s. Kapitel 9.10.).
2. Besucher sollten gebeten werden, den Hund möglichst nicht zu beachten. Das kann sich als schwierig herausstellen, da manche Besucher – besonders Hundeliebhaber – nur mit Mühe zu überzeugen sind.
3. Dem Hund muß zunächst beigebracht werden, auf Befehl ruhig neben dem Besitzer zu sitzen und dabei unter dessen Aufsicht zu verbleiben. Das läßt sich am leichtesten durchführen, wenn man ihm eine Leine anlegt. Während er still sitzt, sollte er allmählich gegenüber dem Eintreffen von Gästen desensibilisiert werden. Setzt diese Erregung normalerweise beim Läuten der Türglocke ein, sollte man den Hund zunächst daran gewöhnen, sich beim Klingeln ruhig zu verhalten. Anschließend kann man dazu übergehen, die Tür zu öffnen und zu schließen, damit der Hund einen kurzen Blick auf den davorstehenden Besucher werfen kann. In der Regel braucht man hierzu einen Helfer. Der Hund wird gelobt und belohnt, solange er sich ruhig verhält. Benimmt er sich zu irgendeinem Zeitpunkt der Behandlung erregt, ist das ein Zeichen dafür, daß die Behandlung zu schnell vorangeht.
   Das Verfahren wird dadurch erschwert, daß es nahezu unmöglich ist, den Hund während des Behandlungszeitraumes aus Situationen fernzuhalten, in denen wirklich Besucher kommen. Zuweilen kann man die Behandlung auf einen Zeitpunkt legen, zu dem keine Gäste erwartet werden. Eine andere Möglichkeit besteht darin, die Klingel abzustellen und Besucher zu instruieren, daß sie klopfen oder ein anderes Zeichen geben, mit dem der Hund nicht vertraut ist. Während dieser Zeit kann man den Hund an einem Ort einsperren (z. B. in der Garage oder im Gartenschuppen), wo er kaum etwas von den Besuchern hört.
4. Sind Hundehalter nicht in der Lage oder nicht willens solch eine komplizierte Behandlung durchzuführen, kann man eine gewisse Verbesserung häufig dadurch erreichen, daß man ihnen rät zu versuchen, den Hund unter Kontrolle zu bekommen, bevor die Erregung beginnt. Sie sollten vorausdenken und die Ankunft von Besuchern vorbereiten. Sie dürfen niemals die Tür öffnen, ohne den Hund unter Aufsicht neben sich zu haben und sollten ihn dabei nach Möglichkeit an der Leine halten.

Wenn der Hund im Haus immer eine Leine trägt, ist es für den Besitzer leichter, ihn unter Kontrolle zu haben, wenn unerwartete Gäste eintreffen.

Für erfahrene Hundebesitzer ist all dies sicherlich unmittelbar einsichtig. Einige Besitzer haben jedoch niemals begriffen, wieviel Kontrolle man über einen Hund ausüben kann, sie stehen nur als hilflose Zuschauer daneben. Manchen Besitzern muß man vielleicht erklären, daß man einen bellenden Hund häufig zum Schweigen bringen kann, indem man ihm den Fang zuhält, es sei denn, der Hund will seine Leute dominieren.

10.5. Erregung im Auto

Wenn sich der Hund im Auto unruhig benimmt, kann er sogar zu einem Sicherheitsrisiko werden. Es mag sein, daß er bellt, hechelt oder stark speichelt. Manchmal kaut er an den Sicherheitsgurten oder versucht, Löcher in die Autositze zu scharren. Dieses Verhalten kann unmittelbar dann einsetzen, wenn der Hund ins Auto steigt, oder wenn er sich im Auto befindet und den Besitzer kommen sieht oder wenn das Auto losfährt. Gelegentlich tritt das Verhalten nur in bestimmten Wagen, bei bestimmten Personen oder auf bestimmten Fahrten auf. Man muß die auslösenden Reize im jeweiligen Einzelfall genau analysieren, da der Behandlungsplan davon abhängt. Manchmal müssen die Hundehalter einige Experimente durchführen (z. B. mit verschiedenen Fahrern oder auf verschiedenen Strecken), bevor man den Reiz exakt bestimmen kann.

Territoriale Aggression (s. Kapitel 9.10.) im Auto wird zuweilen mit Erregung verwechselt. In diesen Fällen bellt der Hund andere Menschen oder Hunde an, besonders dann, wenn sie auf den Wagen zukommen. Das Bellen wird von Knurren oder Drohgebärden begleitet. Gelegentlich schnappt der Hund auch nach dem Besitzer, wenn dieser versucht, ihn zu beruhigen.

Ursachen
1. Die Bewegung des Autos bzw. das Geräusch des Motors scheint einen Reiz darzustellen, der bei Hunden große Aufregung verursachen kann, wenn man sie nicht schon von klein an daran gewöhnt hat. Hunde, die sich im Wagen gestört verhalten, haben nicht selten erst im Anschluß an die Sozialisierungsphase mit Autos Bekanntschaft gemacht (s. Kapitel 6.2.).
2. Die Erregung kann auch durch den frustierenden Effekt des Autos hervorgerufen werden: Durch das Fenster sieht das Tier interessante aber unerreichbare Dinge.
3. In der Erregung liegt häufig sowohl ein Element klassischer als auch ein Element instrumenteller Konditionierung.
    a) Klassische Konditionierung findet statt, wenn der Hund das Einsteigen ins Auto oder das Anlassen des Motors mit unmittelbar bevorstehenden interessanten Aussichten aus dem Fenster und vielleicht einem Spaziergang am Ende der Fahrt verbindet.
    b) Das erregte Verhalten kann auch instrumentell konditioniert sein. Während der Fahrt im Auto wird das Bellen und das Umherspringen des Tieres häufig mit neuen und interessanten Aussichten belohnt, oder mit dem Anblick des Ausgangspunktes für einen Spaziergang. Für den Hund verstärkt sich dadurch der Eindruck, daß seine Unruhe dieses willkommene Ergebnis erbracht hat. Versuche des Besitzers, den Hund während der Fahrt abzulenken, ihn zu beruhigen oder auf den Schoß zu nehmen, wirken häufig wie eine zusätzliche Belohnung.

Behandlung
1. Sobald die auslösenden Reize ermittelt worden sind, sollte man den Hund ihnen gegenüber systematisch desensibilisieren. Das heißt, wenn der Hund zu bellen anfängt, sobald der Besitzer das Auto besteigt und den Motor anläßt, sollte dieser zunächst zusammen mit dem Hund ins Auto einsteigen, ohne den Motor zu starten und dabei auf den Hund einreden und ihn mit Häppchen füttern, solange er sich still verhält. Danach könnte der Halter zunächst den Schlüssel ins Zündschloß stecken, ohne ihn herumzudrehen, später den Motor anlassen und sofort wieder ausschalten. Ist der Hund in der Lage, sich unter diesen Umständen ruhig zu verhalten, kann man den Motor zunächst etwas länger laufenlassen, und danach kann der Besitzer mit dem Auto jeweils eine kurze Strecke zurücklegen. Der Erfolg des Verfahrens wird dadurch bestimmt, daß man die entsprechenden Reize vorher genau aufeinander abgestimmt hat. Während der Behandlung sollte man den Hund nicht auf richtige Fahrten mitnehmen.
2. Hat der Besitzer festgestellt, aufgrund welcher „Belohnungen" der Hund sich im Auto gestört verhält, muß er dafür sorgen, daß diese belohnenden Erlebnisse nicht mehr stattfinden. Statt dessen wird das Tier für ruhiges Verhalten belohnt. Der Besitzer muß den Hund soweit wie möglich ignorieren, wenn er erregt ist, und ihn loben, wenn er sich ruhig verhält. Hat man den Eindruck, daß die Erregung durch die Fahrt an sich belohnt wird und daß der Hund besonders aufgeregt reagiert, wenn die Fahrt zum Ausgangspunkt eines Spazierganges führt oder daß er immer erregter wird, je mehr man sich dem Ziel nähert, sollte man bei einsetzender Erregung sofort anhalten und die Fahrt erst fortsetzen, wenn der Hund wieder ruhig geworden ist. Handelt es sich um einen kleinen Hund, kann es zweckdienlich sein, ihn in einen Korb oder einen Käfig zu setzen, damit er nicht aus dem Fenster schauen kann.

10.6. Zerstörung von Gegenständen bei Abwesenheit des Besitzers

Mit dieser Form des erregungsbedingten Verhaltens wird der Verhaltenstherapeut am häufigsten konfrontiert. Gleichzeitig hat der Zerstörungstrieb auch besonders ernsthafte Auswirkungen. Aus den Unterlagen der Kleintierlehrpraxis der Royal (Dick) School Veterinary Studies Edinburgh ist ersichtlich, daß vor Einrichtung der Beratungsstelle 30 Prozent aller Hunde, die mit diesen Verhaltensstörungen in die Sprechstunde gebracht wurden, eingeschläfert werden mußten.
Im typischen Fall zerbeißen oder zerkratzen diese Hunde alles um sich herum, wenn sie allein gelassen werden. Davon können die Tür, der Teppich, die Möbel oder andere Gegenstände im Haus betroffen sein. Gelegentlich kommt es auch vor, daß Harn oder Kot abgesetzt wird. Einige Hunde heulen und bellen, manche tun nur dieses ohne gleichzeitig Gegenstände zu zerstören. Werden durch den Lärm Nachbarn belästigt, kann auch das Heulen zum Problem werden.
Manchmal treten solche Verhaltensweisen auch auf, wenn die Besitzer zwar zu Hause sind, den Hund aber über Nacht eingesperrt haben. Destruktives Verhalten kann sich auch im Auto äußern und beschränkt sich bei manchen Hunden darauf, das heißt, in der Wohnung verhalten sie sich ruhig. Möglicherweise benimmt sich ein Hund nicht generell destruktiv, wenn er allein gelassen wird. Häufig kann man feststellen, daß Hunde gewohnheitsmäßige Trennungen akzeptieren (wenn der Hundehalter zur Arbeit geht) und der Zerstörungstrieb nur auftritt, wenn sie unvermittelt allein gelassen werden.

Ursachen und Behandlung
Die am häufigsten anzutreffende Ursache für dieses Verhalten des Hundes ist seine Aufregung darüber, vom Besitzer allein gelassen zu werden. Hunde sind Rudeltiere und werden instinktiv unruhig, sobald sie vom restlichen Rudel, insbesondere vom Führer, getrennt werden. Das Zerbeißen und Zerkratzen von Gegenständen sind Übersprungshandlungen, die durch Zunahme der Angst ausgelöst werden und sich ebenso in unkontrolliertem Harn- und Kotabsatz ausdrücken können. In manchen Situationen (wenn der Hund an der Tür kratzt) kann das Verhalten auch als Fluchtversuch verstanden werden. Durch Heulen und Bellen wollen diese Tiere die Aufmerksamkeit des übrigen Rudels erringen.

Hunde, die auf das Getrenntsein ungünstig reagieren, wurden plötzlich mit relativ langen Perioden des Alleinseins konfrontiert, nachdem sie vorher immer Gesellschaft hatten. Derartige Probleme entstehen oft, wenn in den Lebensumständen des Besitzers radikale Änderungen eintreten.

Ein Hund, der als Reaktion auf das Getrenntsein Sachen zerstört, wird üblicherweise durch den Anblick des Besitzers, der sich anschickt, das Haus zu verlassen, dazu veranlaßt. Fast immer regt sich der Hund dann auf, obwohl es auch Hunde gibt, die niedergeschlagen reagieren und sich zurückziehen. Die Zerstörung setzt normalerweise ein, unmittelbar nachdem der Halter die Wohnung verlassen hat, vielleicht nachdem ein anderes Symptom der Erregung – wie Bellen oder Herumwandern sich gezeigt hat. Viele Besitzer wissen bereits, wann dieses Verhalten einsetzt, weil sie einmal etwas vergessen hatten und kurz nach Verlassen des Hauses dorthin zurückgekehrt sind. Wissen sie es nicht, sollte man versuchen, den Zeitpunkt zu ermitteln, indem man sich entweder heimlich ins Haus zurückschleicht oder ein Tonband laufen läßt. Hunde, die unter Trennungsängsten leiden, begrüßen ihre Besitzer bei deren Rückkehr ungewöhnlich erregt. Einige schleichen sich allerdings auch davon, wenn sie wissen, daß nun eine Bestrafung folgen wird.

Beruht das Problem auf Trennungsängsten, sollte die systematische Desensibilisierung als Behandlungsmethode eingesetzt werden. Häufig kann man dem Hund zunächst beibringen, zu einem bestimmten Platz zu gehen (z. B. zu seinem Korb) und sich dort ruhig hinzulegen. Während der verschiedenen Behandlungen befiehlt man dem Hund, sich in den Korb zu legen und tut so, als wolle man das Haus verlassen. Geeigneterweise sollte der Besitzer zu dem Zeitpunkt beginnen, wo der Hund normalerweise unruhig zu werden beginnt (wenn er sich z. B. den Mantel anzieht). Bleibt der Hund dann ruhig in seinem Korb, sollte der Halter zur nächsten Handlung übergehen (z. B. die Autoschlüssel aus der Tasche nehmen) usw. Schließlich sollte man mit der Behandlung an dem Punkt angelangen, wo man tatsächlich das Haus verlassen kann. Das muß zunächst immer äußerst schnell vor sich gehen, das heißt, zuerst sollte man unmittelbar, nachdem man die Tür hinter sich geschlossen hat, sie zurückkommend wieder öffnen. Liegt der Hund noch ruhig im Korb, wenn der Besitzer die Tür öffnet, sollte er ihn loben und ihn belohnen, solange er im Korb sitzen bleibt. Er darf ihm nicht gestatten, aufzuspringen und ihn an der Tür stürmisch zu begrüßen. Der Besitzer sollte anschließend immer länger fortbleiben, wobei die Zeiträume allerdings unterschiedlich sein sollten, damit der Hund nicht absehen kann, wann der Besitzer zurückkehrt. Innerhalb dieses Ausbildungsprogrammes bietet es sich an, zunächst eine Minute, dann drei Minuten und dann wieder zwei Minuten wegzubleiben. Wenn der Hund während des Ausbildungsprogrammes bei der Rückkehr des Besitzers zunehmend erregter wird, sollte man länger warten, bevor man das Haus wieder verläßt, damit der Hund sich beruhigen kann.

Diese Behandlung hat besonders große Aussicht auf Erfolg, wenn der Hund während des Behandlungszeitraumes nicht wirklich allein gelassen wird. Für viele Besitzer ergeben sich in diesem Punkt Schwierigkeiten. Wenn sie von der Notwendigkeit der Behandlung überzeugt sind, werden sie jedoch häufig eine Möglichkeit finden, den Hund unter Aufsicht zu lassen oder die Behandlung während der Ferien durchzuführen.

Zeigt sich diese zerstörerische Verhaltensweise nachts, wenn der Hund eingeschlossen ist, besteht die einfachste Lösung darin, ihn mit ins Schlafzimmer zu nehmen. Möglicherweise ist das Problem jedoch gerade dadurch bedingt, daß die Hundehalter eine solche Lösung völlig ablehnen und sie selbst unter diesen Umständen nicht in Erwägung ziehen. Häufig trägt die **Einstellung des Besitzers** auch zu den Ursachen oder zum Umgehen mit dem destruktiven Verhalten bei. Viele Besitzer haben anscheinend zur Entwicklung des Problems beigetragen, indem sie ein enges Verhältnis gegenseitiger Abhängigkeit zum Hund aufgebaut haben. Sie behandeln den Hund wie einen Menschen, sprechen zu ihm und gehen ständig auf ihn ein, wenn sie mit ihm zusammen sind. In der Regel lassen diese Menschen ihre Hunde auch nicht gern allein und wissen nur zu gut, daß das Verhalten des Hundes eine Reaktion auf das Alleinsein darstellt. In diesen Fällen sind die Aussichten relativ gut, da diese Hundehalter fast immer bereit sind, langwierige und lästige Behandlungsprozeduren auf sich zu nehmen. Oft ist es hilfreich, ihnen vorsichtig nahezulegen, sich gefühlsmäßig ein wenig von den Hunden zu lösen. Zu diesem Zweck kann man ihnen empfehlen, sich weniger um den Hund zu kümmern, wenn sie zusammen sind, damit das Tier den Unterschied zwischen An- und Abwesenheit des Besitzers nicht so deutlich empfindet.

Andere Hundehalter stehen der Abhängigkeit ihres Hundes intolerant gegenüber. Diese Art Besitzer duldet in der Regel auch keine Abhängigkeit beim Rest der Familie und bei sich selbst. Sie lehnen es ab, die Zerstörungswut des Hundes als Trennungsangst zu akzeptieren und glauben, daß es sich um reine Niedertracht und Bosheit handelt. Es kommt vor, daß der Hund dann heftig für sein Verhalten bestraft wird, wodurch seine allgemeine Angst weiter zunimmt und noch mehr Vorfälle dieser Art auftreten. In einer solchen Situation sind die Aussichten eher schlecht. Man muß sich jedoch darüber im klaren sein, daß nicht alle Besitzer, die ihre Hunde wegen des destruktiven Verhaltens bestrafen und ihnen böswillig Motive unterstellen, solche Persönlichkeitsprobleme haben. Einige haben sich diese Meinung gebildet, da sie nicht besser informiert waren und reagieren zuweilen erleichtert oder sogar gerührt, wenn man ihnen erklärt, daß der Hund sich so verhält, weil er sie vermißt. Wenn allerdings ein Besitzer die Vorstellung heftig von sich weist, daß sein Hund von ihm abhängig sein könnte oder wenn ihn dieser Gedanke aufbringt oder verärgert, muß man befürchten, daß seine Einstellung ganz erheblich zum Problem des Tieres beiträgt.

Es ist nicht ungewöhnlich, in der gleichen Familie auf verschiedene Einstellungen zu treffen. Typischerweise ist die Ehefrau dem Hund sehr zugetan und bringt Verständnis für sein Leiden beim Alleinsein auf, während der Ehemann wütend wird und den Hund bestraft. Der Hund kann auf diese Weise zu einem Streitobjekt zwischen beiden werden. Die unterschiedliche Art und Weise, in der sich Mann und Frau ihm gegenüber verhalten, kann einen Konflikt in ihm hervorrufen, und dadurch kann die Häufigkeit seines destruktiven Verhaltens weiter zunehmen. In solchen Fällen müssen Mann und Frau in die Sprechstunde kommen und dazu angehalten werden, die Behandlungsbemühungen zu unterstützen. Dabei sollte man versuchen, den eher kritischen Partner mehr in

die Behandlung einzubeziehen und denjenigen Partner, der dem Hund etwas mehr zugetan ist, anzuweisen, sich eher im Hintergrund zu halten.
Beispiele für das Zerstören von Sachen aus Angst beim Alleinsein bieten die Fälle 7.6. und 8.3.

Weitere Faktoren

Zu den destruktiven Verhaltensweisen können auch andere Faktoren beitragen. Diese Faktoren stellen gelegentlich die einzige Ursache dar, in der Regel ist jedoch ein gewisses Maß an Trennungsangst vorhanden.

a) Auf einige destruktive Verhaltensweisen folgt eine Belohnung.

Das Scharren auf dem Sofa hat zum Beispiel gelegentlich die Belohnung in sich, selbst durch das erregende Aufstieben der Kissenfedern. Das kann eine Rolle spielen, wenn der Hund auch so etwas macht, wenn der Besitzer anwesend ist. Beschränkt sich der Zerstörungstrieb auf ein bestimmtes Möbelstück, kann man dem Hund den Zugang verbieten oder dessen belohnende Eigenschaften durch Schreckladungen zunichte machen (z. B. mit umgedrehten Mausefallen). Betrifft das destruktive Verhalten mehr Gegenstände, ist das Problem erheblich schwieriger. Als Lösungsmöglichkeit könnte man dem Hund alternatives Material zum Kauen oder zur Befriedigung seines Zerstörungstriebes anbieten (z. B. einen Kauknochen oder alte Pappkartons).

b) Einige destruktive Verhaltensweisen werden durch Langeweile gefördert.

Wenn sie über längere Zeiträume allein gelassen werden, erreicht das Bedürfnis des Hundes nach Aktivität und Stimulierung einen Punkt, an dem es in eine Übersprungshandlung übergeht. Die Langeweile kann einen ursächlichen Grund der Zerstörung darstellen, wenn die Aktivität nicht unmittelbar nach dem Fortgehen des Besitzers einsetzt, sondern erst eine gewisse Zeit später. Hierzu neigen sowohl Junghunde als auch Hunde, die länger als drei bis vier Stunden allein gelassen werden, das heißt, länger als sie tagsüber normalerweise schlafen. In diesem Falle muß der Hundehalter für die Zeit seiner Abwesenheit alternative Vorkehrungen treffen oder muß versuchen, andere Besitzer für den Hund zu finden, die nicht so lange außer Haus sind.

c) Manche Anfälle von Zerstörungswut werden offensichtlich durch Ereignisse ausgelöst, die in Abwesenheit des Hundeshalters stattfinden.

Dazu gehören Schritte, die am Haus vorbei gehen oder sich dem Haus nähern, das Klingeln der Türglocke oder Post, die in den Briefkasten geworfen wird. Wenn die Ursache hierin zu suchen ist, reagiert der Hund auf derartige Reize auch dann erregt, wenn der Besitzer anwesend ist. Um festzustellen, ob einer dieser Stimuli verantwortlich sein könnte, sollte man ein Experiment vornehmen. Man könnte zum Beispiel weggehen, in dieser Zeit einen Helfer an der Tür klingeln lassen und das Ergebnis auf ein Tonband aufzeichnen.
Die größte Aussicht, destruktive Verhaltensweisen als Reaktion auf diese Reize zu beseitigen, bietet die systematische Desensibilisierung. Außerdem kann man den Hund in einem Teil des Hauses einsperren, wo er diese Laute nicht so deutlich wahrnimmt.

d) **Der Hundehalter belohnt durch seine Rückkehr möglicherweise unwissentlich destruktive Vorfälle oder heftiges Bellen.**
Davon kann man fast immer ausgehen, wenn die Zerstörung offenbar kurz vor der Zeit der erwarteten Rückkehr des Besitzers stattgefunden hat. Selbst wenn der größere Teil der Missetat zu der eher üblichen Zeit, das heißt, kurz nach dem Weggang des Besitzers stattgefunden hat, kann der allgemeine Erregungszustand, der zu diesem destruktiven Verhalten führt, durch seine Rückkehr belohnt werden. Wenn ein Hund bellt und sich erregt, weil er das Auto oder die Schritte des Besitzers kommen hört, hat er vielleicht den Eindruck, daß sein aufgeregtes Verhalten den Hundehalter zur Rückkehr veranlaßt. Um diesen erlernten Zusammenhang aufzuheben, darf der Besitzer die Tür nicht eher öffnen, bis sich der Hund auf der anderen Seite beruhigt hat. Erweist sich dies als nicht gleich durchführbar, darf er zumindest den Hund nicht eher begrüßen oder tätscheln, bis dieser ruhig geworden ist.

UNGEEIGNETE BEHANDLUNGSMETHODEN

a) Bestrafung
Gewöhnlich versuchen Besitzer ihre Hunde dadurch zu heilen, daß sie sie ausschelten oder schlagen, wenn sie nach Haus kommen und sehen, was der Hund angerichtet hat. Ein solches Vorgehen ist aus zweierlei Gründen nicht ratsam:
1. Zwischen dem Verhalten und der Bestrafung ist normalerweise soviel Zeit verflossen, daß der Hund keinen Zusammenhang zwischen beiden herstellen kann. Manche Hundebesitzer wollen das einfach nicht wahrhaben und sagen, daß sich der Hund nur an den Tagen, an denen er zu Hause etwas angerichtet hatte, „schuldbewußt" benahm. Bei diesem „schuldbewußten" Verhalten handelt es sich in Wirklichkeit jedoch um Furcht und Unterwürfigkeit, da der Hund gelernt hat, bei Rückkehr des Besitzers Strafe zu erwarten. Verhält sich der Hund nur so, wenn er vorher etwas zerstört hat, so liegt das daran, daß er gelernt hat, verstreut umherliegende Trümmer mit einer Bestrafung durch den Halter in Verbindung zu bringen. Er kann jedoch keinen Zusammenhang zwischen seiner Handlung des Kaputtmachens und der Bestrafung herstellen. Wenn ein Hund also nicht einmal fähig ist, eine derartige Verbindung herzustellen, liegt es ganz klar auf der Hand, daß man seinen Zerstörungstrieb auf keinen Fall mit noch komplexeren gedanklichen Abläufen wie Rache oder Boshaftigkeit begründen kann, was von einigen Besitzern unterstellt wird.
2. Häufige Bestrafung durch den Besitzer kann dazu führen, daß der Hund ihm gegenüber in einen Gefühlskonflikt gestürzt wird. Dadurch wird seine allgemeine Ängstlichkeit noch verstärkt und die Wahrscheinlichkeit der Handlungswiederholung steigt.

b) Einsperren
Hundebesitzer versuchen zuweilen, den Schaden, den ein Hund anrichten kann, zu begrenzen, indem sie ihn anketten oder ihn auf engem Raum einsperren. Gelegentlich kann es sich als hilfreich erweisen, den Hund in einem Raum zu sperren, wo er keine erregenden Laute hören kann. Schließt man ihn aber ständig ein oder behindert ihn in seiner Bewegungsfreiheit, wird er dadurch häufig noch ängstlicher.

c) Anschaffung eines zweiten Hundes

Um die Einsamkeit des Hundes zu vermindern, schaffen manche Hundebesitzer ein zweites Tier als Gefährten an. Diese Lösung hat zwei Nachteile:
1. In den Augen des Hundes stellt ein anderer Hund vielleicht keinen Ersatz für einen menschlichen Kontakt dar.
2. Der zweite Hund kann vom ersten zu destruktivem Verhalten verführt werden und der Schaden ist am Ende doppelt so hoch.

Weiterführende Literatur
MUGFORD, R., Car crazy: dog travel in cars, Pedigree Digest 11, 2, 1984
TUBER, D. S., D. HOTHERSALL und M. F. PETERS, Treatment of fears and phobias in dogs, in: Symposium on Animal Behaviour, The Veterinary Clinics of North America, 12, 4, 1982
VOITH, V. L., und P. L. BORCHELT, Separation anxiety in dogs, The Compendium on Continuing Education for the Practising Veterinarian, 7, 1, 42–52, 1985

Kapitel 11: Verschiedene Probleme

DYSPHAGIE

11.1. Koprophagie

Hunde fressen häufig wesentlich andere Dinge als ihren Besitzern lieb ist. Ist dieses Verhalten nicht auf mangelhafte Ernährung zurückzuführen, kann es zwei Gründe dafür geben:

a) Viele Hunde scheinen eine instinktive Vorliebe für verfaulte Nahrung zu haben.

Aus diesem Grunde nehmen sie verrottete Kadaver, Fäkalien und den Inhalt von Mülltonnen auf. Obwohl ein solches Verhalten eigentlich normal ist, finden es viele Hundebesitzer abstoßend. Außerdem wird der Hund auf diese Weise einem zusätzlichen Infektions- und Parasitenrisiko ausgesetzt. Es gibt zwei Wege, dieses Verhalten zu ändern:
1. Die Freude an der „wohlschmeckenden" Nahrung kann dadurch vergällt werden, daß man entweder (a) dem Hund einen Hinterhalt legt und ihn aus einer gewissen Entfernung mit einem lauten Geräusch oder einem Eimer Wasser bestraft oder (b) Fäkalien oder einen Kadaver als Köder benutzt und mit einer scharfen Pfeffersoße (Tabasco) oder einem Emetikum versetzt.
2. Besteht die Gefahr, auf eine solch verführerische Substanz zu treffen, wird der Hund immer an der Leine geführt. Zeigt er Anzeichen, Unrat gerochen zu haben, lenkt der Eigentümer ihn ab, zieht ruckartig an der Leine und sagt „Nein". Danach sollte er dem Hund einen alternativen Befehl erteilen, ihn zum Beispiel auffordern, bei Fuß zu kommen und ihn belohnen, wenn er gehorcht. Gleichzeitig muß man dem Besitzer anraten, generell mehr Kontrolle über den Hund zu gewinnen versuchen. Mit der Zeit wird der Hundehalter dann feststellen, daß er den Hund davon abhalten kann, den Unrat näher zu untersuchen, auch wenn er ihn nicht an der Leine hält.

b) Der Fang des Hundes ist das Organ, mit dessen Hilfe er Gegenstände erforscht, in Besitz nimmt und auch verzehrt.

Zuweilen werden diese Funktionen etwas durcheinander gebracht, **so daß der Hund schließlich etwas teilweise verschluckt, was er eigentlich nur untersuchen oder wegtragen wollte.** Gelegentlich wird dieses Verhalten für Hundehalter zum Problem und sie berichten, daß der Hund ständig unerwünschte Gegenstände aufnimmt. Versucht der Besitzer dann, diesen Gegenstand zu bekommen, rennt der Hund mit dem Objekt im

Fang entweder fort oder er knurrt. Folgende ursächliche Faktoren und Behandlungsmethoden können dabei von Bedeutung sein:
1. Den Besitzern gelingt es nicht, den Gegenstand zu bekommen, weil sie nicht genügend Dominanz über den Hund besitzen. Als Behandlung empfiehlt sich dann das in Kapitel 9.8. erläuterte Verfahren.
2. Der Hundehalter belohnt das Aufnehmen von Gegenständen teilweise durch die anschließende Jagd oder, was seltener ist, durch seine entsetzte Reaktion. Ein Beispiel für das zweite Phänomen bildet ein schwarzer Labrador-Retriever, der die Angewohnheit entwickelt hatte, im Garten Würmer auszugraben und sie dann ins Haus zu tragen, um sie der Besitzerin zu zeigen, die darauf äußerst erregt und mit Abscheu reagierte. In einer solchen Situation muß der Halter den Hund weitestgehend ignorieren. Ist das nicht durchführbar (wenn der Hund z. B. wertvolle Gegenstände verschlingt oder Dinge, die ihn verletzen könnten), sollte man nach Möglichkeit der Gelegenheit dazu aus dem Wege gehen. Der Hund muß dann sorgfältig beaufsichtigt werden. Man sollte ihn veranlassen, seinen Herrn um das Haus herum zu begleiten, statt allein herumzustreichen, zur Sicherheit am besten an der Leine. Stellt der Besitzer dann fest, daß der Hund Interesse an einem Gegenstand zeigt oder nach etwas zu suchen beginnt, sollte er ihn ablenken, ihm einen anderen Befehl erteilen und ihn belohnen, wenn er diesem Kommando gehorcht. Der alternative Befehl kann darin bestehen, einen erwünschten und klar unterscheidbaren Gegenstand, wie zum Beispiel einen Ball, zu apportieren.

11.2. Anorexie

Gelegentlich wollen Hunde aus anderen als körperlichen Gründen keine Nahrung zu sich nehmen. Das passiert besonders häufig nach einem Wohnungswechsel oder dem Verlust einer Person oder eines Tieres, dem der Hund sehr zugetan war. Es kann vorkommen, daß ein Hund nichts zu sich nimmt, wenn er in ein Tierheim kommt, ein neues Heim erhält oder wenn ein Familienmitglied oder im Hause ein Tier stirbt oder den Haushalt verläßt. Dieses Verhalten kann isoliert auftreten, kann aber auch Teil eines Krankheitsbildes sein, das Zurückgezogenheit und Teilnahmslosigkeit einschließt, vergleichbar der Trauer oder der Depression beim Menschen.
In den meisten Fällen und mit genügend Zeit und Geduld kehrt der Appetit zurück. Bisweilen muß der Hund mit leckerer Nahrung gelockt werden und man muß ihn mit der Hand füttern. Die Anorexie kann aber auch solange anhalten, daß Grund zur Besorgnis besteht. Kann man in solchen Fällen keine körperliche Ursache finden, stellt sich oft heraus, daß die Besitzer die Verweigerung der Nahrungsaufnahme durch ihr eigenes Verhalten unterhalten. Oft sind sie so besorgt, daß sie ihn ununterbrochen mit Nahrung quälen oder ihn zwangsfüttern und damit die Nahrungsaufnahme nur noch unangenehmer machen. In einem solchen Fall sollte man dem Besitzer empfehlen, dem Hund zu bestimmten Zeiten, ungefähr zweimal am Tag, leckere Nahrung vorzusetzen, ihm dann Zeit zu lassen, die Nahrung zu untersuchen und das Futter nach ungefähr 5 bis 10 Minuten wieder entfernen. Manchmal kann es auch nützlich sein, den Hund für einige Tage in einen anderen Haushalt zu geben, den er nicht mit unangenehmen Fütterungserfahrungen in Verbindung bringt und dessen Mitglieder gefühlsmäßig nicht so in der Sache engagiert sind.

11.3 Obesitas, Übergewicht

Es mag vielleicht merkwürdig erscheinen, daß ein Buch über Verhaltensprobleme des Hundes einen Aspekt behandelt, der ganz offensichtlich dem Verhalten des Besitzers zuzuschreiben ist. Aber schon in den vorangegangenen Kapiteln wurde ausgeführt, daß es sich bei den meisten Verhaltensstörungen des Hundes in gewissem Maße um das Produkt einer Interaktion zwischen Tier und Besitzer handelt. Das gilt auch für Überfütterung. Der Unterschied zwischen diesem und anderen Verhaltensproblemen besteht lediglich darin, daß vom Hundehalter etwas sehr einfaches verlangt wird, nämlich dem Hund weniger Futter zu geben. Der Versuch, den Besitzer von der Notwendigkeit dazu zu überzeugen, ist ein genauso schwieriges Unterfangen wie bei anderen Verhaltensproblemen.

Es gibt zahlreiche Gründe für die Überfütterung von Hunden:

a) **Manche Hundehalter glauben, daß der Hund das gleiche Bedürfnis nach Nahrung hat, wie sie selbst**
und daß er nur zufrieden ist, wenn er Frühstück, Mittagessen, Nachmittagskaffee und Abendbrot bekommt, und sich zurückgesetzt fühlt, wenn das nicht der Fall ist. Solchen Besitzern muß man erklären, daß das Verdauungssystem des Hundes so angelegt ist, daß es sehr große Mengen an Nahrung aufnehmen kann, solange sie vorhanden ist und es danach auf längere Fastenzeit eingestellt ist. Für einen Hund ist es normal und gesund, in der meisten Zeit gierig auf Futter zu sein, das heißt aber nicht, daß er tatsächlich ein unangenehmes Gefühl wie „Hunger" verspürt. Manche Besitzer tun sich schwer, diesem Gedanken zu folgen und andere sind so gefühlsmäßig voreingenommen, daß sie nicht folgen wollen.

b) **Vielen Hundehaltern verschafft es eine große Befriedigung, ihren Hunden durch das Füttern Freude zu bereiten.**
Wenn statt dieser für beide Seiten befriedigenden Interaktion der Hund den Besitzer vorwurfsvoll anblickt oder jault und um mehr bettelt, ist das häufig mehr, als der Hundehalter ertragen kann. Darüber hinaus ist das Füttern des Hundes mit Leckerbissen vielfach ein normaler Bestandteil des Tagesablaufes (z. B. „Wenn ich Kaffee und Kuchen zu mir nehme, bekommt er immer ein Stückchen"). Man hat festgestellt (LEIGH, 1966), daß diese Hunde häufig auch fettleibige Besitzer haben, insgesamt aber ist die Angelegenheit wahrscheinlich doch etwas komplexer. Jedermann ist beunruhigt, wenn die Grundlagen seines Sicherheitsgefühls bedroht werden und für einige Menschen steht dieses Gefühl der Sicherheit im unmittelbaren Zusammenhang mit essen und trinken. Dabei sind diese Menschen nicht unbedingt selbst dick, aber die Nahrung spielt gefühlsmäßig eine so große Rolle für sie, daß es ihnen schwerfällt, dem Hund Futter zu verweigern, wenn er so sehr darum bettelt, selbst wenn das im wirklichen Interesse des Tieres läge. Bei dem Versuch, Einfluß auf die Einstellung des Hundehalters zu nehmen, erreicht man nur das Gegenteil, wenn man ihn verurteilt. Viel besser ist es, ein gewisses Verständnis für dessen Dilemma aufzubringen. Als hilfreich können sich außerdem folgende konkrete Vorschläge erweisen:

1. **Solange die gesamte Kalorienzufuhr in Ordnung ist, kann man dem Hund so oft wie zuvor Nahrung anbieten,** einschließlich Leckerbissen. Nahrungsmittel mit wenig Kalorien, wie Gemüse, können nach Belieben zugefüttert werden.

2. Obwohl teuer, kann **im Handel erhältliches Diätfutter** günstig sein, da es genau abgewogen ist. Es besteht nicht die Versuchung, dem Hund „ein kleines bißchen mehr" anzubieten.
3. **Regelmäßiges Wiegen,** sowohl durch den Besitzer als auch durch den Tierarzt, kann dazu motivieren, auf die Figur des Hundes zu achten und Hinweise auf den Fortschritt einer Diät-Behandlung liefern.
4. Dem Hundehalter ist anzuraten, dem Hund **ausreichende Bewegung** zu verschaffen. Das trägt einerseits zur Gewichtsreduzierung bei und man kann außerdem feststellen, wie der Hund wieder leistungsfähiger wird.

Diese und andere Maßnahmen sind nicht nur wertvoll an sich, sondern haben für manche Besitzer den paradoxen Nutzen, daß der ganze Prozeß der Gewichtsreduzierung komplizierter und mühsamer wird. Weist man den Halter lediglich an, dem Hund weniger Futter zu geben, klingt das wie eine Instruktion, die man nicht befolgt. Erläutert man ihm jedoch ein komplizierteres Verfahren zur Gewichtsabnahme, hat der Besitzer so die Gelegenheit, seine Liebe zum Hund besser zu beweisen, als wenn er ihn nur mit Futter vollstopft.

11.4. Unerwünschter Harn- und Kotabsatz

Liegen keine körperlichen Ursachen vor, können folgende Faktoren eine Rolle spielen:

a) Harnabsatz als Unterwerfungsgeste

Der Harnabsatz kann als Reaktion der passiven Unterwerfung (s. Kapitel 4.7.) erfolgen, indem sich der Hund auf den Rücken rollt und ein Hinterbein hebt (s. Abb. 3, Kapitel 4). So etwas geschieht, wenn ein bereits untergeordneter Hund einen Menschen oder einen Hund trifft, den er als ausgesprochen dominant betrachtet und ist insbesondere bei Welpen häufig zu beobachten. Dieses Problem kann man dadurch behandeln, daß man die offensichtliche Dominanz des anderen Hundes oder des Menschen abbaut. Das heißt, eine Person, die unterwürfigen Harnabsatz auslöst, sollte nicht über dem Hund stehen, sondern sollte sich bei der Begrüßung zu ihm hinunterbeugen. Sie darf auch nicht ihre Hand von oben herab nach dem Hund ausstrecken, sondern muß ihm gestatten, sich ihr zu nähern. Außerdem sollte sie ihren Blick etwas abwenden und den Hund nicht direkt anschauen. Wird dieses Verhalten durch einen anderen Hund ausgelöst, sollten die beiden Hunde einander nur unter Aufsicht begegnen dürfen und zwar so lange, bis sie mehr Vertrauen zueinander gefaßt haben.

b) Streß oder Erregung

Einige Hunde setzen als Reaktion auf Streß oder Erregung unbeabsichtigt Harn oder Kot ab. Diese Reaktion kann durch Furcht ausgelöst werden, aber auch durch die Ankunft von Besuchern oder die Rückkehr des Besitzers. Das ist häufig bei Welpen und bessert sich oft mit der Geschlechtsreife. Ist das Verhalten jedoch sehr unangenehm oder tritt es ständig auf, sollte eine systematische Desensibilisierung im Hinblick auf den auslösenden Stimulus vorgenommen werden. Bestrafung ist nie angezeigt, da sie das Problem immer verschlimmert.

c) Falsches Lernen

Manche Hunde setzen regelmäßig an bestimmten Stellen im Haus Urin (oder seltener Kot) ab, weil sie es nicht besser gelernt haben. Ist eine Duftmarke erst einmal an einen bestimmten Ort gesetzt worden, löst dieser Duft instinktiv die Reaktion aus, an der gleichen Stelle wieder zu urinieren. Harn- und Kotabsatz werden auch durch klassische Konditionierung beeinflußt, so daß – auch bei Abwesenheit von Duftmarken – Reize, die zuvor mit diesen Reaktionen assoziiert worden sind, diese immer wieder hervorrufen. Dies ist der gleiche Mechanismus, der es dem Besitzer erlaubt, den Hund zur Stubenreinheit zu erziehen, der jedoch ebenso für die Entstehung unangenehmer Angewohnheiten verantwortlich ist.

Urin- oder Kotabsatz an falscher Stelle findet gewöhnlich dann statt, wenn der Besitzer nicht anwesend ist. Daher hat es den Anschein, als bestünde das Problem darin, daß der Besitzer nicht in der Lage war, den Hund während der Tat zu erwischen und ihn wirksam zu bestrafen. (Es bedarf keiner besonderen Betonung, daß eine Bestrafung, die erst nach einer gewissen Zeit erfolgt, keinerlei Wirkung hat.) Das Problem ist normalerweise älteren Ursprungs. Der Hundehalter hat den Hund häufig beim Harnabsatz an unerwünschten Stellen ertappt und ihn dafür bestraft. Auf diese Weise hat der Hund gelernt, nicht in Gegenwart des Besitzers zu urinieren. Also setzt der Hund auch keinen Harn ab, wenn der Halterr ihn mit nach draußen nimmt. Kommen beide dann ins Haus zurück, entschlüpft er in ein anderes Zimmer und erledigt dort sein Geschäft.

Liegt ein solches Problem vor, sollte im wesentlichen das gleiche Verfahren angewendet werden, wie bei der Erziehung von Welpen. Dabei muß man folgende Punkte beachten:

1. Das Ziel der Behandlung besteht nicht darin, dem Hund eine **„Verhaltensregel"** beizubringen (s. Kapitel 2.5.), sondern ihn zu erziehen, die **Gewohnheit** anzunehmen, Harn und Kot an einer erwünschten Stelle abzusetzen.
2. Das kann man dadurch sicherstellen, daß man das Leben des Hundes so regelt, daß er seinen Urin und Kot nur an den gewünschten Stellen hinterläßt und die Duftmarken daher auch nur dort zu finden sind.
3. Der Hund sollte tagsüber nach draußen geführt werden, wenn mit Urin- oder Kotabsatz zu rechnen ist (d. h. nach den Mahlzeiten, nach dem Schlafen oder wenn er auf dem Boden nach Duftmarken schnüffelt).
4. Der Hund sollte vorzugsweise an eine Stelle geführt werden, wo er frei herumlaufen kann, da Bewegung den Kotabsatz begünstigt.
5. Hundebesitzern ist zu empfehlen, das Verhalten ihrer Hunde genau zu beobachten, da man einen unmittelbar bevorstehenden Urin- oder Kotabsatz oft vorhersehen kann. Darüber hinaus folgt dieses Verhalten einem ganz bestimmten täglichen Muster.
6. Duftmarken an unerwünschten Orten sollten nach Möglichkeit mit einem Reinigungsmittel oder einem biologischen Lösungsmittel entfernt werden.
7. Verbleibt der Hund ohne Aufsicht, sollte man es ihm unmöglich machen, an unerwünschten Stellen zu urinieren. Zu diesem Zweck kann man ihn in ein Zimmer sperren, das mit Zeitungen ausgelegt wird.
8. Zuweilen kann man sich den instinktiven Widerwillen des Hundes zunutze machen, sein Lager zu beschmutzen und ihn dort einsperren, wenn er ohne Aufsicht ist. Besteht keine andere Möglichkeit, wird der Hund seinen Harn und Kot sogar im eigenen Lager absetzen, und man sollte ihn dort deshalb allenfalls sehr kurzfristig einsperren.
9. Während der Dauer dieser Ausbildung sollte man dem Hund nur unter strikter Aufsicht Zugang zu den Stellen gewähren, wo er zuvor uriniert hat. Zeigt er dann Anzeichen, dort wieder Harn absetzen zu wollen (z. B. durch schnüffeln), muß man ihn daran hindern und ihn mit nach draußen nehmen.

10. Erweist es sich als außergewöhnlich schwierig, das Interesse des Hundes von diesen verbotenen Plätzen abzuwenden, muß man stärkere Mittel ins Auge fassen und eventuell eine Wasserpistole oder eine Alarmsirene betätigen. Falls möglich, kann man dem Hund dort eine Schreck-Falle stellen. Der Hundehalter muß der Versuchung widerstehen, den Hund persönlich zu bestrafen. Wie schon erläutert, könnte der Hund dadurch lernen, nur noch außer Sichtweite des Besitzers zu urinieren.

Nicht selten ist es schwierig, Hundehalter von diesem Verfahren zu überzeugen, da es zu sehr nach dem klingt, was sie bereits ausprobiert haben, nur daß man ihnen den moralisch befriedigenden Akt der Bestrafung versagt. Man muß ihnen erklären, daß die Behandlung dieses Problems sehr viel Zeit und Sorgfalt erfordert, daß sie schließlich aber zum Erfolg führen wird. Es kann sich auch als notwendig herausstellen, Hundehalter davon zu überzeugen, daß Moralbegriffe hier fehl am Platz sind. Besitzer, die bereit sind, Fehltritte des Welpen bei der Erziehung zur Stubenreinheit zu übersehen, äußern sich voller Empörung über ihren ausgewachsenen Hund, wenn dem ein ähnlicher Lapsus unterlaufen ist. Unglücklicherweise haben einige Hundehalter mit nicht-stubenreinen Tieren diese erst gekauft, als sie bereits ausgewachsen waren, weil sie die Erziehung zur Stubenreinheit als zu langwierig oder unangenehm betrachten. Sind diese Hunde zuvor im Zwinger gehalten worden oder sind sie Jugendtraumen ausgesetzt gewesen, ist ihre Erziehung zur Stubenreinheit schwieriger als die eines normalen Welpen.

d) Markierung des Territoriums

Harnabsatz (oder seltener Kotabsatz) kann als soziales Signal zur Territoriumsmarkierung benutzt werden. Erfüllt es diese Funktion, werden relativ häufig kleine Mengen Urin abgesetzt. Zuweilen ist kein sichtbarer Reiz vorhanden, sondern es handelt sich um eine Reaktion auf einen fremden Hund oder sogar einen menschlichen Besucher im Haus. Territoriale Markierung findet man eher bei Rüden, aber auch Hündinnen sind nicht davon ausgenommen.

Was die Behandlung anbelangt, so bringt die Kastration bei 50 Prozent der Rüden eine gewisse Besserung des territorialen Harnabsatzes (HOPKINS, 1976). Vor einem solchen Eingriff sollte man unbedingt die Wirkung der Kastration mit Delmadinon erproben. Erweist sich dieses Mittel als unwirksam oder handelt es sich um kastrierte Rüden oder Hündinnen, kann Megestrolacetat gegeben werden. In einigen Fällen ist die Häufigkeit der Territoriumsmarkierung mit einem hohen Dominanzstatus verbunden. Man sollte dann einen Abbau der Dominanz des Hundes ins Auge fassen.

Was die Verhaltenstherapie anbelangt, so kann eine genaue Untersuchung des Verhaltens des Hundes Aufschluß über den auslösenden Reiz geben. Dabei kann es sich um das Eintreffen von Besuchern handeln oder um den Zugang zu einem Raum, den der Hund sonst nur selten betritt. Bei Vorhandensein dieser Reize muß der Hund beaufsichtigt werden. Sobald er Anzeichen zeigt, Harn abzusetzen, muß man ihn daran hindern oder ihn wirksam ablenken. Eine Bestrafung hat kaum Aussicht auf Erfolg.

SPEZIELLE PROBLEME

Harn- oder Kotabsatz in Abwesenheit des Hundehalters ist häufig nur eine Seite eines ruhelosen und destruktiven Verhaltens wegen der Aufregung über die Trennung vom Besitzer. In einem solchen Fall muß zunächst die zugrunde liegende Erregung behandelt werden (s. Kapitel 10.6.), bevor das Problem als solches gelöst werden kann. Selbst wenn keine anderen Anzeichen von Erregung erkennbar sind, der Harn- oder Kotabsatz nur erfolgt, wenn der Besitzer nicht erreichbar ist, muß Trennungsangst als mögliche kausale Ursache in Betracht gezogen werden. In vielen Fällen ist auch falsches Lernen eine Mit-Ursache. Hat ein Hund einmal die Angewohnheit entwickelt, an einem bestimmten Platz zu urinieren, wenn er allein gelassen wird, wird die Gefahr noch größer, daß diese Gewohnheit bestehen bleibt. Hat man die Trennungsangst erfolgreich behandelt, kann das Problem vielleicht dadurch behoben werden, daß man dem Hund einen anderen Raum zuweist, in dem er zuvor noch nie uriniert hat.

Nächtlicher Harn- und Kotabsatz. Liegt keine abnorme körperliche Veranlagung vor, besteht für einen ausgewachsenen Hund keine Notwendigkeit, nachts Harn oder Kot abzusetzen. Bevor man zu mühsameren Prozeduren übergeht, sollte man zuerst sicherstellen, daß (a) der Hund spät abends nochmals nach draußen geführt wird oder draußen einige Zeit nach seiner Abendmahlzeit Kot absetzt und (b) der Hund zwei Stunden vor dem Ausgang kein Futter mehr bekommt.

Nächtlicher Harn- und Kotabsatz trotz dieser Maßnahmen ist oft ein anderer Ausdruck von Trennungsangst. Der Hund wird unruhig, wenn man ihn nachts allein läßt. In solchen Fällen ist es am einfachsten, dem Hund Zutritt zum Schlafzimmer zu gewähren. Kommt eine solche Lösung nicht in Frage, so besteht die Möglichkeit, nachts aufzustehen und den Hund zum Urinieren nach draußen zu führen. Der Hundehalter muß dann jedoch vorher herausgefunden haben, zu welchem Zeitpunkt der Hund nachts Harn absetzt. Hat sich dieses Verfahren als praktikabel erwiesen, wird der Hund allmählich immer später hinausgeführt.

Es gibt Fälle, in denen Hunde nachts Urin oder Kot absetzen, obwohl sie freien Zugang zu ihren Besitzern haben. Dann handelt es sich wahrscheinlich um falsches Lernen. Ein Weg der Umerziehung ist, daß man nachts aufsteht und mit ihm nach draußen geht, kurz bevor er sonst uriniert. Es empfiehlt sich dazu, dem Hund einen Platz neben dem Bett zuzuweisen, ihn an die Leine zu legen und das andere Ende der Leine um das eigene Handgelenk zu wickeln. Wenn der Hund erwacht und anfängt herumzuwandern, weil er nach einem Platz zum Urinieren sucht, wacht auch der Besitzer auf. Er sollte dem Hund dann befehlen, sich wieder hinzulegen und führt ihn zum Urinieren erst nach draußen, wenn er sich wieder beruhigt hat. Später sollte man den Hund immer länger warten lassen, bis er die ganze Nacht über durchhält. Hat der Hundehalter den Hund auf diese Weise erst einmal unter Kontrolle, ist ein Körperkontakt nicht mehr zwingend erforderlich. Der Hund wird dann auf ihn zukommen und ihn wecken, wenn er sein Geschäft erledigen muß.

11.5. Unerwünschtes sexuelles Aufreiten

Dazu gehört das Aufreiten auf leblose Gegenstände, wie Teppiche, Kissen oder weiches Spielzeug; betroffen sein können aber auch Menschen, in der Regel Kinder oder Besucher. Ein solches Verhalten ist typisch für Welpen, bei einigen Hunden hält es jedoch wesentlich länger an. Man kann dieses Benehmen vor allem bei Rüden beobachten, zeitweise jedoch auch bei Hündinnen, insbesondere vor und nach dem Östrus.

Ursachen
Obwohl hormonelle Faktoren sicherlich eine Rolle spielen, handelt es sich häufig weniger um einen Ausdruck abnormen Sexualverhaltens als vielmehr um eine Übersprungshandlung als Reaktion auf einen Konflikt- oder Erregungszustand (s. Kapitel 5.4.). Besucher bieten ein häufiges Ziel, da sie einen Konflikt zwischen freundlichem und aggressivem Verhalten auslösen können. Das gleiche gilt für Kinder, die mit Hunden ungestümer umgehen und ihnen auf diese Weise widersprüchlich Signale geben, die die Hunde nur schwer verstehen können. Ein Hund kann lernen, diese Art Interaktion mit Kindern in Verbindung zu bringen. Das Kind, auf das der Hund aufsteigt, muß keinesfalls jenes sein, das das Aufreiten augelöst hat, es wird Opfer einer länger zurückliegenden Erfahrung des Hundes. Ähnliches gilt für leblose Gegenstände, die zunächst das Ziel von Übersprungshandlungen darstellten, weil sie gerade gut erreichbar waren. Später erlangen sie für den Hund eine besondere Bedeutung. Sexuelle Erregung unterliegt der klassischen Konditionierung. Wenn der Hund sexuelle Erregung erst einmal mit einem bestimmten Gegenstand in Zusammenhang gebracht hat, persistiert diese Assoziation leicht, bis man aktiv etwas dagegen unternimmt.

Behandlung
Man kann eine geeignete Kombination folgender Behandlungsmethoden in Erwägung ziehen:
1. Bei 60 % aller Rüden mit derartigem Verhalten bringt die Kastration eine gewisse Verbesserung (Hopkins, 1976). Vor einem entsprechenden Eingriff sollte man die Wirkung zunächst jedoch mit Delmadinon testen.
2. Für Hündinnen oder kastrierte Rüden kann Megestrolacetat geeignet sein. Eine Kastration oder die Behandlung mit synthetischen Progesteronen sollte jedoch immer im Zusammenhang mit einer verhaltenstherapeutischen Behandlung stehen.
3. Stellt ein bestimmter lebloser Gegenstand das Ziel dar, besteht die Möglichkeit, dieses Objekt dorthin zu legen, wo es für den Hund nicht erreichbar ist. Später sollte man dem Hund unter Aufsicht nach und nach Zugang zu dem Objekt gewähren.
4. Der Besitzer muß die Situation, in der das Aufreiten erfolgt, genau beobachten. Gibt es bestimmte Anzeichen, daß der Hund in diesen Situationen in einen Konflikt gerät, muß man geeignete Schritte unternehmen, um diesen Konflikt abzubauen. Man kann Besucher bitten, den Hund nicht zu begrüßen oder man kann Kindern zeigen, wie sie vorsichtig mit ihm umgehen sollen.
5. In Situationen, die das Aufreiten möglicherweise auslösen, sollte sich der Hund unter sorgfältiger Aufsicht befinden und vorzugsweise an die Leine gelegt werden. Zeigt er entsprechende Absichten, so muß man versuchen, ihn abzulenken und ihm einen alternativen Befehl erteilen. Gehorcht er diesem Befehl, erhält er dafür eine Belohnung.

11.6. Unkontrollierbares Verhalten bei Spaziergängen

Für viele Menschen besteht eine der größten Freuden am Besitz eines Hundes darin, mit ihm gemeinsam Spaziergänge zu unternehmen. In einigen Fällen wird diese Freude allerdings durch bestimmte störende Verhaltensweisen des Hundes getrübt. Zwei der häufigsten davon sind:

a) **Der Hund kommt nicht, wenn er gerufen wird.**
Gemessen an der Vielzahl der Hundebesitzer, die man in öffentlichen Parks dabei beobachten kann, wie sie ihren Hund vergeblich oder verzweifelt beim Namen rufen, muß dieses Verhalten weit verbreitet sein. Untersucht man das Problem genauer, stellt man in der Regel fest, daß einer oder mehrere der folgenden Faktoren eine Rolle spielen:

1. **Der Hund ist so stark in eine instinktive Reaktion vertieft, daß dadurch die erlernte Reaktion, „bei Fuß" zu kommen, außer Kraft gesetzt wird.** Beispiele für solche instinktiven Reaktionen sind die Beutejagd oder das Verfolgen einer läufigen Hündin.
2. **Eine Analyse der Interaktionen zwischen Hund und Besitzer kann ergeben, daß der Besitzer unabsichtlich die Reaktion des Nicht-Kommens belohnt und das Kommen bestraft.** Die meisten Hundehalter wissen, daß es keinen Zweck hat, den Hund zu schlagen oder ihn anzuschreien, wenn man ihn schließlich wieder zu fassen bekommt und daß dadurch nur ein gegenteiliger Effekt ausgelöst wird. Viele machen jedoch den Fehler, sanft und eindringlich auf das Tier einzureden, wenn es zögernd näher kommt und reißen es dann an sich, wenn sie es ergreifen können. Der Besitzer darf jedoch dem Hund nur Aufmerksamkeit schenken, solange er sich ihm nähert. Sobald er bei seinem Herrn ist, soll der ihn loben und Häppchen geben. Erst nachdem man ihn belohnt hat, sollte man ihn ergreifen und an die Leine nehmen. Zögert der Hund, auf den Besitzer zuzukommen, sollte dieser ihn völlig ignorieren und ihm vielleicht sogar den Rücken zukehren.
3. **Hunde, die nicht reagieren, wenn sie gerufen werden, haben häufig gelernt, ihren Namen mit dem Weglaufen in Zusammenhang zu bringen.** Immer wenn der Halter vergeblich seinen Namen ruft, während er verschwindet, wird diese Assoziation verstärkt. Um diese Verknüpfung zu vermeiden, sollte der Besitzer zunächst versuchen, den Namen des Hundes nicht mehr als Befehl einzusetzen, sondern eher für die Beschreibung der Situation verwenden. Er muß also den Namen des Hundes häufig rufen, wenn dieser auf ihn zukommt, aber niemals, wenn er wegrennt. Im nächsten Schritt sollte man den Namen des Hundes als Befehl nur in Situationen einsetzen, in denen er erfahrungsgemäß gehorcht (z. B. vor den Mahlzeiten). Später kann man den Namen allmählich auch in anderen Situationen wieder als Befehl verwenden.
4. **In einem gewissen Maße ist die Tatsache, ob ein Hund wenn er gerufen wird, kommt oder nicht, auch eine Dominanzfrage.** Zeigt er ebenfalls in anderen Situationen Anzeichen von Dominanz, sollte der Besitzer seine eigene Dominanz ausbauen (s. Kapitel 9.8.). Versucht man, dem Hund beizubringen, auf Spaziergängen immer wieder zurückzukommen, darf man ihn keinesfalls jagen oder ihm folgen, weil man als Besitzer auf diese Weise in die untergeordnete Position gerät und der Hund sich als Führer betrachtet. Ignoriert der Besitzer den Hund hingegen und setzt voraus, daß er folgen wird, befindet er sich in der stärkeren Position. Viele mögen dagegen einwenden, daß dies ein Mittel darstellt, das Tier völlig zu verlieren, aber Hunde, die nicht unter der Wirkung eines übermäßigen instinktiven Antriebs stehen wie unter 1. beschrieben, sondern nur nicht bei Fuß kommen wollen, sind stets darauf bedacht,

den Besitzer nicht aus den Augen zu verlieren. Wenn er sich entfernt, folgen sie ihm normalerweise. Der Besitzer sollte verschiedene Tricks anwenden, um den Hund tatsächlich zu veranlassen, zu ihm zu kommen. Verläßt er den Park oder steigt ins Auto, hat er damit in der Regel Erfolg, setzt den Hund auf der anderen Seite aber einem gewissen Verkehrsrisiko aus. Es besteht auch die Möglichkeit, sich hinzusetzen oder hinzulegen, etwas zu essen herauszuholen oder sich anderen Menschen oder Hunden zuzuwenden. Von diesen Strategien kann man wieder abgehen, wenn die Angewohnheit auf Ruf zu kommen fixiert ist.

b) Ziehen an der Leine

Das kann Teil eines allgemein erregten Verhaltens sein, es kann jedoch auch als einzelnes Symptom auftreten. Untersucht man die Situation genauer, stellt sich in der Regel heraus, daß das Zerren an der Leine durch den Fortgang des Spaziergangs und daher durch neue und interessante Eindrücke und Gerüche belohnt wird. Dieser Situation kann man dadurch begegnen, daß man sich umdreht und sofort zurückgeht, wenn der Hund an der Leine zu zerren beginnt. Bevor man sich umdreht, sollte man dem Hund einen Befehl wie „bei Fuß" geben, so daß schließlich der Befehl allein ausreicht, um den Hund vom Zerren an der Leine abzuhalten.

Würgehalsbänder sind eigentlich nicht zu empfehlen, da das Gefühl, am Hals gezogen zu werden, den Hund instinktiv in die andere Richtung lenkt. Im Handel ist jetzt eine Vorrichtung erhältlich, die über den Kopf des Hundes paßt und mit der man ihn in ähnlicher Weise kontrollieren kann, als würde man ein Pferd am Zügel führen. In einigen Fällen kann dieses Gerät vielleicht von Nutzen sein. (Halti: zu beziehen durch Dr. R. A. Mugford, 10 Ottershaw Park, Ottershaw, Chertsey, Surrey).

Weiterführende Literatur
VOITH, V. L., and P. L. BORCHELT (1985): Elimination behaviour and related problems in dogs, Compendium on Continuing Education for the Practicing Veterinarian, 7, 537–544.

Kapitel 12: Vorbeuge von Verhaltensstörungen

12.1. Verantwortlichkeit des Züchters

a) Genetische Faktoren
Es besteht kein Zweifel darüber, daß genetische Faktoren bei den meisten Verhaltsproblemen der Hunde eine Rolle spielen. Züchter haben daher die Pflicht, jeden Hund mit Wesensfehlern aus ihrem Zuchtprogramm herauszunehmen. Häufig ist die Versuchung groß, nicht so zu handeln, da derartige Mängel im Ring auf der Hundeausstellung nicht so deutlich zutage treten wie körperliche Gebrechen. Es wäre jedoch möglich, Auswahlprüfungen durchzuführen, wie sie im Hinblick auf körperliche Gebrechen bereits vorgenommen werden. Zahlreiche geringere Verhaltensstörungen, die nur bei Vorhandensein eines ganz bestimmten Reizes ausgelöst werden, würden dabei zwar nicht erkennbar sein, aber man könnte auf diese Weise ausgeprägtere Fälle von Dominanzaggression, Erregbarkeit oder Furchtsamkeit feststellen. Die Wichtigkeit der Ausmerzung genetischer Veranlagungen zu Verhaltensstörungen darf nicht heruntergespielt werden. Verhaltensprobleme bereiten den Besitzern auf Dauer mehr Schwierigkeiten als beinahe jedes körperliche Gebrechen.

b) Jugenderfahrungen
Nachdem der Beweis vorliegt, daß die soziale und häusliche Umgebung eines Welpen in der dritten bis zwölften Lebenswoche von entscheidender psychologischer Bedeutung ist, tragen Züchter die Verantwortung, die Welpen in einer Umgebung großzuziehen, in der sie ständigen Kontakt zu Menschen haben und optischen und akustischen Eindrücken ausgesetzt werden, wie sie normalerweise in der Familie herrschen.

c) Auswahl der Käufer
Züchter müssen auch das künftige Temperament eines Welpen einschätzen und einen Käufer mit entsprechender Erfahrung, Persönlichkeit und Lebensstil auswählen. Züchter von Gebrauchshunden wie Border-Collies sollten nach Möglichkeit sicherstellen, daß der Kaufinteressent auch tatsächlich die Absicht hat, den Hund auszubilden und entsprechend einzusetzen. Züchter von großen Hunden wie Rottweilern, die zu Dominanzverhalten neigen, müssen sicherstellen, daß der Käufer in der Lage ist, den Hund unter Kontrolle zu halten. Man kann sogar die Auffassung vertreten, daß Züchter solch spezieller Gebrauchshunde überhaupt keine Welpen an Leute verkaufen sollten, die sie nur als Haus- und Familienhund halten wollen.

d) Wie Hundebesitzer Verhaltensstörungen vermeiden können
Wahrscheinlich ist es eher die Ausnahme als die Regel, daß ein Hundehalter den Tierarzt um Rat fragt, bevor er ein Tier anschafft. Gelegentlich hat man jedoch die Möglichkeit, Ratschläge zu erteilen, die der Besitzer so fundiert nirgends anders bekommen könnte.

12.2. Auswahl der Rasse

Obwohl man über das Temperament eines Rassehundes nicht die gleichen Voraussagen treffen kann wie über seine äußere Erscheinung, gibt es bei jeder Rasse eine erhöhte Wahrscheinlichkeit für das Vorhandensein bestimmter Verhaltensmerkmale und eine verminderte Wahrscheinlichkeit für das Auftreten anderer Eigenschaften. Viele Leute ziehen diesen Faktor nicht in Betracht und wählen den Hund lediglich wegen seiner äußeren Erscheinung aus. Andere treffen ihre Entscheidung, weil sie vielleicht bei einem Bekannten einen Hund der gleichen Rasse kennen- und schätzengelernt haben. Selbst umsichtige Hundehalter, die versuchen, mehr über das Wesen einzelner Rassen herauszufinden, stoßen dabei auf Schwierigkeiten. Bücher über die einzelnen Rassen werden in der Regel von einem ihrer Züchter verfaßt und sind oft sehr voreingenommen. Darüber hinaus hat ein Züchter im Umgang mit seiner speziellen Rasse sicherlich so viel Erfahrung, daß er sich nicht über die Schwierigkeiten im klaren ist, die einige dieser charakteristischen Verhaltensweisen für den durchschnittlichen Hundehalter darstellen können. Weiterhin bedienen sich viele Ratgeber, die Überblicke über die verbreiteten Hunderassen bieten, einer Sprache, die ungefähr so wirklichkeitsnah ist wie die Beschreibung eines Maklers von einem Haus. Das heißt, Ausdrücke wie „von selbstbewußtem Wesen" und „guter Wachhund" bedeuten in der Regel „Hang zu Dominanzaggression". Es gibt allerdings einige Bücher auf dem Markt, die diese Mängel nicht aufweisen (s. weiterführende Literatur).

Der Tierarzt ist also einer der wenigen Menschen, von denen Hundehalter in bezug auf die Auswahl der Tiere einen unabhängigen Rat erhalten können. Außer den natürlichen Gegebenheiten (Größe von Haus und Garten, Zeit für Spaziergänge, Pflege usw.) muß der angehende Besitzer auch seine eigene Persönlichkeit in Betracht ziehen und sich darüber klar sein, welche emotionalen Bedürfnisse der Hund erfüllen soll. Der Tierarzt sollte ihm helfen, vorher abzuschätzen, wie das Zusammenleben mit ihm und der ins Auge gefaßten Art von Hund sich entwickeln wird. Soll der Hund in einer Familie leben, muß man bedenken, wie er in den Haushalt passen wird. Eine alleinstehende Frau, die eine enge gefühlsmäßige Beziehung zu ihrem Hund sucht, sollte sich daher nicht für einen Rüden einer Rassen entscheiden, die zu Dominanzverhalten neigt. Eine Familie mit kleinen Kindern, in der unvermeidbare Streitigkeiten und Aufregungen entstehen, sollte sich keinen Hund anschaffen, der einer Rasse angehört, die zu Ängstlichkeit und Hyperaktivität neigt.

Die meisten Kleintierhalter kommen mit genügend Hunden in Berührung, um sich eine Meinung über die Verhaltensmerkmale der verschiedenen Rassen zu bilden. In diesem Zusammenhang sind die Untersuchungsergebnisse von HART (1983) interessant, der zahlreiche amerikanische Tierärzte nach ihrer Meinung befragte. Sie wurden gebeten, 56 Rassen nach 13 Persönlichkeitsmerkmalen einzustufen. Bei der Auswertung der Ergebnisse stellte sich heraus, daß dabei drei wesentliche Merkmale im Vordergrund standen: Reaktivität (d. h. Erregbarkeit oder Hyperaktivität), Aggressivität und Erziehbarkeit. Als Rassen mit hoher Reaktivität wurden Cocker Spaniel, Yorkshire-Terrier, Pudel, Shetland Sheepdogs und Pekinesen eingestuft. Als Hunde mit Hang zu Aggression galten Deutsche Schäferhunde und Rottweiler. Chi-hua-huas, Schottische, Cairn- und Weiße Hochland-Terrier wurden als Rassen mit beiden Merkmalen beurteilt. Labradors und Golden Retriever galten als Rassen mit niedriger Aggression und niedriger Reaktivität.

Einer der Nachteile dieser Studie besteht allerdings darin, daß sie regionale Unterschiede nicht berücksichtigt. Für die praktische Anwendung müssen die entsprechenden Ergebnisse im Hinblick auf Kenntnisse der örtlichen Gegebenheiten modifiziert werden.

12.3. Auswahl des Geschlechts

Viele Leute wollen weniger gern eine Hündin anschaffen wegen des Risikos unerwünschter Trächtigkeiten. Es besteht allerdings kein Zweifel darüber, daß Rüden viel mehr als Hündinnen zu unerwünschtem Verhalten neigen. Dazu gehören Territoriumsmarkierung, Streunen, Aufreiten und verschiedene Formen der Dominanzaggression (VOITH und BORCHELT, 1982; O'FARRELL, 1984). Zudem ist die Kastration kein zuverlässiges Mittel, um diese Störungen zu vermeiden (HART und HART, 1985). Zukünftigen Hundebesitzern die in der Auswahl des Geschlechts unentschlossen sind, sollte man empfehlen, sich für eine Hündin zu entscheiden und geeignete Schritte zu unternehmen, um eine Trächtigkeit zu verhindern.

12.4. Wo kauft man einen Welpen?

Jeden, der sich einen Welpen kaufen möchte, sollte man davon überzeugen, diesen jungen Hund nur direkt beim Züchter zu kaufen und sich nicht für ein Tier zu entscheiden, das schon in anderen Haushalten war. Abgesehen von der beunruhigenden Wirkung, die ein Umgebungswechsel mit sich bringt, ist es dann auch viel schwieriger, etwas über die Vergangenheit und die Jugend des Welpen zu erfahren. Keinesfalls sollten Welpen bei Händlern oder in Tierhandlungen erworben werden, da sie dort in der Regel kaum sozialen Kontakt zu Menschen hatten und in einer sehr beschränkten Umwelt leben mußten.

Kauft man den Hund beim Züchter, sollte man sich zuvor überzeugen, daß die Welpen ab einem Alter von drei Wochen unter optimalen Bedingungen im Hinblick auf ihre Sozialisierung gehalten worden sind, das heißt, daß sie im Haus aufgewachsen sind und ausreichend Kontakt zu ihren Wurfgeschwistern, ihrer Mutter und auch zu Menschen hatten.

Normalerweise kommen Welpen im Alter von acht Wochen in ihr neues Zuhause. Auf keinen Fall sollte man sie vorher aus dem Wurf herausnehmen. Vorausgesetzt, daß sie in einer angemessenen Umgebung aufwachsen, ist es sicherlich auch kein Nachteil, wenn der Welpe etwas älter als acht Wochen ist.

12.5. Wo kauft man einen ausgewachsenen Hund?

Manche Menschen schaffen sich lieber einen erwachsenen Hund oder ein älteres Jungtier an. Gewöhnlich geschieht das deshalb, weil man Verhaltensprobleme wie unzureichende Stubenreinheit, Hyperaktivität und Zerstörungstrieb vermeiden möchte, die normalerweise bei Welpen auftreten. Soll das erfolgreich sein, muß eine besonders sorgfältige Auswahl getroffen werden. Zahlreiche erwachsene Hunde, die den Besitzer wechseln, haben Verhaltensprobleme, die viel schwieriger als bei Welpen zu beheben sind. Eine erhöhte Gefahr von Verhaltensstörungen ist bei Hunden zu erwarten, die von einem Tierheim übernommen werden, das alle Hunde unterschiedslos aufnimmt. In derartigen Heimen sind Hunde überrepräsentiert, die (a) aufgrund von Verhaltensstörungen abgegeben worden sind, (b) zum Streunen neigen und (c) von ihren Vorbesitzern vernachlässigt oder mißhandelt worden sind. Auch bei Hunden, die von Züchtern abgegeben werden, wenn sie bereits ausgewachsen sind, ist Vorsicht am Platze. Wenn diese Hunde nicht als Haustiere gelebt haben, sind sie zuweilen nicht ausreichend stubenrein oder beherrschen nicht die Grundlagen des Gehorsamstrainings.

Einen erwachsenen Hund kauft man am besten beim Vorbesitzer, den man dann auch direkt zur Vorgeschichte und zu dessen Gründen für die Trennung befragen kann. Solche Hunde werden häufig in lokalen Zeitungen annonciert und auch viele Zuchtvereine vermitteln diese Art von Transaktionen. Es gibt auch Tierheime, die bei der Aufnahme von Hunden sehr sorgfältig vorgehen und die sich Gedanken bei der Auswahl der Besitzer machen. In der letzten Zeit hat man die Notwendigkeit von Dauerunterkünften oder Pflegestätten für Haustiere hervorgehoben, die von älteren Menschen abgegeben werden müssen, weil diese ins Altenheim übersiedeln, wo keine Haustiere erlaubt sind. In einigen Gegenden ist in Zusammenarbeit mit den Sozialbehörden ein Telefondienst gegründet worden, der Kontakte zwischen älteren Menschen und möglichen neuen Besitzern herstellt. Manche Menschen nehmen ausgesprochen gern einen Hund auf, der sonst kein Heim hätte und am Ende eingeschläfert werden müßte. Diese beiden zuletzt angesprochenen Alternativen bieten die Möglichkeit, eine gute Tat zu tun und dabei ein geringeres Risiko von Verhaltensstörungen einzugehen.

12.6. Auswahl eines Welpen

Hundebesitzer sollten sich Zeit lassen, wenn sie einen Welpen aus einem bestimmten Wurf auswählen. Sie sollten nicht nur die Umgebung in Augenschein nehmen und Bekanntschaft mit der Mutter machen, sondern auch ein oder zwei Stunden mit den jungen Hunden verbringen und mit ihnen spielen. Das Verhalten eines Welpen gegenüber seiner Mutter, seinen Wurfgeschwistern und seinem angehenden Besitzer erlaubt Rückschlüsse auf seine zukünftige Persönlichkeit. Die Auswahl eines Welpen mit einem bestimmten Temperament ist eine Geschmacksfrage. Manche Menschen finden mehr Gefallen an einem Tier, das in seinen Aktivitäten eine gewisse Hartnäckigkeit zeigt, während sich andere eher zu einem verspielten hingezogen fühlen. Es gibt jedoch bestimmte Verhaltensmuster, die Rückschlüsse auf mögliche Problemverhaltensweisen zulassen. Ein Welpe, der während des Spiels über seine Gefährten dominiert, neigt auch später mehr als die anderen zu Dominanzverhalten. Gibt er jedoch häufig angstvolle Laute von sich oder gebärdet er sich furchtsam und kontaktscheu, wird er sich wahrscheinlich auch als Erwachsener ängstlich und aufgeregt benehmen.

Falls die Möglichkeit gegeben ist, sollte der angehende Besitzer einige einfache Verhaltenstests durchführen. Er sollte jeden Welpen aufnehmen, wobei diejenigen, die sich wehren und sich nicht ruhig verhalten wollen, sicherlich auch später eher zu Dominanzverhalten neigen werden. Man kann den Hund auch mit einem lauten Geräusch testen und darauf achten, welche Tiere mit übermäßiger Furcht und Zittern reagieren. Außerdem sollte man sie mit einem fremdartigen Gegenstand, zum Beispiel einem aufziehbaren Spielzeug, testen. Eine zunächst verhaltene Reaktion auf solch ein Spielzeug ist normal. Aber diejenigen, die sich dem Gegenstand überhaupt nicht nähern, um ihn zu untersuchen, können sich auch später als außergewöhnlich furchtsam erweisen. Besitzer, die die Absicht haben, die Hunde später über längere Zeit allein zu lassen, können außerdem versuchen, jeden Welpen von seinen Wurfgeschwistern zu trennen. Sie sollten dann einem Tier den Vorzug geben, das unter diesen Umständen mit seinem Spielzeug spielt und nicht so lange angstvolle Laute von sich gibt, bis es wieder mit seinen Gefährten vereint ist.

12.7. Aufzucht eines jungen Hundes

Wenn Tierärzte auch nur selten die Möglichkeit haben, Hundebesitzer vor Erwerb eines Welpen zu beraten, bietet sich ihnen dazu normalerweise eine gute Gelegenheit kurz nach dem Kauf des Hundes, wenn er zur Schutzimpfung in die Sprechstunde gebracht wird. Bereits in diesem Stadium kann man zahlreiche, möglicherweise problematische Aspekte feststellen. Man kann herausfinden, ob der Besitzer unerfahren ist, übermäßige moralische Ansprüche an das Verhalten des Hundes stellt oder unnötige Besorgnis zeigt oder ob der Hund nervös, erregbar oder aggressiv ist.

Hundebesitzer müssen zumindest während der Sozialisierungsphase bereit sein, viel Zeit für ihre Welpen zu investieren. Viele Menschen, die zuvor noch nie einen Hund hatten, wissen nicht, daß junge Hunde so viel Zeit und Geduld erfordern. Formale Ausbildung, die Selbstkontrolle vom Welpen verlangt, wie zum Beispiel bei Fuß zu gehen, zu sitzen oder zu stehen, steht dabei nicht im Vordergrund. Dieser instrumentelle Lernprozeß kann zu jedem anderen Zeitpunkt stattfinden. In dieser Phase sind Qualität und Quantität der sozialen Kontakte und der Umwelterfahrungen wichtig.

Hier besteht eine gewisse Ähnlichkeit zur menschlichen Kindheit. Von einem Baby wird auch nicht erwartet, daß es während seiner ersten sechs Lebensmonate lernt, ein verantwortungsbewußtes und zuverlässiges Mitglied der menschlichen Gesellschaft zu werden. Gute Erfahrungen durch den engen Kontakt mit der Mutter werden allerdings den Weg dazu bereiten. Macht ein Kind während dieser Zeit schlechte Erfahrungen, verringern sich dadurch seine Chancen erheblich, später eine stabile Persönlichkeit zu entwickeln. In gleicher Weise muß ein junger Hund in den ersten zwölf Wochen lernen, wie man mit Menschen umgeht und wie man an einem Dialog teilnimmt, in dem jeder auf die vokalen Signale und die Körpersprache des anderen reagiert. Damit dieser Lernprozeß stattfinden kann, muß die Kontaktmöglichkeit zu Menschen bestehen, die sich die Mühe machen, das Verhalten des Welpen zu beobachten und zu deuten. Zu diesem Zeitpunkt muß der junge Hund auch breiter gestreute soziale Erfahrungen sammeln. Er muß verschiedene Menschen und auch Kinder kennenlernen, damit er sich ihnen gegenüber später nicht furchtsam oder aggressiv benimmt. Er benötigt außerdem eine interessante und abwechslungsreiche äußere Umgebung, um kognitive und manipulative Fähigkeiten zu erwerben. Man sollte ihn Eindrücken wie den Geräuschen und der optischen Wirkung des Verkehrs und des Autofahrens aussetzen, die später Probleme machen könnten. Leider werden die Welpen durch die Schutzimpfungsprogramme in ihrer Bewegungsfreiheit während der Sozialisierungsphase eingeschränkt. Mit etwas Geschick lassen sich diese Vorschriften aber umgehen. Ein Welpe kann im Auto mitfahren, ohne dabei auf die Straße zu müssen und kann auf dem Arm des Besitzers bleiben, während dieser einen Brief zum Kasten trägt.

Man sollte den Welpen solange er klein ist, nach und nach daran gewöhnen, allein zu bleiben. Das gilt auch für die Nacht, aber die Frage, ob man Hunde ins Schlafzimmer lassen soll oder nicht, bietet immer wieder Anlaß zu kontroversen Diskussionen. Sicher ist, daß zahlreiche Welpen anfangs qualvolle und unruhige Nächte allein in ihrem neuen Heim verbringen. Fest steht auch, daß viele von ihnen nach ein paar Nächten lernen, daß niemand kommen wird. Es stellt sich immer als schwierig heraus, in solchen Fällen nachzuweisen, daß diese Tatsache zur Entwicklung eines späteren Verhaltensproblems beigetragen hat. Manche Besitzer sind fest davon überzeugt, daß man Welpen nachts allein lassen muß, und es ist völlig zwecklos, sie eines Besseren belehren zu wollen. Auf der anderen Seite gibt es aber auch Menschen, die das Körbchen des kleinen Welpen nur zu gern neben ihr Bett stellen würden, davon jedoch absehen, weil sie vage fürchten, ihn zu verhätscheln oder Präzedenzfälle zu schaffen. Diese Hundehalter sollte man ermutigen, ihren Neigungen zu folgen.

12.8. Erziehung zur Stubenreinheit

Hierzu sind besondere Reaktionen erforderlich, die bereits frühzeitig gelernt werden müssen. Diese Erziehung kann einsetzen, sobald der Hund im Alter von ca. acht Wochen dabei beobachtet wird, wie er Duftmarken sucht. Ein geeignetes Verfahren wurde bereits in Kapitel 11.4. vorgestellt. Insbesondere Welpen, die häufig Harn absetzen, muß man während der Dauer dieser Erziehung ständig im Auge behalten. Bei Welpen, die über längere Zeiträume allein gelassen werden, ist die Erziehung zur Stubenreinheit sehr viel schwieriger.

12.9. Unerwünschte Verhaltensweisen

Wenn sie die Möglichkeit haben, gehen junge Hunde zahlreichen unerwünschten Verhaltensweisen nach, wobei sie besonders gern Dinge zerstören. Aus Gründen, die im Verlauf dieses Buches bereits wiederholt erläutert worden sind, sollte man hier nach Möglichkeit nicht zum Mittel der Bestrafung greifen. Solange der Hund sehr klein ist, sollten zerstörbare Gegenstände aus seiner Reichweite entfernt werden, so daß er nicht viel anrichten kann. Wenn der Hund heranwächst, sollte ihm unter Aufsicht nach und nach Zugang zu solchen Gegenständen gewährt werden. Zeigt der Hund dann Absichten, diese Dinge zu beschädigen, sollte man ihm einen Befehl erteilten (z. B. seinen Namen rufen) und ihn belohnen, wenn er gehorcht. Ist dieses Verfahren aus bestimmten Gründen nicht praktikabel, sollte man zu Bestrafungsmethoden greifen, die nicht im erkennbaren Zusammenhang mit dem Besitzer stehen und zum Beispiel Wasser über ihn ausschütten oder ein lautes Geräusch auslösen.

12.10. Spezifische Probleme

Ist ein Welpe übermäßig ängstlich, muß man ihn systematisch desensibilisieren, wie in Kapitel 8.9. beschrieben. Darüber hinaus sollte man besondere Sorgfalt darauf verwenden, den Welpen während der Sozialisierungsphase einem so breiten Spektrum von Eindrücken auszusetzen, wie er ohne Angst toleriert. Das ermöglicht es, mehr oder weniger bestimmte Mängel aus der frühen Sozialisierungsphase auszugleichen. Manche Welpen zeigen frühzeitig dominante Verhaltensweisen und knurren, beißen (nicht im Spiel), bewachen ihre Nahrung oder lassen sich nicht unterordnen. Zuweilen sind sich Besitzer über die Folgen solcher Verhaltensweisen nicht im klaren und glauben, daß es sich um Zahnen oder Verspieltheit handelt. Diese Hunde entwickeln häufig auch im Behandlungsraum des Tierarztes dominante Verhaltensweisen, und es liegt an ihm, den Halter im Hinblick auf das später zu erwartende Temperament des Hundes zu warnen. Der Besitzer sollte veranlaßt werden, sämtliche Interaktionen genau zu beobachten und immer sorgfältig darauf bedacht sein, die eigene Dominanz beizubehalten, wie in Kapitel 9.8. erläutert. Er muß auch davon in Kenntnis gesetzt werden, daß das Problem wieder auftreten oder sich verschlimmern kann, wenn der Hund in die Pubertät gelangt oder erwachsen wird (im Alter von ungefähr zwei Jahren).

12.11. Spätere Ausbildung

Besitzer erkundigen sich häufig, ob sie mit ihren Hunden zur Ausbildung auf den Hundeplatz gehen sollen. Der Vorteil besteht darin, daß der Hund dort andere Hunde trifft, obwohl das bei den meisten Hunden auch auf Spaziergängen unter weniger artefiziellen Bedingungen der Fall ist. Außerdem werden Hundebesitzer auf diese Weise veranlaßt, ihre Hunde zu trainieren, indem ein sozialer Rahmen dafür geschaffen wird. Auf der anderen Seite bestehen jedoch auch Nachteile. Manche Hundebesitzer glauben nämlich, auf diese Weise alles für die Ausbildung ihrer Hunde getan zu haben, etwa so, als ob von einem Kind erwartet wird, sich gut zu benehmen, nur weil es in der Sonntagsschule war. Der Hund wird zu einem angenehmen und wohlerzogenen Familienmitglied als Ergebnis der Interaktionen mit den Besitzern den ganzen Tag über und nicht durch eine Stunde Training. Viele Hunde mit Verhaltensstörungen absolvieren das Gehorsamstraining einwandfrei. Sicherlich ist es wünschenswert, daß Hunde lernen, bestimmte Reaktionen auf Befehl auszuführen und dieses Lernen ist auch Bestandteil des Behandlungsprogramms bei vielen Verhaltensstörungen. Es ist aber viel besser den Hund zu Hause auszubilden, wo er weniger abgelenkt ist und wo er sich in einer Situation befindet, in der diese Reaktion später auch ausgeführt werden muß. Die von Hundeausbildern angewandten Methoden unterscheiden sich im übrigen ganz erheblich. Zum Teil werden noch veraltete Methoden eingesetzt, die mit Einschüchterung und Bestrafung arbeiten und die psychologischen Erkenntnisse der vergangenen fünfundzwanzig Jahre völlig mißachten. Man sollte keinen Kurs empfehlen, ohne ungefähr zu wissen, was dort vor sich geht. Kann man einen Hundehalter dahingehend überzeugen, ist es besser für ihn, ein allgemein anerkanntes Buch über Hundetraining zu lesen (s. weiterführende Literatur) und zu Hause regelmäßig mit dem Hund zu üben.

Weiterführende Literatur
CARAS, R., and M. FINDLAY (1983): The Penguin Book of Dogs, Penguin Books.
WHITE, K., and J. M. EVANS (1983): How to have a Well-mannered Dog, Elliot Right Way Books, Klingswood, Surrey.

Glossar

Bedingte Reaktion, bedingter Reiz, s. klassische Konditionierung
Ethologie
    Die Lehre von den instinktiven Verhaltensmustern.
Extinktion, Löschung
    Begriff aus der **Lerntheorie** zur Beschreibung eines Prozesses, in dessen Verlauf ein Tier aufhört, eine erlernte Reaktion zu erbringen, da der Zusammenhang zwischen Reaktion und **Verstärkung** nicht mehr besteht.
Faktorenanalyse
    Statistische Forschungsmethode, mit deren Hilfe eine Korrelationsmatrix vereinfacht und in Form von „Faktoren" oder „Dimensionen" ausgedrückt werden kann.
Flooding, Reizüberflutungstherapie
    Verfahren aus der **Verhaltenstherapie** zur Behandlung von Phobien, das darin besteht, den Patienten so lange einer extremen Form des gefürchteten Reizes auszusetzen, bis die Furchtreaktion des autonomen Nervensystems nicht mehr eintritt. Das Flooding ist als Behandlungsmethode nicht zu empfehlen.
Instrumentelles Lernen (= operante Konditionierung)
    Begriff aus der **Lerntheorie** zur Beschreibung eines Prozesses, in dessen Verlauf ein Tier lernt, eine bestimmte freiwillige Handlung in einer gegebenen Situation auszuführen, da diese Handlung **verstärkt** oder belohnt wird.
Introversion/Extraversion
    Von Eysenck beschriebene Grundeinstellung der menschlichen Persönlichkeit, die man auch auf Hunde übertragen kann. Der extravertierte Typ ist aufgeschlossen und impulsiv, während der introvertierte Typ kontaktarm und reserviert ist.
Klassische Konditionierung
    Begriff aus der **Lerntheorie** zur Beschreibung eines Prozesses, in dessen Verlauf ein Tier lernt, eine gegebene unfreiwillige oder Reflexreaktion in einer Situation auszuführen, die diese Reaktion normalerweise nicht auslösen würde. Das geschieht, wenn ein natürlicher Reiz **(unbedingter Reiz)**, auf den eine Reflexreaktion **(unbedingte Reaktion)** folgt, wiederholt mit einem neutralen Reiz **(bedingter Reiz)** gekoppelt wird. Mit der Zeit löst der **bedingte Reiz** allein die Reflexreaktion **(bedingte Reaktion)** aus.
Lerntheorie
    Sammlung von Theorien, die auf Versuchen basieren und die erklären, wie Tiere Verhaltensmuster annehmen, die nicht Bestandteil ihres instinktiven Verhaltensrepertoires sind.
Neotenie
    Die Bewahrung ererbter körperlicher oder Verhaltensmerkmale bis ins Erwachsenenalter, die normalerweise nur beim unreifen Tier anzutreffen sind.

Neurose
Der Begriff wird in diesem Buch gemäß Eysenck als Grundeinstellung der menschlichen Persönlichkeit verwandt und kann auch auf Hunde (s. **Introversion/Extraversion**) übertragen werden. Neurotische Individuen reagieren mit übermäßiger Erregung oder Angst auf Einflüsse von außen.

Phobie
Andauernde übermäßige oder unangebrachte Furcht.

Rangordnung (= Dominanzhierarchie)
Ein hierarchisches System sozialer Interaktionen bei gewissen Tierarten, wobei die ranghöheren Mitglieder die meisten sozialen Interaktionen initiieren und kontrollieren.

Reizgeneralisierung
Begriff aus der **Lerntheorie** zur Beschreibung eines Phänomens, daß eine Reaktion, die auf einen bestimmten Reiz hin erlernt wurde, mit großer Wahrscheinlichkeit auch bei Vorhandensein eines ähnlichen Reizes ausgeführt wird.

Sozialisierungsphase
Bezeichnet bei Hunden das Alter von der 3. bis zur 12. Lebenswoche. In dieser Zeit werden sie durch Umwelterfahrungen und soziale Erfahrungen besonders geprägt.

Systematische Desensibilisierung
Verfahren aus der **Verhaltenstherapie** zur Behandlung von Angst. Dabei wird der Patient in Gegenwart des gefürchteten Reizes veranlaßt, eine bestimmte Angstausschließende Reaktion auszuführen.

Übersprungshandlung
Begriff aus der **Ethologie** zur Beschreibung von Teilen instinktiver Verhaltensmuster, die außerhalb ihres Kontextes erfolgen und die für das Tier einen Spannungsabbau mit sich bringen.

Unbedingte Reaktion, unbedingter Reiz,
s. klassische Konditionierung.

Verhaltensformung
Begriff aus der **Lerntheorie** zur Bezeichnung eines Verfahrens, in dessen Verlauf dem Tier komplexe Reaktionen beigebracht werden, wobei sukzessive Annäherungen an die gewünschte Reaktion jeweils belohnt werden.

Verhaltenstherapie
Sammelbezeichnung für Methoden zur Behandlung psychologischer Störungen auf Basis der **Lerntheorie**.

Verstärkung
Begriff aus der **Lerntheorie** zur Beschreibung eines Vorganges, den das Tier als Belohnung empfindet. Die Wahrscheinlichkeit der Handlungswiederholung erhöht sich, wenn die Verstärkung unmittelbar auf die Reaktion des Tieres folgt.

Yerkes-Dodson-Gesetz
Die Generalisierung (durch Tests nachgewiesen), daß ein zu hohes Maß an Motivation oder Erregung eine negative Auswirkung auf die Ausübung einer Aufgabe haben kann. Das optimale Maß an Motivation für eine gegebene Aufgabe sinkt, je komplexer diese Aufgabe wird.

Sachverzeichnis

A
Abwesenheit   30, 31
Aggressionen   92
Aggression, mütterliche   105
Aggression, schmerzinduzierte   104
Aggression, territoriale   102
Angst   30, 47, 50, 56, 81
Angstreaktion   35
Angst, Trennung   30
Angst, Fensterputzer   27
–, Gasmann   27
–, Postbote   27
–, Schüsse   27
–, Telefon   27
–, Türklingel   27
Anhänglichkeit   51
Anorexie   122
Aufreiten, unerwünschtes   127
Aufzucht   135
Ausbildung   60, 137
Auswahl eines Welpen   134

B
Behandlung   82, 98
Behandlung, Alternativen   89
Behandlung, chirurgische   83
Behandlung, medikamentöse   83
Bekräftigung, Wesen der   24
Belohnung   25, 29
Bestrafung   28, 33, 95, 119
Beuteaggression   92, 93
Bewegungsfreiheit   54
Blase   47

D
Darm   47
Denken   18
Desensibilierung   86, 95
Diätfutter   124
Dominanz   41, 44, 59, 95
Dominanzaggression   43, 69, 92, 97, 102, 105
Dominanz, Ausdrücken der   43
Dominanzbeziehung   45
Duftmarken   60
Dysphagie   121

E
Eigentümer-Hund-Beziehung   62
Einsperren   119
Empfinden, moralisches   20
Entfernung der Eierstöcke   83
Entwicklung   15
Entwicklungspsychologie   57
Erregbarkeit, allgemeine   110
Erregbarkeit, Probleme der   110
Erregung   47, 51, 81
Erregung, besondere Situationen   112
Erregung im Auto   114
Erregungszustände   112
Ethologie   15
Euthanasie   89
Extinktion   29

F
Fortpflanzung   39
Furcht   49
Furchtsamkeit   107, 109
Furcht und Phobien   47

G
Gefühlserregbarkeit 107

H
Harn- und Kotabsatz 34, 51, 127
Harn- und Kotabsatz, unerwünschter 124
Haushaltzusammensetzung 79

I
Instrumentelles Lernen 22
Intelligenz 19
Interaktion 45, 58, 59

J
Jagd 38
Jagdinstinkt 92

K
Kastration 77, 83, 91
Konditionierung, instrumentelle 34
Konditionierung, klassische 22, 34
Konditionierung, operante 22
Konflikte 53
Koprophagie 121
Kot 28

L
Läufigkeit 77
Leineziehen 130
Lernen 18
Lernen, instrumentelles 22, 33, 85
Lernen, klassisches 34
Lerntheorie 14
Löschung (Vergessen) 26, 29, 33

M
Medikamente 111
Megestrolacetat 100
Mensch-Mensch-Beziehung 66

N
Nahrung 38
Nahrungsaufnahme 38
Nervosität 107

O
Obesitas 123

P
Phobie 48, 109
Phobien und Furcht 47
Progesterone, synthetische 91
Progestagene 83, 84
Prozesse, kognitive 15
Prügel 28

R
Rangordnung 37
Reaktion 22
Rudelverhalten 37
Reflexreaktion 34
Regeleinhaltung 21
Reiz 22
Reizgeneralisierung 27
Reizüberflutung 50
Ruhelosigkeit 51

S
Schlafen im Bett 42
Schockhalsbänder 32
Schutzaggression 104
Sedativa 83
Selbsterkenntnis 72
Sexualtrieb 34, 40
Sexualverhalten 40
sexuelles Aufreiten, unerwünschtes 127
Shaping 27
„Sitz" und „Platz" 24
Sozialisierungsphase 58, 59
Sozialverhalten 36
Spaziergang 128
Spiel 38
Sprache 19
Stubenreinheit 34, 60, 136
Streß 47

T
Tagesablauf 79
Territorium 37, 126
Trainer 23
Training mit Zwang 23
Tranquilizer 84, 91
„Tricks" 28
Trennungsangst 30, 116

U
Übergewicht 123
Übungsgruppen 23
Übersprungshandlung 52, 69
Unterordnung 41, 43
Urinmarken 38

V
Vergessen (Löschung) 26
Verhaltensformung 27

Verhalten, Dominanz- 37
Verhaltensstörung 77, 131
Verhalten, Subordinations- 37
Verhaltenstherapie 85
Verhaltensweisen, unerwünschte 136
Verstärkung 22
Verstärkung, Intensität der 26
Verstärkung, Möglichkeiten der 26
Verstärkung, Wesen der 24
Verstärkung, Zeitpunkt der 25

W
Welpen-Gruppe 57

Z
Zuneigung 62, 66
Zerstörungstrieb 54
Zerstörungswut 118
Zerstörung von Gegenständen 115